教育部人文社会科学重点研究基地
重大项目"宗教比较与对话"

鸣谢： 李嘉诚基金会
LI KA SHING FOUNDATION

潮汕社会宗教与文化研究系列

坚忍与守望

近代韩江下游的福音姿娘

蔡香玉 著

生活·读书·新知三联书店

图书在版编目（CIP）数据

坚忍与守望：近代韩江下游的福音姿娘／蔡香玉著．—北京：生活·读书·新知三联书店，2014.6
（潮汕社会宗教与文化研究系列）
ISBN 978 - 7 - 108 - 04359 - 7

Ⅰ．①坚… Ⅱ．①蔡… Ⅲ．①基督教史 - 潮州市 - 近代
②基督教史 - 汕头市 - 近代 ③妇女史学 - 潮州市 - 近代
④妇女史学 - 汕头市 - 近代 Ⅳ．①B979.2 ②D442.9

中国版本图书馆 CIP 数据核字（2012）第 278878 号

责任编辑 李学军 曹明明
装帧设计 康 健
责任印制 崔华君
出版发行 生活·讀書·新知 三联书店
          （北京市东城区美术馆东街 22 号 100010）
网   址 www.sdxjpc.com
经   销 新华书店
印   刷 北京市松源印刷有限公司
版   次 2014 年 6 月北京第 1 版
          2014 年 6 月北京第 1 次印刷
开   本 720 毫米 × 965 毫米 1/16   印张 20.5
字   数 304 千字
印   数 0,001 - 4,000 册
定   价 46.00 元
（印装查询：01064002715；邮购查询：01084010542）

总 序

　　上世纪80年代末到90年代初，在饶宗颐教授攘臂一呼下，潮汕历史文化研究开始在各方面发展。短短数年间，已汇众千百潮人学者，而整体研究也已总括为一门具有丰富内涵的独特学问，以"潮学"闻名于国际文化学术界。相关研究中心的成立，并期刊及专著的出版，如雨后春笋。至今，我们对潮汕区域历史、潮籍历史文化名人、潮人的海外拓殖史、潮汕区域政治经济状况、潮汕文化源流、潮汕方言、潮州音乐、潮州歌册、潮剧、潮汕工艺农艺、潮州饮食文化等，都已有一定程度的把握。

　　然而，潮学研究成果虽丰，在宗教研究方面，却未见相应之发展。当然，在潮学圈中，也有学者就潮汕地区各宗教以至基督宗教的文化、历史、与社会之互动等等做了一些探索，例如对祠堂、庙宇、祖宗崇拜、风水、亡斋风俗、宋代潮州的佛教等的研究，又例如对潮汕地区基督宗教传播、清末潮汕地区的基督宗教运动、20世纪教会办学的命运、汕头基督宗教教会的自立与分离、个别基督教宗派及差会的历史描述等的研究。然而，这方面的功夫，至今仍然只属初探阶段，当中存在着不少有待填平的研究洼沟。对不少学者来说，这是极为可惜的，但却也是开展研究领域之良机。近二十多年，中外学者常谈到第二轴心时代的全新文明，谈到当下的全球意识、全球在地意识、大地意识、对话意识、女性意识等，亦留意到在新时代里，宗教人文精神的重要性及其重建之急切性。事实上，数十年来，我国的宗教研究以惊人的速度发展，在哲学、文学、历史研究、社会学、心理学、政治学、文化研究、人类学、艺术研究、建筑学、法学等领域里，都对宗教进行了学术探索。今天，即使在不少历史悠久的重点大学里，也能找到宗教研究机构以至于学系，这是我国改革开放多年来的重大成就之一，而宗教学亦由往日的"险学"转化成今日蓬勃发展的"显学"。

毫无疑问，潮汕是一个宗教文化非常浓郁的地方。当中的基督宗教也不例外。基督教传入潮汕区域已超过 160 年。这即是说，在汕头开埠（1860 年）前，基督教已存在于此地。事实上，不少学者认为，早于 19 世纪初，潮汕地区已是欧美传教差会欲求开发之地。在过往年间，基督宗教在潮汕非常活跃，在创办医院、办学、慈善事业、妇女工作等方面，都有足迹。不单如此，在潮州的商业史中，传教士也有涉足，例如在 19 世纪与 20 世纪之交，于潮州商贸领域中占举足轻重地位的抽纱工艺，正是传教士引入的。我们认为，潮学有必要注入基督宗教研究的元素。

此外，潮汕基督宗教研究，在国际学术圈子里，也是一个值得发展但仍是有待发展的领域。近年来，学术界对中国基督宗教之研究重心，已由研究整体转移至地方观点（local knowledge）的研究，学者们亦力求深入探讨基督宗教与地方社会及宗教的互动关系、基督宗教本土化的不同形式，及基督宗教在中国发展的区域差异。潮汕地区，位于广东省之东北。在民国初，广东受餐基督徒人数已超过 30 万，是全国之冠。时至今日，广东教会里仍是潮语系的教会最为兴旺。因此，不论从历史看或是从现今看，研究潮汕基督宗教，就了解华南基督宗教而言，是不可或缺的，这也是我们决定出版"潮汕社会宗教与文化研究系列"的原因。这套丛书，广邀了不同领域的学者们参与，从全球在地化、性别觉醒、建筑、历史、社会、文化、宗教、人生等向度切入，发掘蕴藏在潮汕基督宗教中的人文宝藏，以多元的视野为当下的新文明中宗教人文精神的深化提供资源。

得蒙李嘉诚基金会的鼎力支持，并香港中文大学的大力合作，"汕头大学文学院基督教研究中心"于 2010 年初正式成立，重点研究粤东地区基督宗教史、粤东各地基督宗教和其他宗教的现状、基督宗教哲学与神学、基督宗教与潮汕文化、基督宗教与社会之互动、基督宗教与妇女发展、基督宗教伦理学、基督宗教和学校教育、基督宗教和全人生命教育、基督宗教和慈善及医疗事业、潮人成就与潮人的宗教信仰等等。至今，我们已成功地汇聚了不少国内外的相关学者，并曾多次举办学术会议及圆桌学术交流会议，还设立了相关的优配研究基金。2012 年 9 月，"汕头大学·香港中文大学联合基督教研究中心"亦得以成立，把潮汕基督宗教研究的工作再推上一层楼。本丛书得以面世，得到生活·读书·新知三联书店的专业出版支持，我们深感荣幸。有各方的支持，我们深信，本丛书能给海内外学者及读者带来一种人文新视野，并为潮汕地区的基督宗教研究做出贡献。

汕头大学基督教研究中心主任
汕头大学·香港中文大学联合基督教研究中心副主任　　　关瑞文

潮汕的"姿娘间"

潮汕地区有"闲间"这样一种公共活动场所。闲间一般是男人的天下，但有的地方也有"姿娘闲间"，简称"姿娘间"。邻里的妇女们晚上常聚在一单身女子屋里说私密话，唱潮州歌册，有时也进行一些秘密的宗教仪式。一些重要的节日，如七夕，长辈和小姑娘们会在姿娘间相聚，焚香礼拜，交流女红技巧，并互赠亲手制作的工艺品。此图摘自Adele M. Fielde《中国一隅》(*A Corner in Cathay*)一书，书中描述了潮汕姿娘聚在"姿娘间"焚香祷祝请姑神的仪式，汕头的吴棱画派应作者之邀作画，用作此章的插图，作者以"The Women's Apartment"作为图片说明。

目 录

图版目录

绪 论

一、缘起与意义

生儿弄璋，生女弄瓦，先民很早就定下了接纳孩子降生的心理基调。而这一基于性别差异的观念在现今的潮汕社会，仍然普遍存在。比如时下依旧有不少潮汕家庭追生男孩，全职太太仍有强大的"市场需求"。在潮汕女子以"贤惠"标签"享誉"国内外的同时，潮汕的"大男人"也受尽了各方质疑。这种源自性别差异的不同在潮语流行音乐中，则有着另外一种表达。黎田康子的《一壶好茶一壶月》、《那一夜的月亮》、《遥思》等歌曲曾在 20 世纪 90 年代传唱一时。现在回想起来，那甜美的歌声在拨动听者心弦的同时，曲中女子思念远方丈夫的那份孤清与落寞也常回荡于脑海之中。不禁让人想到：在近代下南洋的人口迁徙潮中，留守家乡的潮汕妇女的心曲之所以如此动人，也许就在于那经得起岁月消磨的真挚情感。而痴心等待中所体现出的女性惯于隐忍的性别特征，以及自身成长过程中的点滴经历和感悟，或许都是促使笔者在后来选择与性别有关的问题作为研究课题的潜在原因。

在中山大学历史学系学习期间，受师友启发，选取了潮汕地区的教会历史作为主攻方向。曾经忆及，幼时在邻居家中曾见到黑白的头带荆棘的耶稣受难像，天窗的光柱照射在画像上，尘影飞舞，一片肃穆的气氛。跟这家的小孩照样玩耍，并没有觉得彼此有什么不同。而当我开始就潮汕地区的教会与女性这一课题广泛收集资料时，父亲才对我说起家族中的一段往事：建国前，祖母的六姑母许氏因不满丈夫娶妾以继男嗣，带着女儿离开澄海县城，到汕头埠皈依天主教。老祖姑许氏从此没回夫家，依靠教会自谋生计，维持母女二人的日常花销。后来，她的女儿嫁给了一位教内的年轻人。这段往事引起我的好奇：面对丈夫娶妾，老祖姑作出了明显与隐忍不同的选择。她的出走是否受到了教会的影响？而教会又是如何为女性这一弱势群体提供了庇护之所与生存技能的培训？这些也促使我去进一步思考宗教对女性精神世界和物质生活的影响。

"二战"结束后，西方妇女广泛走进职场，性别研究逐渐兴起。20世纪70、80年代，一种主张赋予妇女全面参与权利（empowerment）的新发展理念被运用到教会史的研究中。学界一般都积极肯定基督教会在近代中国妇女解放运动中的引导作用，如提倡男女平等、推进天足运动、反对一夫多妻和溺杀女婴等。[1] 也有学者认为传教会是激发妇女重新思考她们在家庭和社会中的角色的因素之一。[2] 这是否意味着教会体制内的妇女也应获得相应的"解放"，而且是与教外妇女相比更大程度的"解放"？要回答这样的问题，唯有对信教妇女的婚姻与职业中的性别因素进行考察。然而考察信教妇女的日常生活恰恰是教会史研究中一个难以突破的瓶颈。柏海伦（Heleen Murre-van den Berg）曾指出："我们知道在当地活动的女传教士是谁，她们在国内为何以及如何成为传教士，她们在传教地做了什么工作，但我们很少能弄清楚第一、二代当地信教妇女是谁，她们为何及如何入教，基督宗教给她们的日常生活（婚姻与职业）带来什么影响。"[3] 鲁珍晞（Jessie G. Lutz）也抱怨说："对于晚清时期的非精英信教妇女，我们的了

1　胡卫清：《苦难的模式：近代岭东地区女基督徒的传道与证道》，载陶飞亚编：《性别与历史：近代中国妇女与基督教》，上海：上海人民出版社，2006年，第284页。

2　Heleen Murre-van den Berg, "Protestant Missions and Middle Eastern Women", in Inger Marie Okkenhaug and Ingvild Flaskerud eds., *Gender, Religion and Change in the Middle East: Two Hundred Years of History*, Oxford/New York: Berg, 2005, p.113.

3　Ibid.

解相当少，而对她们生活细节的了解似乎也不太可能得到。"[1]造成这一现象的原因，当与历史记录多出于男性之手，女性的生存状况往往容易被忽视有关。

上述问题在中国教会史的研究中同样存在。虽有史料缺乏、零散、解读不易等难处，但也并非没有突破的空间。为了更好地理解近代中国信教妇女的生存状况，有必要先将她们做具体的空间定位，进而了解其家庭背景、人际关系等影响其宗教信仰的因素。盖因基督教徒在地方社会中有多重身份认同："信教的家庭将自身的身份认同与他们所属的宗派和宗族紧密挂钩。"[2]只有厘清这些因素，才有可能进一步探讨：她们为何信教？新的信仰是否改变了她们的日常生活？如果确有变化，这种变化对她们所处的地方社会又有什么影响？于是，笔者采取了"地方社会中的信教妇女"这一情景化的研究视角，因为潮汕信教妇女的生存空间是潮汕社会，而不是外国传教会的传教地。

本书研究的目标人群主要是第一、二代已婚的信教妇女。选择"第一、二代"信徒，是因为早期信徒的个人经历是重要的研究素材，能让人们更好地理解宗教的影响[3]；将研究对象确定为"已婚的信教妇女"，则方便笔者检验那些"过着基督教生活方式"的男女信徒的性别观念。相对于父女、母子等性别关系而言，夫妻关系无疑在已婚女性的生活中居于核心地位，因此也是主要的关注点。至于没有选取在教会学校中就读的女子作为主要的研究对象，则是因为学校是一个相对理想的空间。而且当这些女子毕业后进入婚姻生活，她们也会同样面临如何协调与丈夫关系的问题。此外，本书也会对信教家庭的父女关系有所关注，考察父亲的意见对女儿婚姻抉择的影响。

1　Jessie G. Lutz, "Women in Imperial China", in Jessie G. Lutz ed., *Pioneer Chinese Christian Women*, Bethlehem: Lehigh University Press, 2010, p.35.

2　Joseph Tse-Hei Lee, "Gospel and Gender: Female Christians in Chaozhou, South China", in Jessie G. Lutz ed., *Pioneer Chinese Christian Women*, Bethlehem: Lehigh University Press, 2010, pp.183-184.

3　Murre-van den Berg, "Protestant Missions and Middle Eastern Women", p.111.

信教妇女的婚姻与职业是笔者关注的两大主题。对于第一个主题，将会考察理想的基督教婚姻与"基督化家庭"理念在潮汕地区有哪些具体内涵（第六章），以及教会的婚姻条规在具体操作时遇到的障碍（第七章）。对于第二个主题，主要着眼于早期潮汕信教妇女从事的两种职业：女传道和抽纱女。[1]对女传道和抽纱女生活上的变化，以及各传教会的婚姻条规与婚姻实践做细致的探究，有助于理解潮汕地区中国人的家庭生活如何从传统走向现代。在19世纪中后期，潮汕当地信徒在不知不觉中就已体验了"现代"的生活。而所谓"现代"的观念也开始在他们的思想中萌芽，并在入教后体现于他们的行为和所从事的职业中。

　　"情景化"具有时空两个维度。在潮汕地区，时间维度体现在福音传入潮汕的过程：西方传教士与潮汕男性侨民先在南洋地区相遇；福音随后因侨民返乡和传教士获允入华而在潮汕传播开来，教会的妇女事业也随之展开。为了应对不同时期出现的婚姻问题，教会也多次修订其婚姻条规。空间维度则体现在粤东若干教会传教区的交叠，以及潮汕地区下南洋的人口迁徙和基督教东来传教网络的交叠上。此外，晚清时期由传教士传入的抽纱业在促成当地新的贸易和移民路线形成的同时，也将潮汕地区纳入世界经济体系当中，这是更为广阔的空间背景。

　　由于新教和天主教属于不同的教会体系，因此当前国内教会史在这一领域的研究基本上也是分开进行的。而布鲁斯·马斯特斯（Bruce Masters）的中东教会史著作《奥斯曼阿拉伯世界的基督与犹太教徒》，却是以奥斯曼帝国境内的新教、天主教和犹太教作为伊斯兰文化的对立面，将它们放在一起进行比较研究。[2]这是教会史研究的一种新角度。在1849—1948年的一百年间，潮汕地区传教主要有三个新教传教会（美国浸信会、瑞士巴色会和英国长老会）和一个天主教传教会（法国巴黎外方传道会）。本书所涉范围，也涵盖了这些新教和天主教传教会。这是因

1　诸如护士或医生这样的职业没有被提及，是因为直到民国初年，才逐渐有潮汕女性接受正规的医护教育，而严格的医护训练也限制了女性进入医疗系统的人数。

2　Bruce Masters, *Christians and Jews in the Ottoman Arab World: The Roots of Sectarianism*, Cambridge: Cambridge University Press, 2001.

为在潮汕社会这一具体环境下，同属西方宗教的新教和天主教持有相似的婚姻伦理与现代化日程，也都面对着共同的当地社会，因此有理由将这些传教会放在一起进行比较研究。[1]

戴娜·L. 罗伯特（Dana L. Robert）指出，天主教修女与她们的新教同侪一样，承担着"教师"和"护士"的工作。[2]而潮汕地区的信新教和天主教的妇女同样从事"传道"和"抽纱"这两份职业，只是称谓稍有不同。以"传道"一职为例，在新教语境下称为"传道姨"或"女传道"（Bible-woman），而在天主教语境下则称为"守贞姑"（Virgin），"与传道姨一样，守贞姑也走街串巷到信徒家中讲解教义"[3]。事实上，潮汕地区这些西方传教会关系是多样的。尽管他们来自不同的国家，分属不同的教派（信义宗、浸信宗、长老宗和天主教），彼此之间也并非老死不相往来，而是合作和协商一直存在，如在传教区域的划分、人员的借调和教会书籍的借鉴和出版等方面互通声气。在相互竞争的同时，也彼此效仿成功的经验和策略，这些情况之前常被学者所忽视。有鉴于此，笔者会侧重考察不同传教会妇女工作的决策、教育方针以及婚姻条规之间的同异。

本书副标题中的"姿娘"，即是潮汕方言"女人"之意。林伦伦认为其本字是"珠娘"，见南北朝时期任昉的《述异记》："越俗以珠为上宝，生女谓之珠娘，生男谓之珠儿。"[4]也有学者认为该词源自"煮娘"，即"煮饭的娘子"。从字面上理解，"姿娘"让人联想到婉约温存，容貌可人的

1　柏海伦认为天主教与新教传教会在现代化日程上并无根本上的差异，参见 Murre-van den Berg, "Protestant Missions and Middle Eastern Women", p.111.

2　Dana L. Robert, *American Women in Mission: A Social History of Their Thought and Practice*, Macon, Ga.: Mercer University Press, 1997, Reprinted by McNaughton & Gunn, Inc., 1998, pp.329-330.

3　Lutz ed., *Pioneer Chinese Christian Women*, "Introduction", p.20.

4　林朝虹、林伦伦：《全本潮汕方言歌谣评注》，广州：花城出版社，2012年，附录一"占字表"，"姿娘"条，第481页。

丽人。[1] "福音"则指代基督教与天主教。两个词连缀在一起，即是指信仰基督教与天主教的潮汕妇女。"韩江下游"则泛指粤东的潮汕地区。在此居住的有潮汕（福佬）与客家两个族群，但以前者人数居多。关于研究时限的划定，是因为目前可见的最早一份向潮汕人宣传基督教婚姻观的小册子刊印于1849年，而在建国前夕的1948年，英国长老会完成了对婚姻条规的最后修改。不过，由于涉及抽纱业在教会圈子外的发展状况，使用了部分口述史材料，因此考察的时间也会下拉到20世纪70、80年代。

另外需要说明的是，作为宏观背景，20世纪20年代的民族主义运动及由此引发的妇女解放运动对潮汕地区的影响，笔者亦有注意。但是正如谢和耐（Jacques Gernet）所说，虽然"必须承认重大的历史事件对人们的日常生活有直接的影响。然而，当被卷入历史上的大灾难时，置身其间的民众大多数并没有被触及"[2]。鲁珍晞也承认，当新文化运动和20世纪20年代的民族主义、反帝国主义和非基督教运动发生期间，中国社会发生的种种变化对城市中的年轻女性确实产生影响，但乡村地区的政治和文化并没有发生相同程度的变化。[3]具体到潮汕地区，尽管民族主义多少也影响到在汕头口岸读书和工作的女学生、抽纱女工，但从资料上看，它对农村地区的影响基本上可以忽略不计。[4]

1　《关于"潮汕姿娘"》，载魏秋影、伊琳编：《潮汕姿娘》，广州：暨南大学出版社，2012年，第1页。

2　Jacques Gernet, *La Vie Quotidienne en Chine: À La Veille de L'Invasion Mongole, 1250–1276*, Paris: Hachette, 1959, "Introduction", p.14.

3　Lutz ed., *Pioneer Chinese Christian Women*, p.15. 杜赞奇认为民国时期中国妇女被剥夺了直接参与政治的权利，这体现了"永恒的"中国价值——换言之，将女性主义构建成为中国"传统"美德的展览馆，这是抱着历史是线性进化思想的民族主义者必然的话语模式，参见 Prasenjit Duara, "The Regime of Authenticity: Timelessness, Gender, and National History in Modern China", *History and Theory*, Vol.3, Issue 3, Oct. 1998, pp.287–308。

4　杜式敏也提到这一点，参见《[19]20年代的基督教会女校——以汕头淑德女校为例》，汕头大学硕士学位论文，2005年，第43—54页。

二、先行研究概述

（一）传教史中的性别研究

不同的分析框架

派出国总部和海外传教地是传教会历史研究中两个不言自明、分野清楚的地域。根据对这两个不同地域以及研究对象的处理方式，目前教会史中涉及女性的学术著作大致可分为三种类型。

一为女传教士在海外传教地的活动。这一类型因为涵盖了分布于世界各地的传教会，显示了其在地理、人种、语言上的种种差异。这些研究有的以一个范围较小的地域为单位，有的则以一个版图较大的国家、次大陆或大陆作为整体研究的对象，如中国、印度、东亚、非洲、拉丁美洲，甚至以全球的性别发展趋势作为研究对象。其中，简·亨特（Jane Hunter）的《文雅的福音》一书，关注在华的美国女传教士，可以说是研究具有美国社会和教育背景的女传教士们在华日常生活的经典著作。[1] 盖尔·格雷厄姆（Gael Graham）的研究则注意到 1880—1930 年间美国新教传教会的教育工作，及其对中国性别和文化的影响。[2]

戴娜·L. 罗伯特的著作《传教会中的美国妇女》，研究的是美国女传教士在传教地的活动以及她们的传教理念和实践的形成。此书具有一种全球的视野，而且美国的新教与天主教传教会均包括在内。她关于"基督化家庭"传教理念的文章也延续了这种广阔的视野，展示了这一理念在夏威夷传教地的形成，它如何成为英美传教会宣教理念体系的基石，以及后来在非洲和亚洲（中国、印度、日本等国）各传教地的宣教

1　Jane Hunter, *The Gospel of Gentility: American Women Missionaries in Turn-of-the-Century China*, New Haven/London: Yale University Press, 1984.

2　Gael Graham, *Gender, Culture, and Christianity: American Protestant Mission Schools in China, 1880–1930*, New York: Peter Lang Publishing, Inc., 1995.

实践。[1]

林美玫的《妇女与差传：19 世纪美国圣公会女传教士在华差传研究》一书是这一类型的典范。该书对美国圣公会女传教士进行单一个案或集体研究，深入剖析女传教士在华从事传教的种种作为和心态，探讨 19 世纪基督新教来华、入华和在华时妇女与宗教互动的意义。[2]

第二种类型是派出国传教会总部和海外传教地之间的互动。朗达·安娜·森普尔（Rhonda Anna Semple）曾指出："任何研究传教会与性别关系学者必须考虑传教士与传教会机构如何在派出国总部和海外传教地的实践经验中重塑自己。"在她讲这番话之前，这一理念已经由阿曼达·波特菲尔德（Amanda Porterfield）先行实践。波特菲尔德研究美国第一所为妇女设立的高等学府、马萨诸塞州的曼荷莲女子学院（Mount Holyoke College）培养出来的女传教士在波斯、印度和南非是如何复兴新英格兰的女性虔诚传统的。[3]

森普尔对英国女传教士的职业化和维多利亚时代的性别观念的研究是实践上述理念的另一个成功例子。她主要关注三个传教会（伦敦会、苏格兰长老会和中国内地会），讨论每个传教会在派出国总部的行政结构、传教士的招聘和培训程序，并比较三个传教会在这些方面的同异。在考察每个传教会在派出国总部的决策过程的同时，不忘关照各会在海外传教地的具体实践，如此便清楚地展示了各会的性别观念如何因招募的新成员的特性和传教地对她们的要求之间的互动而不断演进。森普尔对宣教成效的评估比波特菲尔德更加乐观，她说："伦敦会在北印度地区的传教站体现

1　Robert, *American Women in Mission: A Social History of Their Thought and Practice*; "The 'Christian Home' as a Cornerstone of Anglo-American Missionary Thought and Practice", in Dana L. Robert ed., *Converting Colonialism: Visions and Realities in Mission History, 1706–1914*, Grand Rapids, Michigan/Cambridge, U. K.: William B. Eerdmans Publishing Company, 2008.

2　林美玫：《妇女与差传：19 世纪美国圣公会女传教士在华差传研究》，北京：社会科学文献出版社，2011 年。

3　Amanda Porterfield, *Mary Lyon and the Mount Holyoke Missionaries*, New York/Oxford: Oxford University, 1997.

了传教会的失败：在 20 世纪 20 年代，该会的所有工作人员被逐出当地。[印度东北部的]大吉岭（Darjeeling）则体现了社区宣教工作的成功，其结果使得当地的尼泊尔侨民中出现一个强大的教团组织。而中国内地会在中国东部沿海的芝罘（即山东烟台。——引者注）所开设的学校则说明，即使该传教会许诺对其性别角色进行改革，女性在宗教活动中仍然延续其辅助性的地位。"[1]

伊丽莎白·布茹拉（Elizabeth Poujoulat）的博士论文以 1860—1940 年四个在华的法国天主教传道会为研究对象（分别是方济各会、耶稣会、遣使会和巴黎外方传道会），探讨这段时期内中国的天主教婚礼和相关条规如何涵化或者说汉化。[2] 不同于森普尔的是，布茹拉并没有比较这四个传道会婚姻条规的差异。她将四个传道会作为一个整体进行研究，因此可将其归入"传道会的婚姻观念与传教地的传统婚俗的互动"这一类型。其忽略之处在于，没有考虑到中国国土的辽阔必将导致各传道会在某些应对策略上产生差异。然而，她细致地梳理在华各法国天主教传教会对离婚、娶妾、重婚等种种行为的规定，为更好地理解处在巴黎外方传道会管辖之下的潮汕地区的情况提供了重要参考。

乌尔丽克·西尔（Ulrike Sill）的新著分析了 19 世纪中叶巴色会的女传教士如何在非洲黄金海岸（现加纳）的妇女中传播她们认可的基督教"女性主义"（femininity），这与当地妇女心目中"恰当的"女性气质（womanhood）常有出入。与传教会派出国总部与海外传教地的互动相比，她的书更多关注女传教士与当地女性的互动。

第三种类型专注于传教地的信教妇女。1992 年，郭佩兰的《中国妇女与基督教（1860—1927）》一书开拓性地使用了出自中国基督教女信徒之手、散布在教会年鉴、文集、小册子和教会杂志，特别是《教务杂志》（The

---

1　Rhonda Anna Semple, *Missionary Women: Gender, Professionalism and the Victorian Idea of Christian Mission*, Rochester/New York: Boydell Press, 2003, p.13.

2　Elisabeth Poujoulat, *Le mariage dans les chrétientés catholiques en Chine: 1860–1940*, Directeur de thèse: Madame Marianne Bastid-Bruguière, Thèse soutenue le 20 mai 2008, Ecole des Hautes Etudes en Sciences Sociales.

Chinese Recorder）、《女铎报》（The Women's Messenger）和《基督教女青年》（The YWCA Magazine）中的自传和短文。这些女信徒大多是就读于教会学校的学生，有的已经毕业。她们文章的主题主要是妇女的时尚和发型、女子教育、恋爱与婚姻、妇女的职业、民族主义和宗教信仰等。这些材料使郭佩兰得以深入探讨中国妇女在面对西方文化和宗教时的内心世界，以及对不断变化的中国社会的主观反应。

时隔十八年，对当地基督徒历史的重视才在鲁珍晞主编的《中国基督教女性先驱》（Pioneer Chinese Christian Women）一书中得以延续。基督宗教的汉化和教会为提升信教妇女能力所做出的努力这两个主题贯穿于此书的各编当中，是探讨在华新教与天主教传教会和中国信教妇女的关系的一部重要著作。该书展示了中国女性在传播和维持基督宗教信仰上所扮演的关键角色。

尽管鲁珍晞和该书的其他作者成功地在中国教会历史中勾勒出中国信教妇女的身影，但在笔者看来，相关问题仍有进一步探讨的空间。原因在于这些信教妇女只是被置于不同的教会机构中，如某个宗教团体或教团（congregation），教会开办的中小学、高校、护士学校或医院，而没有将其放在范围更广、没有藩篱隔绝的地方社会中加以讨论。柏海伦也曾指出，近代中东传教会与性别研究的著作同样多以讨论教会的社会、医疗或教育机构为主，根据则在于鲁珍晞所说："传教会和教会学校为妇女提供了提升社会地位与经济地位的路径。"[1]

从格雷厄姆到西尔，传教会的教育工作大体上备受关注。尽管女传教士也开展对成年女性的教育，学者们研究的重点却往往放在对女校学生的教育上。在西尔的著作中，巴色会在黄金海岸的女子寄宿学校是女传教士与当地女性相遇的主要空间，也是二者就基督教女性气质（Christian womanhood）展开磋商的中心。这种将当地信教妇女置身于教会机构中进行研究的趋势，主要原因可以归结到西方学者所利用的教会档案上，因为这些档案正是以传教会所开办的机构进行保管和分类。而由于个人体验的

1　Lutz ed., *Pioneer Chinese Christian Women*, p.17.

局限，西方学者往往不能从当地人的角度看待传教士如何在地方社会开展各项教会事业。近几年，西方教会史研究开始逐渐重视人类学的田野调查（李榭熙），并结合口述史（杜式敏）的研究方法，从而可以对那些单凭教会档案难以开展的课题进行研究，比如探讨女传教士对那些没有进入女子寄宿学校接受教育的成年女性的影响。这些都对本研究在材料的收集和方法的使用上有着重要的借鉴意义。

不同的论题

女性在教会权力结构中所处的位置是不少学者关心的问题。针对女性在教会行政中的隐身现象，鲁珍晞认为："基于性别的劳动分工将女性推向文化的和更世俗化的活动。直到近几十年，女牧师的按立仍很少见；女性也不太可能在教会高层理事会中服务。然而，她们能担任女传道，在学校中任教，建立和经营孤儿院。"[1] 凌爱基也认为女传道在中国好几个新教传教会中的存在并不能消解女性在教会行政中角色的张力，因为"在19世纪末20世纪初，女传道在以男性为主导的教会权力结构中并无决策权。……虽被排除在教会行政和关于教会建设、发展和财政等决策权之外，女传道却能自由地照顾那些需要帮助的人们，并且能够专注于私人领域的工作，而这些她们的男同事都无法做到。"[2] 可见女性在事实上从事着教会中各种关键的工作，却被教会的档案记录所忽略。信教妇女自传的缺失或应归因于中国历史记载本身所特有的男性视角。

女传教士与她们培养出来的当地女信徒是不是女权主义者？简·亨特为我们展示了在华女传教士比较真实的一面："她们向中国信教妇女普及同样规范着她们自身的家庭服务意识，教导她们：女性的抚育责任包括教育、文化和公共道德，但家庭最终仍应成为她们生活的中心。在家庭中，她们应作为一股稳定的力量应对历史变化的激流。"这段话显示在华女传

1　Lutz ed., *Pioneer Chinese Christian Women*, p.19.

2　Ling Oi Ki（凌爱基），"Bible women", in Lutz ed., *Pioneer Chinese Christian Women*, p.257. 这些传教会是美国浸信会、英国圣公会、中国内地会、美以美会和美国长老会。

教士并非女权主义者，而是形成一个"保守的团体"。[1] 虽然在性别观念上，不同传教会之间、同一传教会在不同的时期都会有不同的看法，甚至同属一个传教会的传教士看法也有不同。[2] 林美玫的《妇女与差传》便有专章对晚清时期来华的圣公会女传教士做具体的个案和群体分析。基于对纯正妇女意识的不同认知，以及个人前往差传异域的主、客观因素，林美玫区分出保守、激进和调和三种类型来解释其差传心理及行为表现。[3] 来华的女传教士敢于在国内外担任起传道和教师的角色，应归结于"福音派女性气质"（evangelical womanhood）这个在 1820—1860 年间产生并流行于美国的新教观念。它将传统新教"具有美德的妇女"的理想和强调传教行动的新观念结合在一起，将妇女描绘为担负着教养责任的、敏感和虔诚的形象，对不公正的察觉能力比男性更强，更能为那些有需要的人们提供安慰。[4] 这种女性气质的理想强调自我牺牲，但允许女性在教育与道德等领域充当楷模，扮演活跃的社会角色。[5] 这个理想也影响到当地的信教妇女。通过探究美国女传教士于 19 世纪在中国开设的女校，金敏（Majorie King）指出，在解放中国女性的努力中，女传教士引进的是女性主义，而非女权主义

1　Jane Hunter, *The Gospel of Gentility*, p.176.

2　胡卫清教授向笔者指出："晚清民国时期妇女在各修会和教会的权力架构中的地位有很大的不同，浸会和长老会就区别较大，至于天主教修会和基督教的一些教派更不同，同一教派前后也有不同。"笔者赞成这一观点。在女传道引起教会行政性别张力一事上，凌爱基便为我们展示了不同传教会的看法，参见 Ling Oi Ki, "Bible women", in Lutz ed., *Pioneer Chinese Christion Women*, Bethlehem: Lehigh University Press, 2010, pp.254–259；而在本书第六章和第七章，笔者也初步比较了不同传教会在一些婚姻观念和婚姻条规上的不同。这些差异正是源于不同传教会各自的宗派传统和性别观念。

3　林美玫:《妇女与差传：19 世纪美国圣公会女传教士在华差传研究》，北京：社会科学文献出版社，2011 年，第 14 页。

4　Anne M. Boylan, "Evangelical Womanhood in the Nineteenth Century: The Role of Women in Sunday School", *Feminist Studies*, 4 (1978), p.65.

5　Ibid., p.63.

（feminism）。[1] 在此且不讨论"女性主义"和"女权主义"这两个现代概念用在 19 世纪是否恰当，但是她的这一观点在西尔的书中却不乏共鸣。[2] 鲁珍晞更进一步声称女传教士们"也许不认同对女性的隔离，但她们支持对女性进行教育，然而她们并没有因此而与儒家的性别观念发生龃龉。她们承认妻子应该顺从丈夫，并没有质疑父权家族的观念"[3]。

郭佩兰在《中国妇女与基督教（1860—1927）》一书中提供了中国信徒方面的例证。她认为教会外部的妇女运动确实提升和塑造了京沪地区信教妇女的女权意识，使她们努力争取在法律、经济、教育和政治等领域的平等权。但信教妇女在教团内部和教会学校中学到的女性气质却使她们更关注与家庭和儿童保育工作相关的改良活动。[4] 杜式敏、王成勉和王栋的研究则根据不同地域的情况对这一观点进行了细微的修正。通过采访英国长老会淑德女校四位老校友，杜式敏向我们说明这个女校并没有卷入 20 世纪 20 年代的民族主义思潮。[5] 王成勉根据《中华基督教年鉴》中信教妇女的传记，指出相当数量的"杰出女信徒"是因为具有儒家期许的妇德而受到尊重。[6] 王栋则探讨在岭南大学这所教会学校中接受高等教育的女性，指出尽管在 20 世纪 20 年代的民族主义思潮中，她们与男同学作为顽强的活跃分子并肩作战，但她们并没有使传统的性别界线发生剧烈的变更。[7] 可见当时接受高等教育的女性也并非典型的女权主义者。正如唐日安（Ryan

---

1　Marjorie King, "Exporting Femininity, Not Feminism: Nineteenth-Century U.S. Missionary Women's Efforts to Emancipate Chinese Women", in Leslie A. Flemming ed., *Women's Work for Women: Missionaries and Social Change in Asia*, Boulder/San Francisco/London: Westview Press, 1989, pp.117-136.

2　Ulrike Sill, *Encounters in Quest of Christian Womanhood*, Leiden/Boston: Brill, 2010, p.11.

3　Lutz, "Women in Imperial China", in Lutz ed., *Pioneer Chinese Christian Women*, p.37.

4　Kwok Pui-lan, *Chinese Women and Christianity 1860-1927*, Atlanta/Georgia: Scholars Press, 1992, p.189.

5　胡卫清教授认为该校实际上受到冲击，具体情况有待进一步探讨。

6　Peter Chen-Main Wang, "Models of Female Christians in Early Twentieth-Century China: A Historiographical Study", in Lutz ed., *Pioneer Chinese Christian Women*, p.19.

7　Dong Wang, "Beginnings of Women's Education at Canton Christian College", in Lutz ed., *Pioneer Chinese Christian Women*, p.371.

Dunch）所指出的："传教会的教育并没有公然挑战婚姻和养育子女作为中国基督教信教妇女主要天职的地位。"[1]

当地信教妇女从女传教士那里学到的女性职责充分体现在"基督化家庭"这个观念中。[2]波特菲尔德与罗伯特研究19世纪与20世纪上半叶传教士为提升妇女在家庭中的地位所作的努力。[3]波特菲尔德着眼于在曼荷莲女子学院接受过教育的女传教士。由玛丽·莱昂（Mary Lyon）创建的这所学院是美国第一所培养女传教士的学校，实行一套独特的三"H"培训模式，即训练女学生的手艺（hand）、心灵（heart）和智力（head）。波特菲尔德考察从该校毕业的女传教士们在波斯、印度和非洲的传教活动，"探寻玛丽·莱昂和她的学生如何复兴新英格兰的女性虔诚（female piety）的传统"[4]。她写道："南北战争以前的女传教士（在海外的传教点）推广单偶制和婚姻中爱情的重要性。她们为世界上许多地区文化的变迁做出贡献，也为发展融合了传教士观念和传统理想的新文化做出贡献。"[5]罗伯特则追寻"基督化家庭"这个理念的发展过程，将它视为英美传教思想与实践的奠基石。她说："非洲、中国、印度、日本等地的基督化家庭有一个相同的中心主题，那就是：在伴侣式的婚姻中对女性的尊重，包括减轻父权制的种种弊端，譬如妾制、虐待妻子和让妻子服侍丈夫的大家族。"[6]此外，"基督化家庭［作为一种宣教理念］得以长久维持，部分原因在于它能够将当地妇女家庭生活的现实状况与传教士们宣传的现代化日程联系在一起。"[7]波

1　Ryan Dunch, "Mothers to Our Country: Conversion, Education, and Ideology among Chinese Protestant Women, 1870–1930", in Lutz ed., *Pioneer Chinese Christian Women*, p.337.

2　Robert, "The 'Christian Home' as a Cornerstone of Anglo–American Missionary Thought and Practice", p.163.

3　Porterfield, *Mary Lyon and the Mount Holyoke Missionaries*, p.143.

4　Ibid., p.4.

5　Ibid., p.7.

6　参见 Dana L. Robert, "The 'Christian Home' as a Cornerstone of Anglo–American Missionary Thought and Practice", p.136。

7　Ibid.

特菲尔德和罗伯特都肯定女传教士促成一些性别隔离制度的瓦解，如男女分开吃饭，夫妻在公共场合中分开行动，改变并提升了信教妇女的生活质量。[1]所有这些讨论启发笔者探究外国传教会在潮汕信徒当中推广的"基督化家庭"理念，其内涵到底是什么。[2]

接下来吸引着学者们的问题是：西方女传教士如何教导当地妇女？伊丽莎·F. 肯特（Eliza F. Kent）的研究展示了泰米尔女基督徒与女传教士合作，通过泰米尔习语和文化实践（cultural practice）将基督教观念教给印度女同胞。[3]李榭熙的研究也展示了英国长老会传教士如何使用罗马化方言读本使潮汕地区的信教妇女（成年与未成年）接受基督教观念。[4]通过个案研究，他试图说明女传教士如何教农村地区的年轻女性识字，以及在一个乡村堂会中，妇女如何因接受了教会教育而受人尊重，并具体分析了19世纪下半叶妇女入教的模式、比例和机制。他的研究富有启发性，展示了在面对西方传教士带来的新文化时，当地女性是被动的接受者。只有在西方传教士被逐出中国大陆之后，她们才开始为维持基督教信仰扮演主动的角色。与肯特的观点相似，西尔对19世纪中期非洲黄金海岸信教妇女的研究也展示出她们是如何调和固有观念与巴色会女传教士引入的一系列新规定和价值理念，并且在其中扮演着活跃的行动者。[5]潮汕的女性是否也像加纳和泰米尔妇女一样，在扬弃教会的性别理念中扮演着积极的角色？笔者将在书中各章试图回答这样的问题。

学界同样关心的问题是：在当地女性入教后，她们的婚姻与职业发生了怎样的变化？1919年以前，中国信教妇女或成为"贞女"（天主教语

1　Porterfield, *Mary Lyon and the Mount Holyoke Missionaries,* pp.82, 141.

2　Ibid.

3　Eliza F. Kent, *Converting Women: Gender and Protestant Christianity in Colonial South India*, New York: Oxford University Press, 2004, p.13.

4　Joseph Tse-Hei Lee, "Gospel and Gender: Female Christians in Chaozhou, South China", in Lutz ed., *Pioneer Chinese Christian Women*, pp.182-198.

5　Sill, *Encounters in Quest of Christian Womanhood*, p.173.

境）[1]，或成为女传道（新教语境），或成为教师、护士、医生等，这些都是她们接受了教会教育后得到的就业机会。因此鲁珍晞认为，教会机构为妇女提供公共领域的就业机会，并在改变她们的社会地位上起到一定的作用。[2]然而，在家庭领域中，教会机构是否也有同样的作用？学者对此多抱怀疑态度。

肯特对印度基督教徒的家庭生活和夫妻生活的研究，以及布茹拉对中国天主教婚姻模式的研究，在在揭示了从基督宗教婚俗向本地婚俗的调适（acculturation）是不可避免的趋向。肯特指出："对女性的尊重这种因印度精英和西方的性别规范（gender norm）的互动而形成的混合话语，分化为两种可以区分的类型，一种更多受到西方资产阶级理想的影响，另一种则受到婆罗门或刹帝利理想的深远影响。那些接受基督教信仰，并同时接受欧洲的风俗习惯和行为模式的人倾向于赞颂伴侣式的婚姻模式，而那些挪用基督教却试图清除欧洲文化成分的人则拥护以高等种姓实践为基础的婚姻模式。而这两种婚姻模式的共同点在于对离婚和寡妇再嫁的反感；即印度基督教会中的基督徒和高等种姓的基督徒共享着一生一夫一妻的承诺，这与下等种姓一夫多妻的实践区别开来。"[3]在近代的潮汕地区，娶妾的习俗在富裕的士绅家庭中广泛存在，而出于经济上的考虑，贫穷或普通人家则较少纳妾。[4]那么，基督宗教的婚姻观念在潮汕社会如何传播？在这一过程中与当地的婚姻观念产生了哪些冲突？

鲁珍晞与肯特都对教会事业充满信心，即不管其过程如何错综复杂，

1 在天主教语境中，贞女指的是宣誓终身不嫁以侍奉上帝的女性平信徒，她们在传播天主教中扮演了重要的角色，参见 R. G. Tiedemann, "Controlling the Virgins: female propagators of the faith and the Catholic hierarchy in China", in Deborah Gaitskell and Wendy Urban-Mead, *Transnational Biblewomen: Asian and African women in Christian mission*, 2008, pp.501-502。

2 Lutz ed, *Pioneer Chinese Christian Women*, "Introduction", p.14.

3 Kent, *Converting Women*, p.197.

4 Adele M. Fielde, *A Corner of Cathay: Studies from Life among the Chinese*, New York/London: McMillan & Co., 1894, p.28.

当地信教妇女生活上的变化总是在传教士的期待之中。然而，她们容易忽略一个关键的问题，即这些变化如何成为可能？或者更明确地说，丈夫们对于他们妻子的变化态度如何？着眼于女性在传教会中的体验并为传教会做出的贡献，森普尔并没有忽略男性对女传教士的影响（发生在同事之间）。[1] 在潮汕地区这个区域研究的个案中，在谈论信教妇女生活变迁的同时，同样也不应忽视她们的丈夫对此的反应。在夫妻之间，一方的变化必然会对另一方产生影响，由此形成相互关联的变化。教民曾德容的经历就让我们看到了一个丈夫对受过良好教育的妻子的不屑。曾德容就读于淑德女校，后来到福州继续升学。而其夫在汕头的长老会贝理神学院接受教育。毕业后，夫妇俩分任英国长老会的传道员和教师。然而，她的丈夫始终认为女性没有接受教育的必要，并在一次争吵中将她的毕业证书撕成碎片。[2]

最后的问题是，当地社会对外国传教会带来的新文化持何种态度？这个问题与西方帝国主义、殖民主义等议题联系在一起。波特菲尔德在这个问题上的消极态度使她有别于其他学者。她认为玛丽·莱昂的学生与当地主流、非基督教社区的互动产生了消极的结果："在波斯，美国传教士企图改革聂斯脱利这个东方教会的文化，却导致该文化的衰落；在印度的马哈拉施特拉邦（Maharashtra），美国传教士努力提倡女性教育，却导致印度教的复兴；在南非洲的纳塔尔省［Natal，现为德班（Durban），属夸祖鲁纳塔尔省（Kwazulu-Natal）］，美国传教会的教育帮助培植了非洲基督教精英，后者却反过来对抗传教会建立的教会。"[3] 在波特菲尔德看来，导致这样消极后果的原因在于"宗教和文化帝国主义使女传教士在克己（自我否定）上倾注全部心力，却使她们无法看清她们自己与非西方女性在生活上根本的相似性。"[4] 笔者关心的是，基督宗教的性别观念在潮汕地区是否也遭遇到相同的命运？

1　Semple, *Missionary Women*, p.69.

2　曾德容的口述史，参见杜式敏：《［19］20 年代的基督教会女校》，第 59 页。

3　Porterfield, *Mary Lyon and the Mount Holyoke Missionaries*, p.140.

4　Ibid., p.141.

（二）潮汕教会史研究

从 1895 年至今，撰写潮汕教会史的中外学者有十来位。20 世纪 90 年代中叶以前写作的传教史，作者几乎全是外国传教士或潮汕当地的教会领袖。美国北浸信会有师雅各（Jacob Speicher, 1895—1930, 这里指在华时间，下同）、耶琳夫人（Lida Scott Ashmore, 1880—1927）、纪德（Emanuel H. Giedt, 1919—1951）为该会撰写的历史，他们在潮汕地区工作过相当长的时间。[1] 英国长老会有约翰斯顿（James Johnston）、班爱华（Edward Band）和胡德（George A. Hood）等人

---

[1] Jacob Speicher, *The Conquest of the Cross in China: American Baptist Mission*, Kityang, South China/New York/Chicago/Toronto: Fleming H. Revell Company, London and Edinburgh, 1907; Lida Scott Ashmore, *The South China Mission of the American Baptist Foreign Mission Society: A historical Sketch of its First Cycle of Sixty Years,* Shanghai: printed by Methodist Publishing House, 1920; Emanuel H. Giedt, "Early Mission History of the Swatow Region through down to the Present for the American Baptist Mission", 1946, 未刊稿, 参见英国长老会英文档案缩微胶卷。师雅各（Jacob Speicher）在美国北浸信会华南差传会工作了三十五年之久。他著作的第三部分描绘了揭阳县各教会和分站在他任内十八年中的发展过程。耶琳夫人（Lida Ashmore）对美国北浸信会从汕头开埠到 1920 年的发展历史做了简要的概述，该书的附录是在汕头教区工作的所有美国传教士和少数本地教会领袖的个人小传（至 1920 年为止），这个人名列表可与陈泽霖所记英国长老会中外教牧人名表相媲美。纪德（Giedt）在汕头教区工作了二十五年之久。他未刊的"教会史"一文囊括了罗马天主教、瑞士巴色会、英国长老会和美国浸信会 1945 年之前在粤东地区传教的历史。该文补充了美国北浸信会 1920—1945 年间这段历史。他关于巴色会历史的叙述以施拉特（W. Schlatter）所写的黎力基（Rudolf Lechler）传记为本。关于英国长老会的历史，纪德所据乃伯恩斯（Islay Berns）的 *Memoires of William C. Burns* 和约翰斯顿（James Johnston）的 *China and Formosa* 二书。至于罗马天主教会，他根据的是赖德烈（Kennth Scott Latourette）的名著 *A History of Christian Missions in China*，此书大致勾画了天主教传教会 1579—1848 年在华的历史。以 1848 年为下限的原因在于这一年罗马传信部将整个广东教区置于巴黎外方传道会的管理之下。遗憾的是，纪德在追述这段历史时丝毫没有提及与瑞、英、美三个新教传教会同时活跃在潮州地区的巴黎外方传道会。尽管存在这样的缺陷，纪德研究的可贵之处在于不仅展示了跨宗派的特点，而且显示了将潮州地区新教、天主教传教会的历史囊括在内的研究意图。

撰写的传教会历史。[1]1963 年，陈泽霖撰写的《基督教长老会在潮汕》一文发表。[2]陈曾任英国长老会开办的男校汕头耶怀中学的校长。作为教会内部人员，陈泽霖以时间为顺序叙述了英国长老会 1844—1937 年这段时间的发展历程。他根据班爱华的观点，将这段历史分为不同的发展阶段。此文附有三个重要的地名或人名录：潮汕基督教长老会教堂所在地名表、潮汕英教士名表（未满十年者不列入）、汕头区和五经富区的中国牧师名表。由于受到反帝意识形态的影响，他的文章列有一节讲述 1847—1937 年的反教运动。

此后，李榭熙、胡卫清和李金强三位学者也有相关研究面世。[3]李榭熙利用英国长老会和美国浸信会的英文教会档案、英美外交档案和部分中文档案，结合田野调查，重构了 19 世纪中后期新教在潮汕地区的扩张。他认为与同时期华北地区相对稳定的农业社会相比，长期向南洋输出劳工和

1　James Johnston, *China and Formosa: The Story of the Mission of the Presbyterian Church of England*, London: Hazell, Watson, & Viney, Ld. 1, Creed Lane, Ludgate Hill, 1897; Edward Band, *Working His Purpose Out: The History of the English Presbyterian Mission, 1847–1947*, London: Publishing office of the Presbyterian Church of English, 1948, Reprint, Taipei: Ch'eng-wen Publishing Company, 1972; George A. Hood, *Mission Accomplished? The Presbyterian Mission in Lingtung, South China*, New York: Lang, 1986. 约翰斯顿的书展示了 1895 年以前，英国长老会在厦门、汕头和台湾三个传教地的历史。班爱华著作的第三、第四部分是关于汕头、厦门和客家传教区 1867—1947 年的历史。胡德的研究首度尝试突破传教史的藩篱，基于教会档案和私人访问的研究增加了该书的学术分量，他是第一位将郭士立在暹罗和香港的潮州人中的传教活动纳入到潮汕教会历史的学者。

2　陈泽霖：《基督教长老会在潮汕——英国长老会传教入潮汕的情况》，原载于《广东文史资料》第八辑，1963 年，重刊于《广东文史资料精编》，北京：中国文史出版社，2008 年。

3　胡卫清：《近代潮汕地区基督教传播初探》，载《潮学研究》第九辑，广州：花城出版社，2001 年；Joseph Tse-Hei Lee, *The Bible and the Gun: Christianity in South China, 1860–1900*, New York: Routledge, 2003；李金强：《自立与关怀——香港浸信教会百年史 1901—2001》，香港：商务印书馆，2002 年；李金强、陈洁光、杨昱升：《福源潮汕泽香江：基督教潮人生命堂百年史述 1909—2009》，香港：商务印书馆，2009 年。

宗族间械斗频发使得潮汕社会具有很强的流动性和不稳定性。[1] 胡卫清主要使用收藏在汕头档案局的英国长老会中文记事册等一批珍贵档案，其关注点则在于英美基督教会在潮汕地区的本地化及潮汕信徒的宗教经验。[2] 李金强则着眼于香港的新教潮人教会，他分别在 2002 年和 2009 年出版了两本香港基督教潮人教会的百年史著作。这些成果极大地推动了潮汕地区新教历史的研究。

天主教虽然早在 17 世纪中叶便开始在潮汕传播，可惜其历史却少人问津，其缘由或可归结于法国外方传道会中文档案的缺失。1996 年，伊蕾娜·马奥尼（Irene Mahoney）利用加拿大吴苏辣女修会（Ursula）与罗马传信部的相关档案和来华吴苏辣修女们的个人书信，撰成《汕头：在华的吴苏辣修女》一书，细致地重构了 1922—1951 年该会的修女们在潮汕开展妇女工作中遇到的多重困境。[3] 笔者在撰写民国时期潮汕天主教会的妇女工作（教育与抽纱）时，对此书多有借鉴。中文的潮汕天主教历史的文章则散见于各种地方文史资料中，内容涉及教案、女子教育与教务发展。[4] 2001 年，胡卫清在《近代潮汕地区基督教传播初探》一文中初步探讨了天主教早期在潮汕地区传播的历史。澄海市宗教局的陈万序则于 2006 年编撰了《澄海天主教》一书，对澄海境内天主教各个主要堂点的历史做了一番梳理，并配有实地考察拍摄的珍贵图片。至于现代潮汕各

1　Joseph Tse-Hei Lee, *The Bible and the Gun*.

2　胡卫清：《苦难与信仰：近代潮汕基督徒的宗教经验》，北京：生活·读书·新知三联书店，2013 年。

3　Irene Mahoney, *Swatow: Ursulines in China*, New York: Graphics/Print Production, 1996. 民国时期该女修会使用"吴苏辣"一名，现今的译名为"吴苏乐"，本书仍其旧。

4　陈佩衡：《清末蕉岭县教案始末》，原载于《广东文史资料》第八辑，重刊于《广东文史资料精编》，北京：中国文史出版社，2008 年；李德纲：《建国前后汕头市唯一的女子学校——私立晨星女子中学》，载《汕头文史》第九辑"潮汕教育述往"，1991 年；欧阳英：《建国前梅州的三大宗教及其活动》，载《梅州文史》第三辑，1990 年；房建昌：《汕头的天主教区和外来基督教新教述略》，载《汕头文史》第十六辑，1998 年。

市、县方志中有关天主教历史的记载，存在不少错误，引用时当小心考辨。幸有卷帙不菲的法语教会档案在巴黎外方传道会的网站上公布，供研究者取用。因此，潮汕天主教史的研究有望进一步深入。

（三）女传道的问题

近几年女传道群体这一课题开始为学界所关注。2008 年，国际学术刊物《妇女史评论》（*Women's History Review*）出版了一份特刊，主题为"跨越国界的女传道"（Transnational Bible-women），[1] 刊载了各国学者研究缅甸、印度、韩国、南非各地女传道的文章。其中有狄德满（Gary Tiedemann）、瓦莱丽·格里菲思（Valerie Griffiths）和瓦妮莎·伍德（Vanessa Wood）的三篇文章涉及中国情境。

狄德满的文章讨论了晚清时期山东天主教会中的世俗贞女，凸显出这些终身不嫁的女信徒在传播和维持天主教信仰方面扮演了关键角色。[2] 格里菲思则分析了分别在华北和华南活动的中国内地会和美国北浸信会培训女传道的工作，展示了 1857 年由伦敦的爱伦·兰雅德（Ellen Ranyard）绘制的女传道培训蓝图如何被来华的新教传教会所践行。[3] 瓦妮莎·伍德则解读伦敦会女传教士米范威·伍德（Myfanwy Wood）写于 1908—1939 年的书信，说明女传道、传教会雇用的女教师和基督教女青年会的工作人员在推动教会事业发展上所扮演的角色。[4] 瓦妮莎·伍德和格里菲思得出相似的结论：传教会开展的妇女教育使得信教妇女"从仅怀着传教的热情而没

1　Deborah Gaitskell and Wendy Urban-Mead eds., *Transnational Biblewomen: Asian and African Women in Christian Mission*, 2008.

2　Tiedemann, "Controlling the Virgins", in Gaitskell and Urban-Mead eds., *Transnational Biblewomen*, pp. 501-520.

3　Griffiths, "Biblewomen from London to China: the Transnational Appropriation of a Female Mission Idea", in Gaitskell and Urban-Mead eds., *Transnational Biblewomen*, pp.521-541.

4　Wood, "The Part played by Chinese Women in the Formation of an Indigenous Church in China: Insights from the Archive of Myfanwy Wood, LMS missionary", in Gaitskell and Urban-Mead eds., *Transnational Biblewomen*, pp.597-610.

受过教育的女传道，向接受了教会高等教育、职业化的信教妇女转变，后者与教会经营的一些重要的世俗事业和教会的发展有密切的联系"[1]。她们都承认："当今中国的教会发展迅速，其中女传道员的人数很多，反映了教会妇女教育与传教事业的丰厚遗产。"[2] 尽管这三位学者都突出了本地的女传道、贞女在中国传播基督宗教的重要作用，但他们关注的时段都比较晚，主要集中于 20 世纪上半叶。此外，他们所据的史料以传教会档案和女传教士个人书信为主，基本上是从传教士的视角看待问题。

从中国天主教贞女的视角勾勒贞女制度及团体从晚明至今四百多年的历史，是康志杰《基督的新娘——中国天主教贞女研究》一书的主旨。[3] 此书分上下两篇：上篇以历史为经，追溯贞女制度的缘起、发展以及在不同历史时期的特点；下篇以制度或专题为纬，剖析贞女的心态、生活及工作等日常生活层面。康教授广泛收集中外文献与田野访谈，结合多学科的研究方法进行综合考察，拨开了笼罩在这一边缘群体身上的迷雾，本着"理解、同情"之旨，对晚明至今中国贞女的物质生活与信仰世界做了细致的探讨。对天主教语境下的女传道，她单列"贞女传道员"一章进行论证，涉及贞女传道员的培训、类型；工作对象、形式与报酬。这些讨论不时以男性传道员与修女为参照，以比较研究的方式进行。

具体到潮汕地区基督教中的女传道，格里菲思也有关注，所据史料是美国浸信会的斐姑娘（Miss Adele Marion Fielde）在 1877 年上海传教士大会上提交的论文。她指出："女传道的概念在斐姑娘来华之前已在中国出现，但由于中国疆域辽阔，斐姑娘恐怕是在华南有系统地组织培训女传道的第一人。"[4] 在华的很多新教传教会都从斐姑娘处借用了这一有效

1　Wood, "The Part played by Chinese Women in the Formation of an Indigenous Church in China: Insights from the Archive of Myfanwy Wood, LMS missionary", in Gaitskell and Urban-Mead eds., *Transnational Biblewomen*, p.597.

2　Griffiths, "Biblewomen from London to China", p.521.

3　康志杰：《基督的新娘——中国天主教贞女研究》，北京：中国社会科学出版社，2013 年。

4　Griffiths, "Biblewomen from London to China", p.531.

的宣教策略，例如英国长老会、英国圣公会、中国内地会、美部会和美国长老会等。遗憾的是，格里菲思没有参考斐姑娘《宝塔的阴影》（*Pagoda Shadows*）一书中细述她培训女传道的理念和经验的一章。[1] 在中国学界，胡卫清最早利用此书中信教妇女的自述来研究潮汕妇女的信教体验，并揭示了她们在教会权力结构中的边缘地位。[2] 在 2010 年出版的新书中，鲁珍晞和凌爱基也在各自的文章中引用了这些自述。[3] 凌爱基的研究以 1860—1911 年若干新教宗派的档案为基础，尝试回答这些问题：服务于这些传教会的女传道是谁？她们为什么不可或缺？她们在晚清中国教会中扮演了什么角色？她们如何克服自身的各种局限？[4] 然而，她所关注的传教会分布在中国广阔的疆域内，使得她无法将这些女传道放在她们所处的地方社会中考察男女传道的人脉关系和彼此间的互动，从而展开更加细致的情景化研究。或是由于不熟悉潮汕地方社会，上述研究都没能将这女传道们的自述放到咸同年间当地具体的社会背景中进行分析，也没有将英文自述中提到的人名和地名还原为女传道们的本名和籍贯。[5] 而还原女传道的姓名、籍贯、年龄等基本信息正是本书第五章的研究起点。

（四）潮汕抽纱业的研究

从 1949 年至今，关于潮汕抽纱业的文章在报纸、商业杂志和学术期

1　Adele Marion Fielde, *Pagoda Shadows: Studies from Life in China*, London: *Studies from Life in China* T. Ogilvie Smith, 1887, Chapter XVII, pp.91–99.

2　胡卫清、姚倩璞：《圣俗之间：近代潮汕地区的基督徒与教会》，《韩山师范学院学报》，2001 年第 4 期；胡卫清：《苦难与信仰》第二章"性别与信仰：女基督徒的传道与证道"，附录二"岭东浸信会妇女传道及女信徒传记"。

3　Lutz, "Introduction", pp.13–25. Lutz, "Women in Imperial China", pp.29–47. Ling, "Bible women", pp.246 261. 这三篇文章均收录于 Lutz ed., *Pioneer Chinese Christian Women*.

4　自身的局限包括身体上、精神上、智力上和心理上各方面。参见 Ling, "Bible women", p.247.

5　胡卫清已将这 16 位女传道的自述翻译成中文，作为氏著《苦难与信仰》一书的附录二。

刊中层出不穷。[1]1956 年，美国科尔盖特大学（Colgate University）的西奥多·赫尔曼（Theodore Herman）就潮汕抽纱业撰写了一篇学术论文，探讨 1917—1949 年抽纱业在汕头经济中的重要地位，重点分析抽纱在当地得以成为一个重要行业的文化因素、其生产模式（放工制度，即 putting-out system）和制作流程路线（一个以汕头为中心，向周边地区辐射的网络）。[2]赫尔曼关于近代潮汕抽纱贸易量和商业实践的诸多信息来源于马禄孚先生（Fred Maloof），他是 1925—1949 年汕头一家大型外资抽纱洋行"马禄孚"的老板。[3]赫尔曼的研究还利用了 1923—1931 年服务于潮汕海关的欧文·S.布朗（Irving S. Brown）先生提供的文件，他曾受美国海关总署嘱托，对潮汕的抽纱业做了几次成本调查。[4]到目前为止，赫尔曼可以说是从事潮汕抽纱业研究的开创者，其成果具有奠基性作用。从 20 世纪 50 年代起，有十来位中国学者相继就此主题进行过调查研究，撰写了报告或发表了相关文章。

汕头市抽纱业同业公会在 1950 年和 1959 年有两份报告，前者题为《潮汕抽纱手工业之今昔概述》，后者为《潮汕抽纱发展史和基本情况》。[5]这两份报告均对潮汕抽纱业的历史进行了回顾，其目的在于为新成立的人

1　1949 年报纸上关于潮汕抽纱的三篇报道：《潮汕抽纱业近况》（《（香港）华侨日报》，1949 年 1 月 17—18 日）、《我国花边工业概况》（《工商日报》，1949 年 6 月 12 日）、温洒凡：《潮安的抽纱刺绣业》（《联合日报》，1949 年 6 月 26 日）均藏于汕头市档案局。卢继定的三篇文章：《潮汕刺绣与抽纱》（《中华手工》，2006 年第 5 期）、《汕头抽纱史上重要的普通人》（《汕头日报》，2007 年 6 月 21 日）、《潮州对潮汕抽纱事业的贡献》（《潮州日报》，2009 年 11 月 25 日）。潮汕地区从事抽纱业的商人，参见康维国：《抽纱大王翁锦通》，《企业研究》，1996 年第 4 期；余世和：《追求完美的女企业家——记饶平信荣织造有限公司董事长黄惜荣》，《潮商》，2008 年第 1 期。

2　Theodore Herman, "Cultural Factors in the Location of the Swatow Lace and Needlework Industry", *Annals of the Association of American Geographers*, Vol. 46, No. 1, (Mar., 1956), pp. 122–128.

3　采访时间为 1952 年 4 月 21 日，参见 Herman, "Swatow Lace and Needlework Industry", p.126, note 12.

4　同上，布朗先生两封回信的日期分别是 1952 年 11 月 28 日和 1953 年 2 月 24 日。

5　汕头市抽纱工业同业公会：《潮汕抽纱手工业之今昔概述》，1950 年；潮汕抽纱公司档案小组编：《潮汕抽纱发展史和基本情况》，1959 年。

民政府制定抽纱业经济政策提供决策参考。第一份报告的撰写者为民国时代汕头抽纱行业的负责人，第二份报告的编写者"汕头抽纱小组"，则是新时期的抽纱业管理者，他们在建国前多为抽纱业的中小业主。作者的不同导致报告中侧重点的不同，提供的数据也不尽相同，因此两份报告可以相互参证、互补。这两份报告藏于汕头档案局，很少为后来的学者所引用，仅有杜松年和杨坚平参考了第二份报告。

陈卓凡发表于 1980 年的文章具有重要的学术价值。[1]虽然他没有注意到赫尔曼的文章，也没有参考两份抽纱业报告，但他的研究系统地展示了汕头的外资和华资抽纱行的开办情形，以放工制为主的生产加工模式、不同工种在潮汕的地域分布，以及抽纱原料的产地。如果说赫尔曼的研究是从外部的视角来鸟瞰潮汕抽纱业的发展情形，陈卓凡则是从当地人的视角进行观察，两人的研究可以内外互证。由于受到建国后反帝国主义意识形态的影响，陈卓凡专立一节批评洋行买办对抽纱女工的剥削。

20 世纪 90 年代中期，潮汕籍学者开始将潮汕文化视为一种独特的地方文化，大力推动"潮学"研究的开展。一系列关于潮汕人在上海、北京、香港和东南亚甚至世界各地的书先后出版，其中的内容不乏各行业的潮汕籍精英的小传。抽纱工艺在此时被杜松年、郭马风和魏影秋、陈泽泓、杨坚平视为潮汕传统文化的重要组成部分。[2]他们的研究以陈卓凡 1980 年的研究为本，并增加了各自的社会观察。他们都认同抽纱工艺是由西方女传教士传入，但由谁传入、在何时传入，却众说纷纭。由于没能参考西方教会档案，关于抽纱起源的不同版本逐渐形成。尽管赫尔曼和陈卓凡早已指出莱爱力夫人（娜姑娘，Miss Sophia A. Norwood）有首传之功。

1　陈卓凡：《潮汕抽纱业的起源及其概略》，原载于《广东文史资料》第二十辑，重刊于《广东文史资料精编》，北京：中国文史出版社，2008 年。按：据景熙告知，陈卓凡于 1976 年去世，因此 1980 年的文章在他去世之后才刊出。

2　杜松年：《潮汕大文化》，北京：中国科学技术出版社，1994 年，第 278—282 页（该书参考了《潮汕抽纱发展史和基本情况》）；郭马风、魏影秋：《潮汕美术陶瓷与刺绣抽纱》，广州：花城出版社，1999 年（该书参考了陈卓凡的文章）；陈泽泓：《潮汕文化概说》，广州：广东人民出版社，2001 年；杨坚平：《潮绣抽纱》，广州：广东人民出版社，2005 年（该书参考了陈卓凡和陈泽泓的研究）。

李金强虽没有参考两份抽纱业报告和赫尔曼、陈卓凡的文章，但他充分利用香港潮人教会的档案，扫清了潮汕抽纱行业起源疑云，其结论与陈殊途同归。[1] 陈卓凡在二十七年前便指出，"抽纱洋行买办大多数是出身于汕头基督教主办的华英学校，或留学英美的教徒"，惜无进一步的论证。[2] 李金强的研究则揭示了基督教与香港潮汕籍抽纱商人之间的紧密联系。[3]

美国学者戴娜·罗伯特曾强调，对妇女进行家政训练和基督化家庭的组建二者虽不是一事，但家政训练始终被认为是基督化家庭经济的重要组成部分，因此对后者的组建至关重要。[4] "除了读书之外，缝纫无疑是女传教士最常教的科目，而当地妇女也孜孜以求。一个母亲自己做衣服不但能让基督化家庭的成员穿着干净、整洁，还能为那些需要照顾孩子的家庭妇女提供经济来源。"[5] 罗伯特也提供了一个理解基督教团内部妇女从事缝纫工作的理论背

1　李金强：《同乡、同业、同信仰——以"旅港潮人中华基督教会"为个案的研究1923—1938》，载吴义雄主编：《地方社会文化与近代中西文化交流》，上海：上海人民出版社，2010 年。李金强等：《福源潮汕泽香江》。

2　陈卓凡：《潮汕抽纱业的起源及其概略》，第 329 页。

3　虽然卢继定发表的文章中也沿用前人关于抽纱起源的含混解释，他于 2007 年和 2009 年发表的两篇文章对廓清抽纱业起步阶段相关人物的事迹很有贡献。参见卢继定的《潮汕刺绣与抽纱》、《汕头抽纱史上重要的普通人》、《潮州对潮汕抽纱事业的贡献》三篇文章。鉴于越来越少的潮汕妇女以抽纱为业，为了保护这种手工艺，从 2007 年开始，汕头市政府向国家申请将其立为"非物质文化遗产"，并得到批准。卢继定 2007 年和 2010 年的研究便是在这种背景之下产生的。柯宇丹的研究亦然，她从事纺织技术研究，在文章中尝试比较山东、江苏和潮汕三个地区抽纱工艺的同异，参见柯宇丹：《试论对潮汕抽纱工艺的保护与传承》，《惠州学院学报（社会科学版）》，2010 年第 1 期；柯宇丹：《潮汕抽纱工艺的艺术特征探析》，《艺术探索》，2010 年第 1 期。要了解抽纱工艺在一个具体村落的发展简史，则可以参考张海鸥编著：《谷饶乡志》，潮汕文化对外交流中心、泰国潮阳谷饶乡张氏亲族会出版，2001年（相关论述参考了陈卓凡和郭马风的研究）。要了解上海的潮汕籍抽纱商人，则可参考詹益建：《潮人在沪的抽纱业》，《汕头史志》，1995 年第 4 期；石干、刘咏兰：《历史的褒奖——潮人抽纱行业与印花手帕业掠影》，载上海潮汕联谊会编：《潮人先辈在上海》，澄海：艺苑出版社，2001 年（该文参考了詹益建的研究）。

4　Robert, "The 'Christian Home' as a Cornerstone of Anglo-American Missionary Thought and Practice", p.155.

5　Ibid., p.156.

景。她提醒读者"对女孩进行家政训练的经济和社会影响的泛泛之论必须通过考察当地情景而得出不同地区之间的细微差别"[1]。作为宗教团体,美国浸信会、英国长老会和巴黎外方传道会全都对教会与抽纱业的关系保持缄默;而李金强的研究和其他史料揭示出香港相当多的潮汕基督教徒,不论男女,都以抽纱业为生。因此,本书试图描绘以美国浸信会和巴黎外方传道会为一方,以英国长老会为另一方的两派各自采用的抽纱经营策略,研究抽纱业对潮汕地区基督教徒和教外人士(包括男女在内)产生的经济和社会影响。

三、资料的收集与利用

(一)中文史料

本书所利用的中文档案有英国长老会汕头区会 1881 年至 20 世纪 40 年代的会议记事册。其内容涵盖了潮惠地区长老大会、中会、地方堂会的日常运作。这批档案于 1952 年被汕头的军管会没收,后来移交给汕头市档案局,因而较为完整地保存下来。[2] 出于避免灾祸的考虑,客家地区教会的会议记录被教徒自行销毁,因此其历史尚湮没不清。美国浸信会和法国外方传道会的中文档案亦遭遇到相同的命运。

关于美国北浸信会在海外潮汕侨民中的传教活动,有三位潮籍传道人于 1852 年四五月间在香港长洲岛的传道日记颇为重要。[3] 这三本日记收存于莱顿大学东亚研究院(原汉学院)的郭士立藏书(Gützlaff Collection)中。由于出自中国传道员之手的记录非常少见,而且两次

---

1   Robert, "The 'Christian Home' as a Cornerstone of Anglo-American Missionary Thought and Practice," p.155.

2   胡卫清:《史料与视角——岭东长老会中文档案之价值解析》,载《潮学研究》第十四辑,广州,花城出版社,2008 年。

3   莱顿大学汉学院,郭士立藏书:陈孙日记(Gutz 109 Ⅰ),李员日记(Gutz 109 Ⅱ),陈兑日记(Gutz 109 Ⅲ)。对这些日记的研究参见 Ellen Xiang-yu Cai, "The Itinerant Preaching of Three Hoklo Evangelists in Mid-19th-century Hong Kong", *Itinerario: International Journal on the History of European Expansion and Global Interaction*, 2009 (3), pp.113-134。

鸦片战争之间有关外国传教会活动的史料也相对缺乏，再加上香港是潮汕与东南亚之间人口迁徙线路上的中途站，相关教会史料更是少之又少，在在凸显了这三份中文日记独特的史料价值。它们提供了早期西方传教士与潮汕移民劳工在这条网路上相遇的情形、潮汕传道员的传教策略和听众的反应等诸多细节。同时，它们也揭示了潮汕传道员在传播基督教义过程中扮演的主动角色，以及他们与外国传教士之间"指导者—代理者"的关系。再者，这些日记对于了解美国浸信会进入潮汕地区之前在香港传教事业的开展也至为关键。

　　笔者还参考了各传教会的中文传教小册子、神诗和条规。美国浸信会早在 19 世纪 30 年代中期便在暹罗的潮州移民中间传教，因此，其编撰的传教小册子和神诗较其他传教会为先。其中与基督教婚姻相关的有《真道入门》中的"论夫妇"条；《拜真活神的诗》中第九十一首《论婚姻诗》。[1]

1　粦为仁（William Dean）:《真道入门》，香港：群带路藏板，1849 年。这本小册子对一系列基督教神学理念做了简明的解释，"夫妇"条是其中之一。《拜真活神的诗》，其编纂者的身份尚不清楚。然而，其中第二十二首、第八十首和第八十一首标题为"浸礼诗"，据此可澄清两点：一是该神诗属美国浸信会所有，而非英国长老会，因为后者的入教礼仪为"洗礼"而非"浸礼"；一是"浸礼"这一概念后出，因此这几首神诗的创作时间在粦为仁的《真道入门》之后。粦为仁在暹罗和香港使用的是"揾礼"一词，美国浸信会进入潮州地区初期也沿用该词，以致同在潮州的英国长老会以"揾会"代称美会。正如潮惠长老大会记事册 1904 年 8 月 26 日记："议盐灶代议禀问蔡元贞夫妇为与会友不睦，离弃本会归入揾会，""汲约翰举议昨天元贞夫妇之事未便可复，并巡视牧师禀陈奇夫妇及其子。孚山代议禀吴周生以上三者皆已归入揾会。"相似的记录亦见 1905 年 9 月 6 日。在较晚的年代"浸礼"一词才取代"揾礼"成为浸信会入会仪式的正式用语。1895 年，陈乙山在《辟邪归正论》中便使用"浸"一语。老耶士摩和斐姑娘极有可能参与此册神诗的编纂。根据耶琳夫人所记，斐姑娘"在老耶士摩的帮助下编纂了一份四福音书纲要和一册神诗"，参见 Lida Scott Ashmore, *The South China Mission of the American Baptist Foreign Mission Society*, p.179. 而斐姑娘 1873 年到达潮州地区，因此，该神诗当成于 1873—1895 年，确切的时间尚待研究。而此册神诗当经过当地信教文人的润色，因为其中多以押韵的律诗形式出现。第九十一首《论婚姻诗》以"终享荣华亿万年"一句收尾，这样的结束语在中国古诗中颇为典型。押韵的古诗韵律可用于说唱，应当受到妇女们的青睐。在晚清民国时期，边听妇女说唱边做针线活是当地妇女们茶余饭后常见的娱乐方式。

《真道入门》由粦为仁和他的潮州籍助手合作完成，于1849年在香港群带路的教会印书馆出版。《拜真活神的诗》则是美国浸信会进入潮汕地区之后才编撰的潮州方言神诗集。这两本教会书籍在当时都颇为流行。巴黎外方传道会向潮汕地区引入了《圣教理证》一书，其中有"圣教不许娶妾何故"一篇。1895年，美国浸信会的陈乙山稍微改动其文字，将其论述做了精简，改其题为"论何故圣教不许娶妾"，编入该会的护教小册《辟邪归正论》。[1]产生于晚清时期的上述言论均援用儒家伦理来支持基督宗教的婚恋观。尽管《圣教理证》和《辟邪归正论》在批判妾制时，首先将矛头指向孟子"不孝有三，无后为大"的观点，但在论证过程中，作者还是以孔孟之说为据，例如"孟子言：惰四肢，博弈好饮酒，好财货，私妻子，纵耳目，好勇斗狠为不孝。伯夷叔齐二人，皆无后嗣，孔子称之为贤"[2]。民国初年的材料有巴色会的《女徒镜》（1916年）。该书用汉字刻印，用流行于香港和新安县一带的客家方言撰写而成。该书所据全是《圣经》中的相关经文，完全摆脱了援用儒家先贤的观点做支撑的论证习惯。清末新政对女学的倡导，女性受教育的权利至少在理论上得到保障，而民初妇女承担国家兴亡之责的"国民母亲"舆论也颇为流行，《女徒镜》正是在这样的社会背景中产生。几种教会条规完好保存下来，如《巴色圣会规条》（1874年），以及英国长老会订立于1907年、1934年和1948年这三个版本的教会章程。

笔者在汕头市档案局尚未发现法国天主教会教徒婚姻的相关档案。所幸这一缺憾暂时能由在上海或香港出版的相关条规补足。根据修女李绪珍回忆（她在20世纪50年代加入吴苏辣修女会），建国前她们所用的《圣经》和神诗大部分出自上海耶稣会的土山湾印书馆，如上述的《圣教理证》一书。另外，还有一些是在香港岛薄扶林的纳匝肋印书馆（Nazareth Press）刊印。因此，巴黎外方传道会倡导的天主教婚姻观念当与江南的耶稣会相似，因为二会均来自法国。布茹拉正是因此将在华的

1　陈乙山：《辟邪归正论》，广州：美华浸信会印书局刊，1923年，第72—73页。
2　同上，第73页。

几个法国天主教传道会视为一个整体。因此，在需要讨论巴黎外方传道会的婚姻条规时，笔者将暂时援引上海耶稣会（1865 年）和江西省遣使会（1879 年）的婚姻条规做旁证。[1]

潮汕各教会刊印的周年纪念刊，如《岭东浸信会七十周年纪念大会特刊》、《岭东嘉音：岭东浸信会历史特刊》、《盐灶堂会百年纪念刊》，均为重要史料。[2] 粤东巴色会的传教史，笔者主要参考两本纪念特刊：《基督教香港崇真会 150 周年纪念特刊 1947—1997》和《基督教香港崇真会 160 周年特刊 1947—2007》。[3]

收集信徒的书信颇为不易。本书第八章的撰写主要依据美国浸信会国文教师吴雨三在民国年间写给女儿吴韵香的 110 封家信，由吴氏后嗣吴晓峰先生慷慨赐见。这些信件蕴涵着珍贵的历史信息，使笔者得以重构年轻的吴韵香从教会学校毕业后，在婚姻上遭遇的困惑，以及父亲对女儿悉心的教导和开解。

此外，笔者还参考了晚清民国时期在中国其他地区出版，但在潮汕地区有一定发行量的几份妇女杂志，如在常熟出版的《女子世界》(1904 年)，在上海出版的《妇女时报》、《妇女鉴》、《妇女杂志》和《女铎报》。[4] 除了《女铎报》由教会编辑发行外，其他杂志均无教会背景。潮汕抽纱业的史料，除了前面提到的两份抽纱业报告，笔者还参考了其他材料。例如 1918—

1　江南教区的耶稣会使用的是《圣配规案》（1865 年），用汉语写成，而遣使会使用的是 *Les Faculté apostoliques et leur commentaire auxquels s'ajoute un guide à l'usage des missionnaires de la province du Kiang-Si* (1879)，原文是拉丁文，标题是 "*Apostolicae facultates earumque commentarius cui accedunt monita ad missionarios provinciae Kiang-Si*"，转引自 Poujoulat, *Le mariage dans les chrétientés catholiques en Chine: 1860-1940*。

2　《岭东浸信会七十周年纪念大会特刊》，岭东浸会干事局出版，1932 年；《岭东嘉音：岭东浸信会历史特刊》，中华基督教岭东浸会干事局发行，1936 年。

3　曾福全编：《基督教香港崇真会 150 周年纪念特刊 1947—1997》基督教香港崇真会，1997 年；《基督教香港崇真会 160 周年特刊 1947—2007》，基督教香港崇真会，2009 年。

4　《女铎报》除外，前述四份妇女杂志参见《中国近现代女性期刊汇编》，北京：线装书局，2006 年。

1948年英国长老会会议记事册中有不少关于侯乙初和张固纯的记录。这两位既是汕头教会的领袖（侯是牧师，张是长老），也是汕头抽纱业同业公会的主要负责人。此外，从事抽纱业的信徒或教外人士的个人小传也不可或缺。[1]

（二）外文史料

藏于英国伦敦大学亚非学院档案馆的英国长老会档案原件以及藏于香港浸会大学图书馆特藏部的缩微胶卷（原档在美国）均是本书所利用的重要的外文档案资料，尤其是汕头女传教士会（Women's Missionary Association）的会议报告，女学、妇学的报告以及女传教士的个人书信和著作。[2]

至于潮汕天主教会的历史，本书主要依据的是巴黎外方传道会汕头教区的档案，如1876—1914年广东教区的年度报告（*Rapport annuel des évêques de Kouang-Tong*）、1915—1939年汕头教区的年度报告（*Rapport annuel des évêques de Swatow*），以及曾到潮汕传教的法国传教士的个人传略（*Notice biographique*）和悼词（*Notice nécrologique*）。这些材料均保存在巴黎外方传道会神学院档案馆，目前该会已将整理好的档案资料放在其网站上，供研究者使用。[3]此外还有法国传教士报道潮汕地区天主教发展状况的文章，于20世纪10—30年代发表在《天主教传教会》（*Les Missions Catholiques*）和《巴黎外方传道会公报》（*Bulletin de la Société des Missions-Étrangères de Paris*）等法文教会刊物上。

此外，尚有几份荷语文献可补美国浸信会早期在香港的历史。1851

1　侯乙初和杨锦德、黄浩和王佩芝夫妇，方朗、苏惠传记，参见《北京潮人人物志》编委会：《北京潮人人物志》，北京：中国物资出版社，1996年。

2　具体目录参见书后附参考文献。

3　巴黎外方传道会神学院档案馆地址为：Seminaire des Missions Etrangeres de Paris, 128 Rue du Bac, 75007；其网址为 Paris.http://archives.mepasie.org/。书中提到的 MEP 档案，指的就是这些史料。

年，美国浸信会传教士约翰生（John W. Johnson）迎娶荷兰女传教士卢米娜·范·梅登巴赫·瓦克（Lumina van Medenbach Wakker），她是由荷兰鹿特丹女子宣道会派来协助郭士立汉会的工作。结婚后，两人不时将在香港的传教情况向荷兰总部报告，有四封书信被译成荷语，刊登在《中国：中国及其周边国家福音传播资料汇编》（*China: Verzameling van stukken betreffen de prediking van het evangelie in China en omliggende landen*）这份荷兰新教刊物上。[1]这些书信介绍了约翰生夫人在香港开办女学的情形，以及约翰生协同陈兑和李员于 1851 年 8 月 26、27 两日在香港长洲岛的传教情况，记载非常详细，可与陈、李二人的中文传道日记互相参证。

（三）图像资料

英国长老会的烈伟廉医生（Dr. William Riddel）在同事汲约翰牧师（Rev. John Campbell Gibson）和美国浸信会的老耶士摩牧师（William Ashmore Sr.）的协助下，共同绘制了 14 幅地图。范围涵盖了粤东、赣南、闽西，西至海丰县的平海这片区域。这组地图于 1899 年在英国刊印，对于了解英美两会的传教范围，追寻那些现今已不复存在的地名很有帮助。[2]此外，笔者在英国伦敦大学亚非学院档案馆、美国南加州大学传教会图像库[3]、法国外方传道会神学院档案馆以及各种潮汕教会史书上收集到不少近代潮汕的老照片，从中精选出一部分作为本书的插图，以方便读者直观感受当时的历史情境。

（四）口述史料

对于英国长老会，有杜式敏在 2004—2005 年采访四位前淑德女校学

---

1 该资料汇编共九卷，于 1852—1860 年在荷兰的奈梅亨（Nijmegen）出版。
2 这些地图收藏在荷兰莱顿皇家语言、风土与民俗研究所（KITLV），尺寸为 1.5 米 × 1 米，地名用罗马拼音潮州方言表示。
3 http://digitallibrary.usc.edu/

生记录的口述史。[1] 至于法国天主教会，笔者数度采访澄海圣禄格堂（番仔楼）的陈剑英女士和汕头吴苏辣会修女李绪珍（2009年11月和2010年5月27日）。在考察潮汕抽纱的历史时，口述史的价值尤其重要。笔者也采访了多位熟悉抽纱工作的当地人，其中四位女性都曾经或现在仍以抽纱为生，李绪珍是其中唯一的信教者（天主教徒）。这些访谈有助于区分抽纱不同的工种涉及的专业术语，重构抽纱制作的全过程，以及这门工艺在潮汕人日常生活中的意义。

正是从这些材料的收集和解读开始，笔者得以逐步探讨潮汕姿娘与福音传播、教会组织的发展与地方社会变迁的相互关系。

1　曾德容，揭阳人，1904年出生，采访时间：2002年8月、2004年4月18日；女牧师谢雪璋，1912年生于揭阳，采访时间：2004年11月6日、12月5日；笑姨，揭阳棉湖人，采访时间：2004年12月11、12日和19日；林氏，1920年出生于揭阳乔林乡，采访时间：2005年1月26日、2月2日。以上参见杜式敏：《[19]20年代的基督教会女校》一义附录。

第一章 晚清时期的潮州府

一、地理、方言

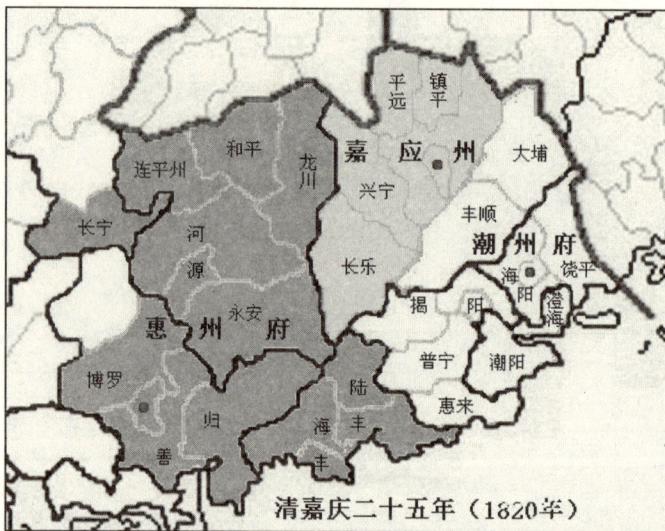

图1 惠、潮、嘉三府

横亘在江西、湖南、两广之间的五岭，自西向东为越城岭、萌渚岭、都庞岭、骑田岭、大庾岭，或称南岭。岭南在五岭之南，大庾岭之西；岭东则在大庾岭之东侧。清代岭东的范围不仅包括粤省惠、潮、嘉三府，还涵盖闽赣与粤交界的汀州府（今龙岩、三明市部分）和虔州府（今宁都、瑞金、石城等）部分地区。

坚忍与守望

清代的粤省东部，自西向东分布着惠州、嘉应州和潮州三府（图 1）。惠潮嘉道台的衙门设在潮州府城，对这三府进行管理。[1] 潮州府作为粤东的政治、经济和文化中心，也是本书在研究上所涉及的主要地理区域。它有两条自然的地理界线：东南面的海岸线和横亘在西北面的莲花山脉[2]。

在潮州府居住着福佬（Hoklo）和客家（Hakka）两大方言族群，前者占据着滨海地区，后者居住在内陆的丘陵地带。"福佬"意指祖辈来自福建省的人，今多称为"潮汕人"。"福佬"有时也写成"学老"或"鹤佬"。在宋、元、明时期，由于战争或饥荒，福佬人的祖辈从福建省移居到潮州府和惠州府沿海地区，他们讲的是福佬方言，即俗称的"潮州话"。至于客家，则是自北朝"五胡乱华"始，因北方战乱而陆续从中原南迁的汉人。[3] "客家"一词源于首次南迁的"给客制度"，由晋元帝诏书所定；唐宋时期政府的簿籍又有"客户"的专称，"客家"则是民间的通称。[4] 南宋以后，才有大批的客家人定居在广东的东部和北部。[5] 在 19 世纪早期，他们不仅占据了莲花山脉西北面的大部分山区，而且跨过了这一分水岭，占据了潮州府北部和西部的山区，讲的则是客家方言。[6]1860 年汕头开埠后，来自整个韩江流域、讲不同方言的移民来到这一口岸谋生，甚至出现了讲不同方言的同姓宗亲构筑合族祠堂的现象。[7]

有人会问："潮州与客家二方言族群何以不能分开进行讨论？"对于这个问题，饶宗颐先生早已做过回答。他说："潮汕有很多客家人，潮文化也会有某些客家的成分，所以潮州学与客家学之间，也不能截然分

1　Joseph Tse-Hei Lee, *The Bible and the Gun*, p.3.

2　东北至西南走向的莲花山脉，东北起大埔县西南至海丰县，成为潮州和嘉应州之间天然的屏障。

3　罗香林：《客家源流考》，北京：中国华侨出版公司，1989 年，第 13 页。

4　同上，第 41—42 页。

5　同上，第 24 页。

6　William Skinner, *Chinese Society in Thailand: An Analytical History*, Ithaca, New York: Cornell University Press, 1957，p.39.

7　陈春声：《近代汕头城市发展与韩江流域客家族群的关系》，载《潮学研究》新一卷第 3 期，2011 年。

离。……地方文化的研究与周边地区有同有异，在相邻地带更有着不少'重叠性'。这里展示相邻地方的文化是同中有异、异中有同的，潮梅边缘地带有所谓'半山客'和'半学老'，就是两地文化互相覆盖最恰切的概括。"[1] 如果将这两种方言群分开，就等于人为地划出一条实际上不存在的界线。陈春声教授也指出："从事地域社会历史研究的学者，其思想不应受到行政区划、概念范畴、族群偏见、意识形态等等因素的束缚，而应该努力从实际的历史事实和历史过程出发，尽可能贴近和理解当时人的立场，重现他们的物质生活与精神世界。"[2] 所以，本书研究潮汕地区的历史，也将韩江流域的客家人囊括在内。

研究潮汕地区群体性入教现象的李榭熙便依据自然的水系、山脉等地理因素，将潮州府划分为五个区域：韩江流域、榕江流域、练江流域、澄海饶平两县交界地带和潮州惠州二府交界地带。因为在他看来，"潮汕地区的生态、政治、社会以及经济等方面在很大程度上都是沿着内陆河流水系而变化的"[3]。随着近代汕头城市经济的发展，其商业圈包括潮州十属、梅州五属、福建汀州八属、江西赣州四属和宁都三属，共计三十余县，范围到达与韩江流域相连的赣南地方。[4] 进入潮汕地区传教的三个新教传教会（美国北浸信会、英国长老会和瑞士巴色会）和一个天主教传教会（法国巴黎外方传道会）便是沿着这一商业圈深入内地，发展了福佬和客家两种方言的堂会。

图2和图3展示了1900年前后三个新教传教会在粤东传教区域的分布情况：以莲花山脉为界，山脉以东地区由英美两会共同负责，巴色会则负责山脉以西地区的传教工作。这两片区域在梅县地区交叠，英国长老会和美国浸信会共享同一传教区域。

汕头开埠后，美国和英国传教会首先发展了以福佬族群为主体的汕头

---

1   陈历明：《饶宗颐先生谈潮学研究》，载《潮学研究》第五辑（饶宗颐教授八十华诞颂寿专辑），汕头：汕头大学出版社，1996年，第271页。

2   陈春声：《近代汕头城市发展与韩江流域客家族群的关系》。

3   Joseph Tse-Hei Lee, *The Bible and the Gun*, p.8.

4   陈春声：《近代汕头城市发展与韩江流域客家族群的关系》。

36   坚忍与守望

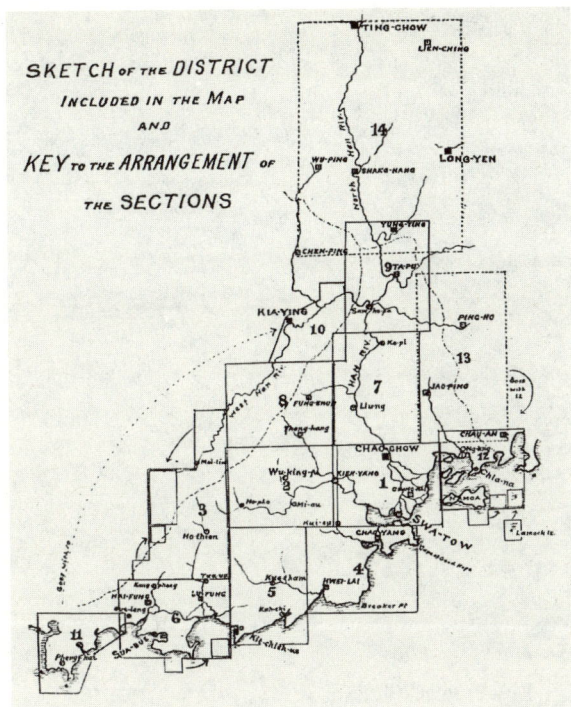

图 2　英国长老会与美国浸信会的传教区域（1899 年）

英国长老会的烈伟廉在同事汲约翰和美国浸信会老耶士摩的协
助下，绘制了 14 幅地图，范围涵盖了粤东、赣南、闽西，西
至海丰县的平海。这组地图于 1899 年在英国刊印，荷兰莱顿
的皇家语言、风土与民俗研究所有藏。此图取自第一幅地图中
图例说明的总图。

教区，其地理范围包括潮州府各属与惠州府东南部的海丰县和陆丰县。到
1900 年，英美两会也已深入到客家地区，其范围包括嘉应州的东部，并
往北深入到赣南的寻乌与闽西的上杭。而瑞士巴色会则先在香港及新安一
带发展，后到内陆的五华传教，逐步将其影响力扩展到紫金、河源、博罗、
连平、龙门、新丰、和平、龙川、兴宁、梅县、蕉岭、丰顺各具，甚至到
江西的寻乌。[1] 可见巴色会与英美两会在传教区域的北界多有重合之处。巴

1　　汤泳诗：《一个华南客家教会的研究——从巴色会到香港崇真会》，香港：基督教
　　　中国宗教文化研究社，2002 年，第 17 页。

图 3 巴色会的传教区域（1912、1914 年至 1931 年）

该图摘自 Thoralf Klein, *Die Basler Mission in Guangdong (Sudchina) 1859–1931* 一书。图中用 ● 和 ▲ 标示巴色会驻扎的城镇和乡村。靠近香港部分是巴色会客家地区的南会，以香港为首，包括宝安的李朗、布吉、沙头角及惠阳等；内陆山区的北会以五华的樟村为首，包括紫金、河源、博罗、连平、龙门、新丰、和平、龙川、兴宁、梅县、蕉岭、丰顺各县，甚至到江西的寻乌。

黎外方传道会汕头教区的范围则涵盖整个潮州府和嘉应州，以及惠州府的陆丰、龙川、和平、连平和长宁五县。这四个外国传教会在粤东地区传教区域的重合与交叠大致如此。

　　潮州府、惠州府与嘉应州这三个区域之间有密切的社会经济联系。潮州府和嘉应州虽被莲花山脉所隔开，却有韩江、梅江将二者贯穿。由于二府之间密切的经济往来，19 世纪的人们常将"潮嘉"（1912 年之后是"潮梅"）二者并举。"潮惠"这样的组合也很流行，主要是由于潮州府与惠州府沿海居住的同是福佬族群，潮州府的百姓也常常到惠州府的海域一带捕鱼，或以其他行业为生。[1]

1　海丰邑东州坑，参见陈孙日记，五月初四日。

二、"过番"习俗

潮汕方言中"过番"一词指到海外，主要是去东南亚国家。相似的说法还有"过南"、"过洋"，即乘洋船到南洋群岛。而这些海外移居地被潮汕人称为"番畔"、"番邦"、"外洋"，在海外的潮汕人则称故土为"唐山"。[1]

明末清初，由于人口加增导致耕地不足，加之鼎革之际社会动荡，潮州府不少福佬和客家男性陆续到南洋群岛谋生。郑氏集团据台后，清廷厉行海禁。1684年，清廷收复台湾，海禁重开，闽粤社会与南洋地区的帆船贸易得以复兴，随洋船到东南亚"住蕃"的福佬亦逐渐增多。1767年，澄海籍的郑信在暹罗建立吞武里王朝，潮州府民人闻风而动，形成一股移居暹罗的风潮，并一直持续到20世纪中期。[2]1819年，新加坡（潮语称为"实叻"）作为英帝国的一个商港开埠，便成为潮州民人迁徙的又一目的地。

施坚雅指出，19世纪中叶持续不断的社会动荡是潮州人过番的主要动因。这些动荡是由两次鸦片战争（1839—1842年，1856—1860年）及其直接后果导致，如英国割据香港，广州、厦门、汕头先后作为通商口岸开埠。此外，太平天国运动（1851—1864年）也在潮州地区引发了一系列的社会动乱。而为了恢复社会秩序，潮州总兵方耀在1870年发起凌厉的肃清运动，更使不少"匪类"逃亡到南洋群岛。[3]

自19世纪50年代始，外国人主导的苦力贸易也是潮汕地区人口迁徙的另一重要原因。许多赤贫的青年男性为生活所迫，卖身为契约劳工，到南洋群岛从事垦殖、采矿等工作。"断柴米，等饿死，无奈何，卖咕哩

1　林朝虹、林伦伦：《全本潮汕方言歌谣评注》，广州：花城出版社，2012年，第四辑"过番之歌"，第213—228页。在《宝塔的阴影》一书中，斐姑娘多次用"foreign parts"翻译"番畔"一词。

2　William Skinner, *Chinese Society in Thailand*, p.41.

3　Joseph Tse-Hei Lee, *The Bible and the Gun*, pp.14-16. 亦见陈历明：《外来文化的渗透》，载《潮汕史话》，广州：广东旅游出版社，1992年，第298页。

（苦力）"，这首歌谣唱出了自愿充当契约劳工者的无奈。[1] 另外还有不少男青年是被拐卖出洋，汕头周边的鮀浦、庵埠一带便经常发生诱骗和绑架苦力的事件。得到英国"猪仔"行授权的英国或美国船只常在潮州府海面伺机以待，准备装载自愿或非自愿的"猪仔"。[2] 汕头在 1860 年正式开埠后，英国人在此地的苦力贸易逐渐合法化，以香港为中转站，以海峡殖民地（新加坡、马六甲、槟榔屿）为主要目的地。从 1880 年开始，东印度群岛的荷兰殖民者也加入到汕头的这一贸易中，苦力多被卖到苏门答腊岛东北部日里（Deli）地区的烟草种植园中。汕头与日里之间的苦力贸易人数不断增加，1888 年有 1222 人，次年即有 3825 人。[3] 荷印地区对潮汕苦力的需求持续不断，至 1904 年乃有强骗"猪仔"到日里的事情发生。据《岭东日报》记载："日前忽来香港客头数人专贩日里客，以赌徒为线，引来关禁密室。昨有海南人不识本音者十余头，将骗下船。往行过号领票中，一人颇识票字，见票有日里某某字样，坚不肯往，遂被众伙毒打，哭声达于街衢，并无一人敢直言其非者。"[4] 众人不肯往日里，盖因当地烟草种植园的工作与生活条件相当恶劣，荷兰殖民当局对待华工的严苛也广为人知，在潮汕人中流传着"日里窟，会得入，唔得出"这一说法。相似的说法还有"安南（越南）窟，会得入，唔得出"等，反映出契约劳工生活的艰辛。

1852 年，陈孙、陈兑和李员三位潮州男传道受雇于美国浸信会，在香港岛及周边地区布道。在成为传道之前，陈兑是一名从事苦力贸易的买办，即上文提到的"客头"。[5] 陈孙则常航行到海丰县东州坑一带，以捕鱼

1　林朝虹、林伦伦：《全本潮汕方言歌谣评注》，第 215 页。

2　Robert L. Irick, *Ch'ing Policy Toward the Coolie Trade: 1847−1878*, Chinese Materials Center, 1982, pp.138, 140.

3　"Report on the Foreign Trade at the Port of Swatow during the Year 1889", *British Parliamentary Papers*, Commercial Report Sessions, p.556. 汕头移民的统计数据参见 "Report on the Foreign Trade at the Port of Swatow during the Year 1888", ibid., p.278。

4　《岭东日报·潮嘉新闻》，光绪三十年五月初十日。

5　Joseph Tse−Hei Lee, *The Bible and the Gun*, p.26.

为生；李员的职业则无考。陈孙负责的传教点邻近香港岛南部的赤柱，而此地居民多属学老、客家，来自福建和广东沿海地区。到陈孙处听道的基本上是海陆丰的捕鱼人。[1] 他们常在海上漂泊，有人特地在回海丰前向陈孙讨"圣书"，理由是"有秀才及先生要欲看此新闻"。[2]

陈兑和李员的宣教地是位于香港岛西南面的长洲岛（图4）。该岛形状像一个哑铃，距离香港本岛10海里。[3] 其原属新界，1898年才被迫割让给英国，1852年时，长洲尚未开放给外国传教士。然而，由于该岛的方位极具战略性：它位于澳门和香港的航路中间，从广州经粤东沿海北上的航路也从此经过，同样也在闽粤地区到东南亚的贸易和移民的航路上，因此被美国浸信会的粦为仁选定为宣教扩展的理想地点，陈兑即受他派遣到此布道。根据蔡志祥的人类学考察，该岛大部分人口为疍民，时至今日，该岛的经济仍然以渔业及其相关行业为主。太平天国运动爆发后，来自广东省的大批难民避难于此，很可能导致该岛人口迅速增长。[4] 正是在这一地理和历史背景下，陈兑与李员在此开展他们的布道工作。其日记显示，到长洲的潮汕人职业各异，有"为兵卒者"，有"行船之人"（水手），也有捕鱼人与生意人。[5]

陈兑经常走访的四个地方是：湾尾、湾肚、中湾和东湾，均位于长洲岛中部狭长的低地。除东湾以外，其他三地均为集市所在。湾尾主要被来自惠州（特别是海丰和陆丰两县）和潮州的移民所占据，他们讲相似的潮州方言。[6] 陈兑经常走访鱼铺和其他店铺，例如合兴糖铺、华利酒铺、元兴

---

1 陈孙日记，平海钓䲞船之兄弟（四月十三、十四日），陆丰、碣石港钓䲞船之兄弟（四月十五日），陆丰邑、平海所掠渔船之兄弟（四月二十日）；海丰船及陆丰船，皆是掠渔（五月初一日）。

2 陈孙日记，四月二十日。

3 Choi Chi-cheung, "Reinforcing Ethnicity: The Jiao Festival in Cheung Chau", David Faure & Helen F. Siu eds., *Down to Earth: The Territorial Bond in South China*. Stanford: Stanford University Press, 1995, p.105.

4 Ibid.

5 李员日记，五月十九、二十日；陈兑日记，四月十六日。

6 Choi Chi-cheung, "Reinforcing Ethnicity", p.108.

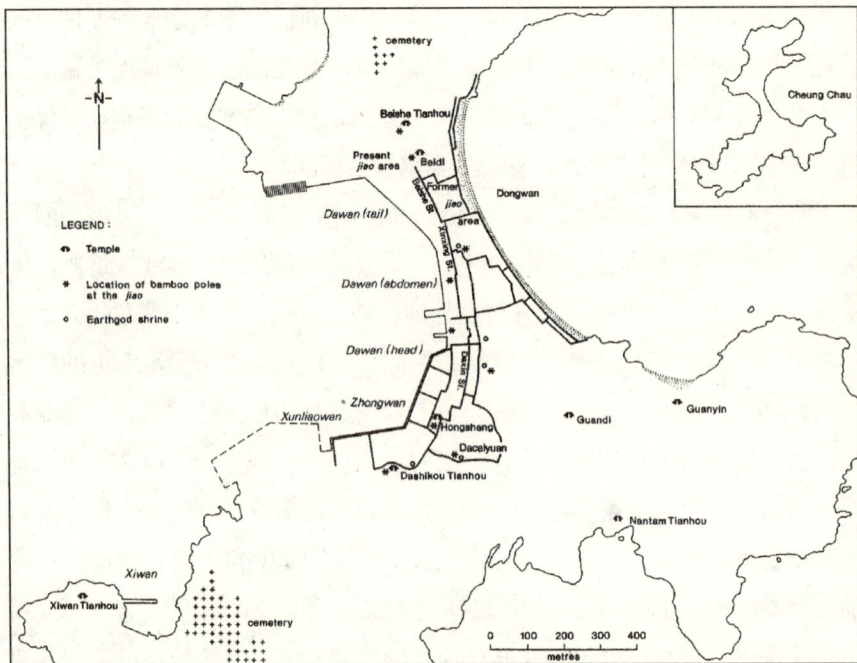

图4　长洲地图

摘自 Choi Chi-cheung, "Reinforcing Ethnicity"。图中东面的港湾便是东湾，西面的港湾叫中湾（现称大湾）。岛中间的最狭窄处叫湾肚，讲粤方言的蛋户聚居于此。狭长地带的北端叫湾尾，主要被来自惠州（特别是海丰和陆丰两县）和潮州的渔民所占据，讲相似的潮州方言。1852 年在岛上布道的陈兑常常走访这四个地方。

造船铺、纸料铺和打钓铺。[1] 他也曾走访潮馆——潮州人的会馆，以及义祠，其功能是祭祀和寄放客死此地之人的棺椁骨殖。[2]

　　湾肚由珠三角地区的广府人占据。福德社（亦称福德庙）和书房位于此处，它们均具有文化、社会和政治的功能。[3] 这一带是长洲老街市所在，即使在今天仍然是该岛的商业中心。[4] 在一些特别的节日，传统的戏剧会在

1　陈兑日记，四月二十三、二十七日，五月初六、初八、初九日；李员日记，五月十八日。

2　陈兑日记，四月二十七日，五月初九、十一日。

3　同上，四月十七日，五月初十日。

4　Choi Chi-cheung, "Reinforcing Ethnicity", p.108.

福德庙上演。例如 4 月 17—21 日的太平清醮，福德庙夜以继日的潮剧表演曾严重干扰了陈兑的布道工作。[1]

东湾一带是许多渔船的停泊之所，多的时候达到一百多只。渔人们有时会聚在沙滩上，听巡游至此的陈兑讲道。他们会恭敬地向陈兑打招呼，"先生来此处讲道"，"先生又来讲理"，或"先生来分册"。[2] 陈兑点头回应，并开始布道。当渔人们没有在沙滩聚集时，陈兑则挨个登上每艘船布道，并分发小册子。

陈兑所在的长洲岛是福佬和本地（广府）两个族群混居的社会。在陈孙的日记中，可以探知这样一个多族群的布道环境，因为他特别留意并清楚地记下其学生所属的族群：通常是四至五名福佬学生和七至八名本地学生上他的课。在他的同事万先生的班上，福佬和本地学生人数一样多。[3] 李员也特别关注"潮话人"与"潮州人"。陈孙则提到一位广府传道员协助他做主日布道，可以推知参与礼拜的有广府人。虽然学生中广府族群的人数超过福佬，这三位潮州传道员总是对后者给予特别关注：作为一个潮州人，陈孙经常先提及潮州籍学生的人数，这反映了他自身的族群认同意识。而到东南亚谋生者面临的不仅是族群认同的问题，还有国家、种族、阶级、性别、宗教等认同的考验。

在相当长的一段时期内，清政府禁止女性随同丈夫出洋，因此 17—19 世纪，潮汕地区出洋的人几乎清一色为男性。尽管 1860 年两广总督劳崇光颁布的《外国招工章程十二条》中第五条明确允许中国妇女可以随家人迁居外国，但直至清朝统治终结，真正迈出国门的女性仍属少数。[4] 在大多数情况下，在海外谋生的丈夫希望他们的妻子在家乡照顾家庭，并定期拜

1　参见蔡志祥对太平清醮的研究：Choi Chi-cheung, "Reinforcing Ethnicity"。

2　陈兑日记，四月二十四日，五月初一日。

3　万先生受雇于裨为仁，是陈孙的同事。

4　《外国招工章程十二条》指出：各国如愿招工出洋，只可在地方官所准之处开设公所，接受情愿出洋之华民。第五条涉及妇女出洋问题：如有工人携眷来公所暂住，听候下船，一同前往外国，由公所外国人另设避静房屋，令一家居住，以示男女有别，不得混杂。范若兰：《允许与严禁：闽粤地方对妇女出洋的反应 1860—1949 年》，《华侨华人历史研究》，2002 年第 9 期，第 69 页。

祭夫家的祖先。此外，由于多数福佬妇女遵循裹小脚的习俗，远行对她们而言也极为不便，可以说身体上的束缚也限制了女性人口的迁徙。

三、性别差异

直至近代，性别隔离仍是中国社会的普遍现象。儒家"男女授受不亲"的伦理观念深深根植于人们的思想观念中。一名良家妇女不能与除了丈夫之外的其他成年男性有肢体接触，而未出嫁的女子甚至不能被陌生的男人看见。

妇女裹脚的习俗在潮汕地区也颇为盛行（图5）。无论贫富，大多数潮汕姿娘都遵行这一习俗，而区别仅在于开始裹脚时年龄的大小。富家的女孩始于七八岁，而贫女由于要帮助家里干各种各样的家务与农活，往往推迟到十三四岁，即出嫁的前一两年才开始实行。一些丈夫或儿子在南洋谋生的女侨眷并没有裹脚，因为她们需要下地务农。[1]

弗里德曼如是评论中国社会："一个理想的家族是在一位遵循儒家伦理秩序的家长的控制下，由男性成员和他们的妻子结合在一起组成。"[2]儒家伦理规定的妇德在传统的启蒙读本如《千字文》（南朝梁）、《三字经》（南宋）、《朱子治家格言》（1617—1689年）中简略述及。这些读本的广泛流传帮助塑造民众心中理想的性别模式。

"三从四德"是儒家性别模式约束下女性的行为规范。根据"三从"，女性终其一生都依附在与其生命历程休戚相关的几位男性身上：未嫁从父、既嫁从夫、夫死从子。女性必须拥有的四种美德（四德），包括德行（妇德）、言谈（妇言）、容貌（妇容）、女红（妇功）。男性以"三从四德"为标杆衡量他们的妻子，而女性也以此自律，规范自己的行为。"女子无才便是德"，说的是学习知识以获得智力上的提升不是女性的本分，她们应

1　田汝康：《17—19世纪中叶中国帆船在东南亚洲》，上海：上海人民出版社，1957年，第6页。

2　Maurice Freedman, *The Study of Chinese Society: Essays*, Selected and Introduced by G. William Skinner, Stanford, California: Stanford University Press, 1979, p.244.

图 5　潮汕地区缠足和未缠足的女童

该图藏于伦敦大学亚非学院档案馆，展示了同龄的三位女童的脚，中间坐着的女童小脚裹得严严实实，尖尖的鞋尖就像粽子一样；右边站着的女童穿着鞋袜，尚未裹脚；左边的女童因为要干活，穿短袖衫，打赤脚，露着一对天然的脚丫。

当做的是操持家务而不是参与家庭重要事务的决策。有能力、有见识的女子应当协助其夫治家，以弥补他治家能力的不足。因此"女慕贞洁，男效才良，夫唱妇随"成为儒家夫妻关系的理想模式。[1]"相敬如宾"则是达到夫妻关系和谐的行为准则。

1　《千字文》说："女慕贞洁，男效才良，夫唱妇随。"《三字经》也提到"夫妇顺"、"夫妇从"，这些文字都传递了要求夫妻关系和谐的模糊信息。

这样的性别模式同样流行于受儒家教化影响，并具有移民传统的潮汕社会。那些丈夫在南洋谋生的女性也受上述性别观念的影响。然而，丈夫长期在外如何影响这些华侨家庭的性别角色和劳动分工？这对女侨眷在家庭中的地位又有何影响？

华侨家庭一般形成这样基于性别的劳动分工：丈夫在海外谋生，将挣得的收入以侨汇的方式寄回潮州养家。在家乡的妻子协助丈夫的长辈管理家务，农村女侨眷甚至要承担起各种农活。研究东南亚华人史的田汝康先生于建国初期对澄海县侨乡樟林的性别—劳动分工有如下观察："樟林的女子……做工似比男子为普遍，一则因壮年男子，多数已在南洋；一则因本地的习惯，女子大概是操劳的，此地的女子，比我国他省的女子要勤劳些。本地女子是天足……这些女子们，各种劳动都参加的，她们身体较健，又勤俭耐苦。华侨家庭往往女子当家，颇能料理家事，并担负各种责任。"[1] 这里描述的是经济状况一般的华侨家庭的性别—劳动分工。

在富有的华侨家庭中，女侨眷虽不用从事体力劳动，其性别角色与劳动分工却与普通人家相似。通过研究香港南北行乾泰隆及其联号保留下来的土地契约，蔡志祥发现潮汕女性还扮演立契者、见证人、写契约者、保证人等角色。但尽管在潮汕男性出洋、侨汇和商业发展的有利条件下，守在家乡的女性能掌握家庭范畴的管理和决策权，却仍然不能走进乡土和商业世界的公共领域。"对离乡的华侨商人来说，家乡也许是缺乏持家、商业能力的妻子（妾）的安身之所。对乡民来说，陈家的巨宅、牌匾和疏离社区的生活等，在在显示华侨商人在家乡的女性，纵使拥有资本（侨汇），也只是活在围篱里的人物。她们的地位，是依附在离乡男性建筑的华厦里。"[2]

潮汕地区这种因男性迁徙而导致的以性别为基础的劳动分工，与美国学者罗伯特所说的近代西方社会性别分工的观念非常相似："从事工作并赚取工资是男性适合的领域，女性的领域却将她置身于家庭之中，从而使

---

1   田汝康：《17—19世纪中叶中国帆船在东南亚洲》，第6页。

2   指乾泰隆的创建者，饶平县隆都前溪村的陈宣明和陈宣衣兄弟。该村1949年之后属澄海县。参见蔡志祥：《出阁：乾泰隆土地及商业文书所见的清末民初的潮汕妇女》，载《潮学研究》第十四辑，广州：花城出版社，2008年，第207、211页。

其远离为工资而竞争的世界。"[1]潮汕人与同时期的欧洲人都有向海外拓殖追求财富的趋势，重利而轻别离。这与中国其他农耕区域安土重迁的观念明显存在差异。

鲁珍晞研究巴色会在广东客家地区的活动，指出"到 19 世纪末，不少客家男性迁徙到沿海城市或海外谋生，将他们的妻子留在家乡种地。在这种情况下，与其他汉族妇女相比，客家妇女所受到的限制更少"[2]。虽然这些留守的妻子或母亲通常受其夫家宗族长辈的约束，但相比较而言，华侨家庭的女眷仍更具有独立意识和能力。而在南洋地区谋生的男性是否受当地性别模式的影响？与没有出洋的男性相比，他们是否更尊重其妻子的意见？通过梳理 20 世纪中叶从东南亚寄回潮汕的侨批，杜式敏得出了否定的答案。她认为重男轻女的传统性别观念在这些信件当中仍然有所体现。虽然一些父亲或丈夫支持他们在家乡的妻子或女儿接受教育[3]，但是这种态度不一定是在东南亚习得，因为早在 20 世纪初，清政府就鼓励各地兴办女学。在上海、汕头等城市发行的刊物，如《妇女杂志》、《潮声》等均致力于提倡女子教育[4]，这些刊物在东南亚的潮汕人中亦有相当影响。

时下不少家庭想讨个潮汕或客家的媳妇，理由是：潮汕和客家女人很传统，她们善于持家，既吃苦耐劳又顺从丈夫，可谓"贤妻良母"的典范。是什么原因造成潮汕与客家女人这样的"好名声"？笔者认为首先应当归结于当地发达的宗族组织与深固的宗族观念。宗族以父系为单位，以"父子兄弟"这样纵向和横向的男性关系网所构成，在近代基层社会的政治、经济和宗教文化活动中发挥着重要的影响。[5]宗族结构下的女性，其作用仅

1　Dana L. Robert, "The 'Christian Home' as a Cornerstone of Anglo-American Missionary Thought and Practice", pp.136—137.

2　Lutz, "Women in Imperial China: Ideal, Stereotype, and Reality", Jessie G. Lutz ed., *Pioneer Chinese Christian Women*, p.40.

3　杜式敏：《从潮汕侨批看海外潮人的女性观》，《汕头大学学报（人文社会科学版）》，2005 年第 3 期，第 81—84 页。

4　《兴女学实在易》，《潮声》第三期，1908 年闰四月初一；"爱读杂志者南洋砂拉越华侨揭阳郭璞贞女士小影及砂拉越博物院摄影"，参见《妇女杂志》第五卷第三期。

5　Freedman, *The Study of Chinese Society*, pp.240—241.

在于延续丈夫宗族的血脉。所生的女儿不算子嗣，不列入宗谱，因为女儿早晚都会出嫁，"拜别人家神"，成为其夫家传宗接代的工具。可见，宗族是男权（即父权和夫权）的集中体现。如果没有儿子，宗族的延续便会出现危机。而一旦出嫁，女性便脱离了娘家，处于其夫家宗族的控制之下。如果她不能生养男性子嗣，则须为丈夫纳妾继嗣。在这种情况下，她将博得"贤良"的"美名"。如果她不愿意为丈夫纳妾，那她至少不该从中阻挠。

潮汕妇女社会地位低下的另一个原因是，大多数女性不能为娘家和夫家带来财富。在潮汕地区，挣钱养家是男性而不是女性的职责。这种性别分工与广府和客家女性在家庭中的经济角色颇为不同。鲁珍晞说道："家在贫瘠的乡村地区的女性一般并不与世隔绝。她们必须挣钱养家。下地干活、雇为女佣、做点小生意、在街上开一个流动的饮食摊档、甚至于行乞，这些都是她们从事的普通活计。"[1]

19世纪中叶，珠三角一带的缫丝女工是一群具有现代意义的职业妇女：她们接受了专门的技术训练，并以劳动换得固定收入。鲁珍晞指出，由于有经济来源，这些缫丝女的父母乐于让女儿在家居住，这导致了"自梳"、"不落家"等抗婚风俗在顺德、番禺、香山、南海等县的盛行。[2]女儿在家庭中经济地位的提升改变了广府地区先前的婚嫁模式。[3]潮汕和客家妇女在家庭中没有这样的经济地位，一半由于她们比广府妇女更晚得到就业机会，一半由于她们更受传统观念的制约。20世纪20年代，当美国商人计划雇用潮汕妇女到开设于汕头的抽纱工厂工作时，大部分妇女仍然选择在家工作，理由仅仅是"这样她们就不会在一个离家很远的社区中与陌生人有亲密接触，特别是陌生男人"[4]。

1　Lutz ed., *Pioneer Chinese Christian Women*, p.39.

2　陈通曾、黎思复、邬庆时：《"自梳女"与"不落家"》，原刊于《广东文史资料》第十二辑，重刊于《广东文史资料精编》，北京：中国文史出版社，2008年，第174—185页。

3　Lutz ed., *Pioneer Chinese Christian Women*, p.41.

4　Herman, "Cultural Factors in the Location of the Swatow Lace and Needlework Industry", p.126.

晚清潮汕地区的一些不良社会风俗也为男女的不平等起到推波助澜的作用。根据《岭东日报》记载，"潮州女子适人后，必时以厚礼馈婿家，年节无间。虽贫无力者，亦必百方贡献，盖不如此，恐不得翁姑欢故。恶俗相沿，俨成风气"[1]。生女既不能延续宗族，嫁女后还要不时向亲家馈饷，这给生养女儿的家庭带来巨大的社会与经济压力。这使得不少家庭在女儿降生时选择将其送走或溺毙，以控制家中女儿的数量。[2]最可怜的是贫穷人家的女儿，她们在娘家与夫家都无所依傍。据闻，有一女子便因母家贫甚，而不为夫家所谅。婆家要求其娘家逢年过节要"馈饷如俗例"，"妇不得已，藉女红所入，私积若干，即寄归母家为办礼之资"。而"翁姑犹以其薄也。时怒于色，征于声。妇不堪此，悲痛之剧，竟于某夜雉经而死"[3]。由此可见，正是以男权为主的宗族组织长期而稳固的存在、女性在家庭经济中的弱势地位以及不良的社会风俗共同铸就了潮汕社会重男轻女之风。

清中期，粤东地区不少男性告别父母妻儿，坐上洋船到东南亚谋生。而当时不少外国传教士也在东南亚的华人中传教、等待时机进入中国。他们在海外相遇，潮汕男性过番的路线也将成为宗教传入的路线，李榭熙将之称为"跨越南海宗教传播的高速通道"。于是，基督教与天主教均在汕头开埠前便通过返乡的侨民传入韩江流域。汕头开埠后，进入此地的四个外国传教会沿着以汕头为中心的经济网络，逐渐将触角伸入到粤东各个角落，最北达到江西的寻乌与福建的上杭。而方言的差异最终也导致英、美、法三会在教团管理上渐渐分化为福佬与客家两个教区。男性过番的传统导致粤东地区有大批华侨家庭留守妇女的存在，进入韩江流域的各个传教士又是如何利用劳力输出社会独有的性别结构进行传教？而西方宗教的传入是否能移风易俗，改变当地重男轻女的性别差异呢？

---

1 《岭东日报·潮嘉新闻》，光绪三十年三月初一日。
2 根据美国浸信会斐姑娘的观察，三个女儿是穷苦人家能接纳的最大数。
3 《岭东日报·潮嘉新闻》，光绪二十年三月初一日。

第二章　男性"过番"与洋教西来

　　天主教传入潮汕地区较新教为早。直到今天，当地老辈人仍将天主教称为"旧教"，将基督教称为"新教"，反映出民间对两教传入早晚的直观认识。1848年，梵蒂冈的天主教传信部将两广教区置于巴黎外方传道会的管理之下，该会便在广州设立了传教总部，并由此向东、向北、向西派遣法国传教士，可见法会神甫是由西向东、通过陆路挺进潮汕地区的。与之相反，英美两个新教传教会是先从海路抵达汕头（英会从上海、美会从香港），再从汕头这个条约口岸向西，将新教传到潮惠两州的边界，以及向北进入嘉应州。因此，与英、美会相比，法会更早进入到惠州和嘉应州的客家山区地带。随着时间的推移，英、美、法会都发展了各自的潮汕和客家传教区。惠来县讲潮州方言的百冷村和揭阳山区讲客家话的洛田坝是法会两个组织完备的传教站。它们在潮汕地区天主教会中的重要地位与盐灶（澄海，福佬）和五经富（揭阳，客家）在英国长老会中的地位相对应。下面将揭示，从东南亚返乡的潮州籍信教侨民在这些传教会的初传阶段扮演了关键角色（图6）。

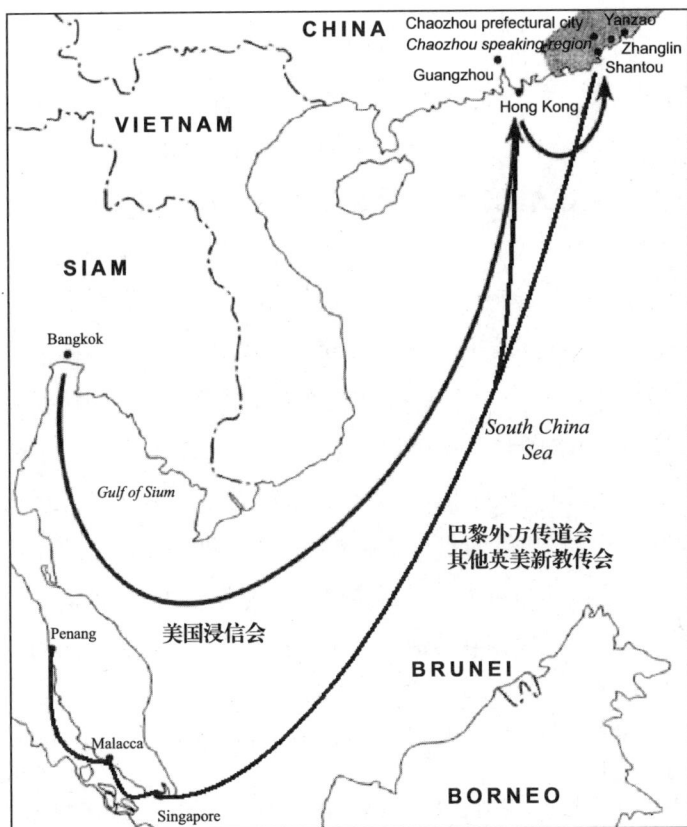

图6 潮汕人口迁徙与福音入潮路线

根据Joseph Tse-Hei Lee, *The Bible and the Gun* 书中的插图修订。1860年汕头开埠之前，在东南亚谋生的福佬和客家人常趁返乡之机，将天主教和新教传入粤东地区，形成一条跨越南海传播宗教的高速通道（李榭熙语）。新教传教会系统地训练传道员在侨民中布道，并派遣他们返乡布道。而天主教会并没有专门训练海外侨民信徒，委之以回乡布道之职，皈依亲朋好友只是天主教侨民自发的行为。

一、天主教

17世纪初，广东澳门、肇庆地区的传教事业已在罗马天主教会的管辖之下。[1] 潮州府天主教的传播要到17世纪中后期才稍有起色，特别是在康熙皇帝最后一次撤销迁界令后（1683年），沿海地区的居民得以返回故土重建家园。[2] 惠来县的百冷村自那时起逐渐发展为粤东地区一个重要的传教中心。[3] 虽然1732年雍正皇帝禁止天主教在内地传播，欧洲的传教士只能从内地撤到澳门居住，但内地的教务仍由本地信徒继续维持。潮阳的海门曾有一块镌有十字架和年份（乾隆元年，即1736年）的墓碑出土，证明此地曾有皈依天主教者。[4] 但目前有史料记载的第一位潮州籍天主教徒是傅正观（官）。据乾隆十七年（1752年）福建莆田被抓获的天主教徒朱理观（官）和翁彩二人供称，其所奉教系已故广东潮州府人傅正观传授，与傅正观同时奉教的教友还有已故福清县平潭人魏汝灿。[5] 但他俩是在各自的家乡、广州、澳门还是吕宋得与西洋神甫交接而入教，目前尚未可知。此外，惠来县石门村戴氏宗族的戴金冠和戴德冠两兄弟，与潮州的黄多玛于

---

1 Antoine Douspis, "Pour une Ecole de Catéchistes à Swatow", *Les Missions Catholiques*, 1911, p.457.

2 陈历明：《外来文化的渗透》，第298页。康熙初年，由于郑成功割据台湾企图反清复明，东南沿海的局势非常紧张。为了防止沿海居民通敌，以断绝郑氏集团的粮食供应，康熙帝在1662年下达了迁界令，要求距海岸线50里内的沿海地带不许住人，居民不得出洋谋生。迁界令导致沿海地区的商业活动停顿，人们背井离乡、家园荒废。1666年，位于韩江出海口的澄海县因此裁撤。1669年，当迁界令撤销后，澄海县又重新恢复建制。

3 François Becmeur, *Notice biographique*, MEP档案。百冷在法文档案中被称为"Pe-né"。

4 潮阳市地方志编纂委员会：《潮阳县志》，广州：广东人民出版社，1997年，第1032页。

5 中国第一历史档案馆编：《清中前期西洋天主教在华活动档案史料》，北京：中华书局，2003年。第一册，奏折第106号：福州将军新柱奏报拿获西洋邪教及查办情形折（乾隆十七年十一月二十一日，1752.12.26）；第107号：福建巡抚陈弘谋奏报拿获民人崇奉天主教现在严究折（乾隆十七年十一月二十一日，1752.12.26）。

1756 年赴意大利那不勒斯的中国书院学习神学，并在毕业时受封为神甫。[1]
在 18 世纪 60 年代初，戴氏兄弟返回澳门，并受派遣回乡传教。1784 年，
戴德冠（则仁，教名戴加爵）卷入了一桩教案。该案大致情形是：陕西
的天主教徒焦振刚与澳门主教秘密取得联系，延请四名西洋传教士至陕传
教，却在湖北境内的樊城被官府截获。[2] 戴德冠因牵涉其中，被解京审讯。
据他招供，其家族自祖父以来具传习天主教。从那不勒斯学成回国后，他
曾在广州的十三行受雇于西洋传教士席道明。1768 年，他又跟随西洋人
赵进修进京效力，在北堂居住。[3] 戴德冠最终因此案丧命，但惠来县仍存有
碑文记录了作为神甫的戴氏兄弟在家乡传教所取得的成就。[4] 与戴德冠相类
似，在 1785 年卷入教案的还有来自潮阳的信徒何阿定。他因从广州护送
两名意大利籍神甫（一名吧咃哩哑喥，一名吧哩叽哩咃）到山东而被捕，
时年 31 岁。据他的供词称，他自幼从祖父习天主教，教名鄂斯定，来省

1 在意大利那不勒斯中国书院学习神学的有如下来自粤东的学生：

姓名	字号	籍贯	生年	出国年	求学地	回国年	卒年	卒地
戴金冠	则明	惠来	1735	1756	那不勒斯	1761		不详
戴德冠	则仁	惠来	1737	1756	同上	1764	1785	广东
黄多玛		潮州	1741	1756	同上	1771	1772	Gadibus
王加禄		潮州	1739	1761	同上	1766		
章儒瑟		潮州	1742	1770	同上	1774	1778	
戴勿略		惠来	1772	1789	同上		1832	那不勒斯

参见方豪：《方豪文录》，北平：上智编译馆，1948 年，第 177–196 页。

2 奏折第 230 号：湖广总督特成额湖北巡抚李绶奏报续获陕人焦振刚等讯供解京折
（乾隆四十九年十月十六日，1784.11.28），参见《清中前期西洋天主教在华活动档
案史料》。

3 奏折第 313 号：两广总督舒常、广东巡抚孙士毅奏报拿获天主教之戴加爵并质
讯解京折（乾隆四十九年十二月二十四日，1785.2.3），同上。另一说法是，戴氏
兄弟回国不久便被当地官府抓获，戴金冠被流放到河南省，后来客死他乡；而戴
德冠则被遣送回澳门。参见惠来县地方志编纂委员会：《惠来县志》，北京：新华
出版社，2002 年，第 771 页。

4 胡卫清：《近代潮汕地区基督教传播初探》，第 149 页。

城广州挑卖米糕度日。[1] 戴德冠和何阿定二人均是从祖父信教。按一世三十年计，二人的祖父均在雍正禁教前便已入教。与黄多玛同样来自潮州，在那不勒斯的中国书院就读的还有王加禄和章儒瑟。在客家山区，一块可追溯到 1808 年的天主教墓碑在揭西县河婆出土。[2] 这些便是目前可以搜寻到的第一次鸦片战争前天主教在粤省东部传播的线索。

尽管材料非常欠缺，天主教传入此地初期的历史仍能描绘出一个大致的轮廓。1732 年禁教之后，天主教在潮州沿海和客家山区均以宗族组织为依托而得以维持传承。罗马天主教会也采取了相应的策略，在欧洲的神学院培养中国籍神甫，并将他们送回国内牧养信众。除禁教外，1773 年耶稣会的解散也使天主教在华事业举步维艰。中国教区的管理权落入澳门的葡籍主教之手，然而来华的葡籍传教士人数有限，并不足以照料广阔的中国教区教务。[3] 在这种艰难的情况下，包括广东潮州在内的各省教区逐渐萎缩。直到第一次鸦片战争后，外国天主教传教会才重新在广东获得立足之地。[4]

1842 年，中英签署《南京条约》，广州成为开放通商的五口之一，香港也被迫割让给大英帝国。1844 年签署的《中法黄埔条约》给予天主教和新教传教士在广州、厦门、福州、宁波和上海五个通商口岸传教和修建教堂的权利。四年后，1848 年 9 月 30 日，罗马天主教会传信部将广东、广西两省完全置于法国巴黎外方传道会的管辖之下。[5] 该会的法国神甫就此在广州安顿下来，并设立了巴黎外方传道会两广教区（Vicariat Apostolique de Kwangtong et de Kouangsi）的总部。广州城内的两广总督府在第二次鸦片战争中毁于兵燹，法会从 1866 年开始，陆续在此废墟上修建了一系列的教会建筑，包括圣心教堂（俗称"石室"）、小修院、孤儿院等。那些被派到两广教区的神甫先到广州的传教会总部报到，再从此地分派到

---

1   奏折第 347 号：两广总督舒常、广东巡抚孙士毅奏讯鄂斯定等供单（乾隆五十年三月十五日，1785.4.23），参见《清中前期西洋天主教在华活动档案史料》。

2   胡卫清：《近代潮汕地区基督教传播初探》，第 149 页。

3   Douspis, "Pour une Ecole de Catéchistes à Swatow", p.457.

4   Giedt, "Early Mission History", p.4.

5   Ibid., p.5.

其他地区。香港也有该传道会的一些附属机构，如 1875 年在薄扶林道建成的伯大尼修院（Sanatorium de Béthanie）、纳匝肋印书馆（Nazareth Press）。[1] 这些产业成为该传道会在远东地区的疗养中心。当 1885 年中法战争爆发、国内的反法情绪达到顶点时，伯大尼修院成为所有在华南活动的法国传教士的避难所。

与 1683 年开放海禁后外国神甫来华传教、1721 年康熙禁教后中国神甫潜回内地传教的情形不同，天主教在 19 世纪中叶第二次传入粤省东部，主要依靠的是在暹罗、新加坡和槟榔屿等地入教并返乡的福佬和客家天主教徒。[2] 1844 年嘉应州书坑的吴东在马来西亚皈依天主教，并在返乡时将其信仰传入书坑一带。[3] 在其要求下，巴黎外方传道会派安德烈·贝尔农（André Bernon）神甫前往书坑照料信众，并于 1861 年在此地修建了一座礼拜堂。[4] 1856 年，普宁县云落镇上洞乡的杨息从马来西亚回乡，将天主教传入该地。而澄海县东湖乡的黄继英、岭亭的蔡柿和西门外吴厝的吴大龙三人同在新加坡皈依天主教，回乡后劝说亲朋好友入教。1880 年，布塞克神甫从惠来的百冷村调到潮州府工作。他们与之取得联系，邀请他到澄海传教。[5]

二、基督教

与依靠回乡的天主教侨民自发传教这一较为随意的传教策略相比，同一时期身处东南亚的新教传教士展开了一个颇费心血的传教计划。

1　位于香港岛薄扶林道 139 号和 144 号。

2　吴东和潮州府城的守贞姑罗氏均为槟榔屿归侨。吴东的经历如下："当时嘉应州的书坑，有一位青年吴东，远渡暹罗，再由暹罗转往槟榔屿谋生，在那里听到了基督福音，因此领受了洗礼，进了天主教，成为虔诚的教徒。"参见欧阳英：《建国前梅州的三大宗教及其活动》，第 169 页。罗氏的经历则参见 Régis Gervaix, "Pour le Prix Montyon", *Les Missions Catholiques*, 1916, p.135。

3　欧阳英：《建国前梅州的三大宗教及其活动》，第 169 页。

4　André Bernon, *Notice biographique*, MEP 档案；亦参见欧阳英：《建国前梅州的三大宗教及其活动》，第 169 页。

5　Jules Boussac, *Notice biographique*，MEP 档案。

（一）暹罗

最初有四名外国传教士在暹罗曼谷的潮州人中传教，他们分别是荷兰宣道会（Netherlands Society for the Advancement of Christianity among the Chinese）[1] 的郭士立（Karl Gützlaff，即爱汉者，又名郭实腊）、伦敦会（London Missionary Society）的汤雅各（Jacob Tomlin），以及美国浸信会的约安西（John Taylor Jones）和粦为仁（William Dean，即为仁者、甸威廉）。[2]

1828 年，郭士立在此地工作了数月，为一位名为庞太的潮州人施洗。在郭士立的要求下，美国浸信会总部（American Baptist Board of Foreign Mission Society）终于在 1833 年 3 月派约安西到曼谷，继其衣钵，在潮州人中传教。半年后，约安西为三位潮州人施浸礼，其中就包括由于入教仪式的不同需要而再度受浸的庞太。[3] 令约安西头痛的是，潮州人在暹罗国"时往时来，以致引领他们归主的工作常常被打断"[4]。继约安西之后，美国浸信会的粦为仁也来到曼谷。后者夫妇与郭士立的关系非同寻常。粦太太（Theodosia Ann Barker）受伦敦东方女子教育会（全称为

1　该会的荷语名为 Vereeniging ter bevordering des Christendoms onder de Chinezen，参见 R.G. Tiedemann, *Reference Guide to Missionary Societies in China: From the Sixteenth to the Twentieth Century,* Armonk, New York: M.E. Sharpe, 2009, pp. 187–188. 据亚烈伟力（Alexander Wylie）所写的郭士立小传，郭士立在 1829 年离开荷兰宣道会。应在新加坡的伦敦会之邀，作为独立传教士，他先后到新加坡、马六甲参与该会教务，参见 Alexander Wylie, *Memorials of Protestant missionaries to the Chinese,* Shanghai, 1867, p.54。

2　郭士立和汤雅各在此地传教数月，参见 Wylie, *Memorials of Protestant Missionaries to the Chinese,* p.50。粦为仁被李员称为"怜牧师"，参见李员日记，五月二十四日。高柏先生告知在闽南语中，"怜"的发音为"Din"，近似"Dean"的发音。因此，发音相近的"怜"、"粦"是"Dean"恰当的闽南语对音。他有另一名"为仁者"，"为仁"是"William"一名的闽南语对音，也符合中国人道德观念。此名均刊印在他于香港编纂发行的传教小册子上，如《真道入门》、《奉劝真假人物论》、《创世传注》等。

3　李金强等：《福源潮汕泽香江》，第 28 页，第 45 页，注释 161.

4　吴立乐：《浸会在华布道百年史略》，上海：中华浸会书局，1936 年，第 40 页。

"在中国、印度暨东方促进女子教育协会"，Society of the Promotion of Female Education in China, India and the East）派遣，以女传教士的身份到中国传教。[1] 她于 1837 年底抵达澳门，居住于郭士立宅邸，在郭的指导下继续学习汉语。1838 年初，粦为仁到澳门拜访郭士立，认识了巴克并与之相恋。[2] 结婚后，粦为仁夫妇回到暹罗，继续在潮州侨民中传教。先后有四名潮州人在曼谷加入美国浸信会，分别是来自饶平石头坑的高容、澄海樟林的郑戴和郑兴、潮安桂林寨的陈定，他们回乡后又协助该会在潮州立足。[3] 这是美会在曼谷潮人中传教的大概情形。

（二）新加坡

至于新加坡潮州人的入教情形，苏精依据美部会、美国长老会和伦敦会在新加坡开教的英文档案，勾勒出 1834—1846 年入教的 13 名华人信

---

1 西奥多西娅·安·巴克（Theodosia Ann Barker）的生平，参见 Wylie, *Memorials of Protestant Missionaries to the Chinese*, p.87, 以及 Pharcellus Church, *Theodosia Dean, Wife of Rev. William Dean, Missionary to China*, Philadelphia: American Baptist Publication Society, 1850。她曾使用"为仁者之女"一名，印在其编纂的《以来者言行纪略》（道光二十九年重镌）的封面上。"女"在此指"女人"、"妻子"，而非"女儿"之意。

2 William Gammell, *A History of American Baptist Missions in Asia, Africa, Europe and North America*, Boston: Gould, Kendall and Lincoln, 1849, p.193；亦见 Wylie, *Memorials*, p.85。

3 《岭东嘉音：岭东浸信会历史特刊》，第 29 页。这四个人随后返乡，1860 年之后为美国浸信会在潮州地区的发展提供了帮助。在一本护教小册子《指迷津论》的封面上也发现"林克贞"一名。该书由美国浸信会在暹罗的理夏书院出版，并于 1849 年在香港群带路再版。林克贞撰写此书的目的在于规劝信徒入教（"解言拜神无益说"），说明入教并不意味着抛弃父母（"解言拜神者勿父母说"）。此书用文言书撰写，但第二篇短文题目中"勿"（潮州话"不要、抛弃"之意）一字揭示了他潮州人的身份。徐松石提到早期其他潮州信徒尚有文智、平叔；卡尔·史密斯（Carl Smith）也提到 Peng (Pong) 和 Sang Seah 二人。参见李金强等：《福源潮汕泽香江》，第 45 页，注释 161。后两位的中文名目前尚无法还原。但我怀疑 Peng (Pong) 和庞太或指同一人。因为"太"乃"大"之意，可以指庞家的大儿子。平叔（Uncle Ping）和 Peng (Pong) 或许也指同一人，Pang, Ping, Peng 和 Pong 的写法非常近似，或者只是外国传教士不能清楚辨音而误记，或抄写过程中无心造成的拼写错误而已。

徒的简单生平，其中便有五位潮州籍信徒。他们分别是美部会的陈亚比（A Bi），美国长老会的陈匡（Tan Kwang）、曾兰生（Chan Laisun）和一名采棕榈叶的潮州劳工，以及伦敦会的陈理存（Tan Li-chun）。[1]

陈亚比是潮州府海阳县（即后来的潮安县）人，1825 年出生，随父移民暹罗，进入美部会在曼谷的小学读书，并在该会传教士约翰逊（Stephen Johnson）家中当童仆。1838 年，约翰逊让其就读于新加坡布道站的寄宿学校。1840 年 1 月 5 日，传教士崔斐理（Joseph S. Travelli）为亚比施洗，他是学生中首位领洗者。[2]陈匡原本是美国浸信会曼谷布道站的中文教师。1838 年美国长老会的罗伯特·W. 奥尔（Robert W. Orr）访问曼谷时雇他教授中文。1839 年 11 月 3 日，奥尔以"洒"取代浸信会的"浸"礼，再度为时年五十岁的陈匡施洗。在奥尔眼里，陈匡的才智与学养都受到曼谷华人的敬重，其行止也谦虚、平和、有礼。但后来该会的另一位传教士托马斯·L. 麦克布赖德（Thomas L. McBryde）发现陈匡吸食鸦片并说谎，这些行为均被教会明令禁止。苏精指出，在新加坡基督教萌芽时期领洗的 13 名华人信徒中，陈匡是仅知违背戒律的一个。[3]曾兰生为新加坡土生华人，出生于 1826 年，父亲为潮州移民，母亲是马来人。兰生 1837 年入美部会的寄宿学校读书，与亚比同窗。当他四年后毕业时，却逢美部会着手撤离新加坡。兰生于是转往长老会，并在 1841 年八九月间由该会的麦克布赖德施洗。[4]同年 11 月 20 日，在离开新加坡前往澳门之际，麦氏为一名采棕榈叶的华工施洗。[5]麦氏对这名华工的表现很满意，相信他入教动机纯正，而非贪图其他利益。因住所远离城区，这名华工每周六晚便到城里的布道站，以便翌日参加礼拜。[6]陈理存在 1839 年曾担任美国浸信会

1　苏精的研究显示，出于各传教会之间分工的需要，美国长老会专门在新加坡的潮州人中间传教。参见苏精：《基督教与新加坡华人 1819—1846》，新竹：（台湾）清华大学出版社，2010 年，第 250—256 页。

2　同上，第 250 页。

3　同上，第 251—252 页。

4　同上，第 252 页。

5　这些棕榈叶用于建造马来人草屋（attap house），同上，第 253 页。

6　同上，第 253—254 页。

传教士高德（Josiah Goddard）的华文教师，但次年高德便离开新加坡前往暹罗。自 1840 年 7 月起，陈理存受雇于伦敦会的约翰·施敦力（John Stronach），教他学习潮州话。1841 年 1 月 3 日，施敦力为陈理存施洗。施很看重陈的文字著述能力，两人一起合作编撰传道小册子、赞美诗，修订《圣经》。[1] 苏精指出，除了那位伐棕榈叶的劳工外，其他四位信徒都在领洗前就与传教士或布道站有密切的关系。[2] 其中有两名华文教师，两名寄宿学校的学生。他们后来或直接或间接地为新教在华的事业做出了自己的贡献。

以陈理存为例，1844 年 6 月，当施敦力从新加坡迁到厦门时，陈并没有随同前往，而是回到阔别已久的家乡潮州居住。两年后，在 1846 年八九月间，他才前往厦门布道站，继续协助施敦力修订《圣经》。他后来还放下文人的身段，在厦门城乡间游走，散发传教小册与布道。[3] 曾兰生于 1846—1848 年在美国读大学。毕业时随再度来华的卫三畏（Samuel Wells Williams）到达香港，受雇于美部会广州布道站。数年后，他辞职前往上海担任洋行买办。1866 年，兰生弃商前往福州，担任船政学堂的英文教习兼翻译。1871 年，曾国藩与李鸿章奏准选派幼童留美，兰生赴美担任驻洋肄业局翻译，至 1874 年底回国，入李鸿章幕任英文翻译，直至 1895 年以 69 岁高龄病逝。苏精认为在新加坡最早的 13 位信徒中，曾兰生无疑是在世俗事业方面做得最成功的。[4]

（三）香港

1842 年当香港沦为英国殖民地时，那些在东南亚传教、等候进入中国的新教传教士立即将宣教工作从马六甲、新加坡、巴达维亚和曼谷转移到香港，郭士立也不例外。1844 年，他在香港成立了汉会，以训练本地传道员为宗旨，让他们主要承担在内地的宣教工作，外国传教士在其中

1　苏精：《基督教与新加坡华人 1819—1846》，第 254—255 页。

2　同上，第 258 页。

3　同上，第 255—256 页。

4　同上，第 253 页。

只需扮演指导者的角色。在郭士立的大肆宣扬下，汉会"振奋人心"的进展激发了欧洲许多传教会来华宣教的热情。受派前来协助该会工作的传教士有瑞士巴色会的黎力基（Rudolf Lechler）和韩山文（Theodore Hamberg，二人于 1847 年 3 月 19 日抵港）、卡塞尔传道会（Cassel Missionary Society）的鸟牧师（Carl Vogel，1850 年 3 月 2 日抵港，vogel 在德语与荷语中均为"鸟"之意）等。[1] 他们所指导的汉会成员主要是客家人，而潮州籍传道员也占有一定的比例（见下表）。潮州人萧道明曾任汉会的主席。

汉会潮籍传道人名单（19 世纪 40 年代中期）[2]

姓　名	籍　贯
萧道明 (Ming)	潮州府
何八	潮州
洪进	潮阳
吴矮	揭阳
何镜光	大埔
许砚	普宁
陈开泰 (Ch'en K'ai-t'ai)	潮州
张世昌	潮州府
黄正基	潮州府
陈三	潮州府
蔡荣光	潮州府
罗元标	揭阳?

1　鸟牧师的小传参见 Wylie, *Memorials of Protestant Missionaries to the Chinese*, p.198。

2　Hood, *Mission Accomplished?*, Appendix I (a), The testimony of a Chao-chow man, Ch'en K'ai-t'ai, one of the members of the Union; Appendix I (b), An extract from the list of "Preachers and their assistants sent out by the Chinese Union from the 1st of January to 31st of August, 1849". 罗家辉：《基督教早期在华传播模式——郭士立与汉会再研究 1844—1851》，中山大学硕士学位论文，2008 年，附录一：1849 年汉会派遣传道员情况。按：罗元标的籍贯不明，但因郭士立一般优先派汉会成员到家乡传教，罗被派往揭阳，则此地或为其家乡。

这些潮州籍传道员均能返乡独立开展布道工作。何八曾在广州经商，后来到香港结识了郭士立和粦为仁。郭士立为其施洗，并派他陪伴黎力基、柯士德（Heinrich Koester）和鸟牧师在香港和新安县布道。19 世纪40 年代中期，何曾受派到广西桂林独立传教。[1]陈开泰入教的例子则证明郭士立的传教策略确实有一定的成效。陈来自潮安沙溪，他于 1848 年在潮州遇到汉会的一个成员，后者在"各处宣传福音，分派圣书，讲论神天真理。"作为一个读书人，陈开泰"见神国真理，罪恶得赎，灵魂可救"[2]。因此，他随同这名汉会传道人来香港拜访郭士立，并成为他的门徒，跟随他外出巡游布道。1849 年 5 月 18 日，郭士立派陈开泰回潮州传道。8 月28 日，陈返港向郭报告传教的进展。[3]在汉会因为丑闻而遭到调查期间，陈开泰仍随同鸟牧师在香港的周边布道。[4]郭士立意识到这是在福佬中进行传教的良机，便安排抵港不久的黎力基学习潮州方言，并让他在次年 5 月17 日随同三名潮州传道员潜回到潮汕地区布道。[5]

1843 年，美国浸信会总部指示粦为仁夫妇将传教工作从暹罗移到香港，为在港的潮州人开设一个教会。夫妇二人于是在香港岛西北面的群带路安家，与郭士立的居所隔街相望。然而没过多久，粦太太便因患上天花而谢世。这一年的 5 月 28 日，经历丧妻之痛的粦为仁终于在群带路开设

1　罗家辉：《基督教早期在华传播模式》，附录一。

2　Hood, *Mission Accomplished?*, p.316.

3　Ibid.

4　自汉会 1844 年创立之日始，便有一部分在华的外国传教士指责郭士立在汉会成员的人数和在内地发展信徒的人数上夸大其词。在郭士立的欧洲之旅期间（1850—1851 年），他的同事如巴色会的韩山文组织了对汉会的调查和听证。结果发现很多汉会雇用的中国传道员并没有履行他们的职责到内地布道，而是将川资花在抽大烟和赌博上。一些人甚至将郭士立和韩山文花钱购买的、计划在布道过程中散发的《圣经》和传教小册子又转手廉价卖给书商。这些丑闻导致了汉会在 1852 年的瓦解。参见吴义雄：《开端与进展——华南近代基督教史论集》，台北：宇宙光出版集团，2006 年，第 90—97 页。Hood, *Mission Accomplished?*, p.317.

5　Ibid., p.22. 陈开泰的幼女陈舒志后来在潮汕积极兴办女学，其事迹见陈启川：《潮汕第一位女校长》，载政协潮州市委员会文史编辑组编：《潮州文史资料》第 15 辑，1995 年。

了香港的第一间潮人教会。[1] 他效仿郭士立培养当地传道人宣教的策略，陈兑、陈孙和李员从 12 名潮汕信徒中脱颖而出，成为值得信赖的传道员。[2] 陈兑来自普宁县光南村，1843 年当其 37 岁时受浸。陈孙来自澄海县莲阳乡，1844 年 30 岁时入教。[3] 32 岁的李员在·1844 年受浸，十年之后，其妻徐月凤受浸，时年 21 岁。[4] 粦为仁派李员协助陈兑到位于香港岛西南面的离岛长洲布道，当时该岛尚不允许外国人进入。

1848 年 1 月 5 日，独自在港的粦为仁迎来了新同事约翰生夫妇。与粦太太一样，约翰生太太半年后也不幸患急症离世。[5] 三年之后，约翰生娶了荷兰籍的女传教士卢米娜·瓦克为妻。[6] 瓦克是受鹿特丹妇女宣道会派遣，于 1851 年 2 月随同郭士立来香港协助汉会的工作。但那个时候的汉会已行将瓦解，瓦克与约翰生结婚后，便解除了与鹿特丹妇女宣道会的关系，转属荷兰宣道会阿姆斯特丹分会，并受该会资助开展宣教活动。[7] 粦为仁和约翰生的夫人均出自郭士立一系，再加上郭士立在来华传教士圈子中的号召力（虽然褒贬不一），他的诸多传教理念不可避免对粦为仁和约翰生产生了影响。在香港潮人教会成立初期，这两位传教士负责教会的管理工作，并指导潮州籍传道员开展宣教工作，而约翰生太太则在其住屋楼下

1　Wylie, *Memorials of Protestant Missionaries to the Chinese*, p.85.

2　Ellen Xiang-yu Cai, "The Itinerant Preaching of Three Hoklo Evangelists in Mid-19th-century Hong Kong", pp.113–134.

3　他的妻子张金和女儿陈遂心分别在 1848 年和 1859 年受洗，前者时年 30 岁，后者 18 岁。陈孙的岳母谭桂于 1854 年当其 25 岁之时受洗。谭桂比她的"女儿"张金小 11 岁，她很可能是张金的后妈。

4　《岭东嘉音：岭东浸信会历史特刊》，第 29 页。

5　Ashmore, *The South China Mission of the American Baptist Foreign Mission Society*, p.178.

6　感谢高柏先生告知狄德满所编的卢米娜·瓦克（Lumina Geertruida Maria van Medenbach Wakker）传记参见 Tiedemann, *Reference Guide to Missionary Societies in China*。根据耶琳夫人的岭东浸会传教士名录，卢米娜·瓦克是约翰生的第二位太太。第一位太太于 1848 年 6 月 9 日在香港得急症去世，参见 Ashmore, *The South China Mission of the American Baptist Foreign Mission Society*, p.178。

7　*China: Verzameling van stukken betreffen de prediking van het evangelie in China en omliggende landen*, Vol.2, 1852, pp.51–52.

开班教女童读书识字，彼此之间形成了团队协作的关系。[1] 1858年，在暹罗工作了七年之后，老耶士摩（William Ashmore Sr.）来香港加入了他们的行列。[2]

三、相遇于长洲

陈孙、陈兑和李员这三位潮州籍传道员详细的布道日记完好地保存在莱顿大学汉学院郭士立藏书（Gützlaff Collection）中，使考察这三位男传道的巡游布道和他们与听众之间的互动成为可能。据高柏先生（Koos Kuiper）讲，他们的日记可能是被当成样本寄回给了荷兰的捐款人，以便为中国差会募集到财政支持。以下证据或可佐证其观点：荷兰是女传教士瓦克的祖国，她是美国北浸信会约翰生的第二任妻子。约翰生在陈孙日记封面上的题字也是一个重要的证据。[3]这三本日记记载了咸丰二年（1852年）四月十三日到五月二十四日，共42天的布道活动，仅有五月十四日这一天缺载。陈孙和陈兑所记日期大部分重叠（共26天）；作为陈兑的助手，李员记载了其与陈兑一起参与的活动。这些日记可以让后来者管窥这三位传道员的分工与合作，以及他们是如何开展巡游布道，又从听众那里得到了怎样的回应。

（一）《圣经》和传道小册子的使用

当每天上午在书房带领学生做完晨祷之后，传道员便回到祈祷所接待临时的访客，如水手或士兵。[4]之后，他们便带上各种传教小册子，到潮州人开的各铺户和渔船巡游布道。在这种短时间的接触中，口头布道扮演了重要的角色，因此方言的掌握极为重要。其听众多为来自潮州和惠州沿海

1　Ibid., Vol. 4, 1854, pp.238–240.

2　Ibid., p.207.

3　高柏先生指出日记上的英文笔迹是约翰生的，而柏海伦看过这些笔迹后也指出其书写方式是美国式的，这符合约翰生美国人的身份。

4　李员日记，五月十九、二十日。

一带讲闽南方言的福佬。以陈兑为例，他谈话的对象多为来自潮州府和惠州府的海丰、归善二县，只有封荫余和刘庶文分别来自东莞和新安县。在这两县广府和客家方言都很流行，陈兑与封荫余对话用何种方言，目前尚不清楚，但陈兑劝他到其"礼拜堂仝拜一神，为耶稣门生，望灵魂进神国享永福"[1]。

传道员在晨祷、晚祷和主日礼拜的布道主要以《圣经》为本。在日记记载的这一个多月，陈孙和陈兑每天都根据《使徒行传》布道。这是粦为仁帮他们定下的布道计划，而传道员能自由决定在什么时候和如何开展这个布道计划。陈孙通常在晨祷中将《使徒行传》的经文读给五至六名慕道者听，但他没有具体提及他在晚祷中所使用的经文。至于参加晚祷的人数他偶尔提及，平均为六名，但四月二十五日达 17 人之众。而五月初五的端午节那晚，没有一人参加晚祷，可见这些慕道者仍受民间风俗、传统节日的强烈影响。

陈兑的晨祷吸引了大约三十来位慕道者，其中包括了 22—23 名学生。他们在一起阅读经文，学生们还须背诵十诫。平均有 16 位慕道者参加晚祷，其中有一半识字。所有的慕道者首先齐声念《使徒行传》，接着由识字的那几位轮流念，每人念一到两节，然后由陈兑进行讲解。[2] 最后众信徒向上帝祈祷，晚祷至此结束。这样的礼拜程序与汉会传道员主持的程序相仿："反复诵读上帝的祈祷文，使徒的信条和十诫，并讲述具有道德教化作用的《圣经》故事，这种方式非常受欢迎。"[3] 但是否如鲁珍晞所说，传道员强调叙述和礼仪的训导——这是中国民间宗教的主要特色——而不是教义的传授，这三份日记所提供的信息不足以印证她的这一观点，仍有待进一步探讨。

陈孙、陈兑和李员均分发教会小册子。陈孙没有明确提到他分发的小

1　李员日记，五月十九日；陈兑日记，五月十三日。

2　李员日记，五月二十、二十四日。

3　Jessie G. Lutz, *Opening China: Karl F. A. Gützlaff and Sino-Western Relations, 1827–1852*, Grand Rapids, Michigan: William B. Eerdmans Publishing Company, 2007, p.215.

册子的书名，但陈兑在好几处提及。四月二十四日，当他在东湾的渔人中散发小册子，一位听者执《奉劝真假人物论之序》让他讲解。两天之后，陈兑送《真道入门》一书给算命先生黄鸣鹤。四月三十日，他给以卖药为生的信徒徐顺赞送去一册《华番和合通书》。前两份小册子的作者正是娄为仁。《奉劝真假人物论》于 1845 年和 1847 年在宁波两度出版，1849 年在香港再版。《华番和合通书》是一本中西对照的年历，方便收存者了解教堂礼拜的具体日期，并附有天文、世界地理、清朝各省及广东省行政区划的介绍，以及简明的基督教教义，如十诫等。这份小册子从 1843 年起便在香港逐年出版。[1]

19 世纪中叶已有数个新约《圣经》的中译本，陈孙、陈兑和李员使用的是什么版本，目前尚不得知。[2] 可以确定的是，他们使用的《使徒行传》均由群带路印书馆刊行。虽然娄为仁在 1850 年已经刊印了由他注解的《旧约·创世记》，但在日记所载的这一个月，他们没有提到旧约圣经的使用情形。通过分发和讲解娄为仁编撰的这些小册子，这些华人传道员在西方传教士和当地的文盲或半文盲之间扮演着中间人的角色，帮助他们消弭语言沟通上的障碍。因为即使西方传教士能够阅读和书写汉字，方言口语的掌握对大部分传教士来讲仍然是一个难点。在此顺带说明，美国北浸信会所使用的旧约和新约《圣经》全部用汉字刻印，在他们 1860 年进入潮州府后，这些汉字《圣经》仍继续使用。他们没有采用英国长老会在厦门、汕头和台湾所推行的方言罗马字这套识字方案，因此也没有采用以方言罗马字印刷的《圣经》和神诗。[3] 虽然巡游布道者所遇见的听众大部分不识字，后者仍经常在返乡之前向前者索取各种小册子带回家，或者在省亲归来之

---

1 Wylie, *Memorials of Protestant Missionaries to the Chinese*, pp.86—87, p.100. 此书亦参见高柏先生编的 "List of Chinese Works by Early 19th-century Protestant Missionaries Kept in the Sinological Institute", Leiden University (2008.7.21), 莱顿大学汉学院内部目录。

2 李榭熙提示他们使用的很可能是郭士立的《圣经》译本。

3 参见 1875—1922 年美国浸信会和英国长老会出版的《圣经》目录。Hubert W. Spillett, *A Catalogue of Scriptures in the Languages of China and the Republic of China*, British and Foreign Society, London, 1975, pp.198—205.

际，应乡中先生或秀才的要求向传道员索取。[1]

日记中有证据显示，传道员并没有盲目分发这些小册子。他们只发给那些诚心向他们索取的人。汉会的一个致命丑闻是，一些中国传道员将《圣经》和小册子倒卖给印书坊，后者又将他们重新卖给西方传教士。在这点上，陈兑和陈孙都比较可靠和尽职。每发一本小册子，陈孙都不忘叮嘱接书者："此是圣书，即是药方，能得医人灵魂。……惟此圣书，由救主而来，凡在万国人，有信此圣书，必定永生。倘若有人不信此圣书，必定受苦。"[2]陈兑也叮嘱道："此册是真道理，尔等宜细心看。"[3]当一位听众向他索要厚的小册子（因为从实用的角度来讲，普罗大众认为厚的小册子比薄的更好），陈兑提醒他们："此册欲小心看。四叶册之道，即能救人之灵魂进神国。如无小心看之，百叶无益。"众人则回应道："是也"。[4]

根据 1850 年 11 月汉会成员的一封集体信函，郭士立的日常工作是"广集门徒，讲解《圣经》，宣传真理，每早七点钟，齐集祈祷，教人诲罪，九点钟，又同福潮兄弟解诵福音；每晚四点钟，齐集讲解毕，选调兄弟四五人，同往各铺户，并附近乡村，宣讲福音，送派书本。"陈兑与陈孙的工作正是以此为模板，与汉会传道员李荣华的布道活动极为相似。[5]可证粦为仁继承了郭士立的"自传"理念和布道方法。

（二）布道的要点

作为陈兑的助手，李员在他的日记中只记载陈兑单方面的布道，很难从中得知布道者和听众之间的互动。但是陈孙和陈兑详细记载了他们与听众之间的对话。李员所记陈兑的布道内容都比较笼统，通常包含了基督教

1 　陈兑日记，四月二十八日。海丰人一姓莫名龙，一姓仁名发，一名会，皆余人，说欲回家，来讨册。陈兑分给每人三册，小册子提名不清楚。根据马福的陈述，吴水伯回乡，曾向人出示他带回的小册子。参见陈兑日记，四月二十七日；陈孙日记，四月二十七日；亦见陈兑日记，五月初一、初四日。

2 　陈孙日记，四月二十三日。

3 　陈兑日记，五月初一日。

4 　同上，五月十一日。

5 　Hood, *Mission Accomplished?*, p.316.

的基本教义，如他五月二十日所记：

后有十数潮州人，系行船之人，来礼拜堂。吾等请他众位食茶之后，即时讲论神天父系全能之神，为天下万国之大主宰，功劳至大，爱人行善，恨人行恶。又恨人服事各样柴神、偶像、菩萨，欲人服拜独一真活神。因世人之心向恶，服事人手所作之假神，偕欲落地狱受永苦。天父系慈悲之神，不忍世人沉沦，受永苦。天父不但不忍，并赐耶稣救世主，由天降世，为人传此福音之道，劝人悔改，来信耶稣，服拜真神，丢弃人手所作之假神，将来可享天堂永福耳。[1]

上述布道词清楚展示了布道的几个要点：对"天父"和"耶稣"概念的解释；享受天堂永福之乐；对崇拜柴神和菩萨等行为的批判；劝人悔罪等。那么围绕这些要点，传道员与听众之间的互动如何？

"天父"：

听众通常对"天父"的名字心存好奇。来自归善县的陈协龙问神何名，陈兑答曰："名耀华。"（Yahveh，后世通行译为"耶和华"。）协龙要求他将神之名写下，以便他能牢记。陈兑便在发给他的小册子上写下"耀华"二字。[2]

"耶稣"：

当平海钓艚船的渔人拜访陈孙，欲听道理，想得知耶稣是何等人。陈孙对他们说："世间无一人可比耶稣。……故因天父之子无所不能、无所不知、无所不在，所以是真神独生之爱子，来降世受苦，被人轻忽。后被恶人钉死十字架，三日复活，至到四十日升天堂，在天父右手之位。"讲毕，众人答曰："耶稣明白是耀华之子，不论何事能得为之。"[3]

当陈兑劝人信耶稣，有人提出"耶稣无肉身"的质疑。陈兑回应道："耶稣降世，成肉身。"[4]

1　李员日记，五月二十日。
2　陈兑日记，四月二十二日。
3　陈孙日记，四月十三日。
4　陈兑日记，五月初十日。

批判崇拜柴神和菩萨的行为：

与陆丰碣石港钓䑼船的渔人一同到陈孙处听道理的亚明光[1]曰："万物由神天主意[2]，唐人不识敬畏神天，指（只）有敬畏天地、父母、及各样菩萨。每年服事。"陈孙对亚明光说："天地亦是死物，即汝等个[3]船，汝船主不造船，汝等无船。天父不造天地，无天地，岂不是死物乎。教汝等可识，服事是无益。"众人曰："是有理。"[4]

陈兑到长洲岛上一屋布道，有老夫妇二人，夫姓张名义。陈兑劝他不要拜菩萨。其妇曰："菩萨能保佑人。"陈兑说："菩萨不能讲话，有一年，遇大风。吾见外国人船，十破无一；唐人船，十破有九。有菩萨之船反破，可见不能保人。船破而菩萨浮海，且不能保己。"妇曰："此又是也。"陈兑请其明日来拜神，老妇人答应了。[5]

当谈到观音和关爷时，陈兑告诉听者他们均是假神。[6]当听取了陈孙对假神的批判后，来自平海的渔人亚山说："在世间各样事欲弃绝，每年不用废此钱银。从前不知耶稣道理，每年神明生（诞辰），时期八节，废有多钱银。今日不用使（花费）此钱银，此事可得平安。"[7]陈孙肯定了亚山的话。

礼拜上帝的方式：

听众中有些人对礼拜上帝的方式感兴趣。当一位名为钟安的渔人询问陈兑应如何崇拜上帝时，他说："不用香烛，只用专心。每日在船，或在山，皆可拜。或到处，有耶稣门生，则宜与其全拜神。"钟安又问："如何

1　"亚"同"阿"，是闽南方言中加在人名前的发音词。通常是"亚"加人名的最后一个字，如日记中的"亚山"、"亚友"、"亚华"。但是日记中也不乏"亚"加整个名字（两个字），如"亚明光"、"亚成付"、"亚六伯"、"亚时伦"等。

2　潮州方言中"主意"是"决定"之意。

3　"个"在潮州方言中表示所属关系，即是现代汉语中的"的"。

4　陈孙日记，四月十五日。

5　陈兑日记，四月二十五日。

6　同上，四月二十七、三十日。

7　陈孙日记，四月十四日。

求之？"陈兑说："神面前认罪，感谢神恩，求神可怜。"[1] 当有人问他："拜神何处可拜？"陈兑说："神无所不在，不论船中山上家内皆可拜。"[2]

遇到辱骂时保持克制：

陈兑总是敦促慕道者徐保受洗。当徐保告诉他："吾去裙带路拜神，人讲[3]吾。"陈兑劝他要忍耐。[4] 这一对话说明在基督教传入中国初期，与教会有瓜葛的人有可能遭受非信徒的辱骂和迫害。

（三）积极的回应

在一个月内，陈兑似乎成功地引导算命先生黄鸣鹤成为一名慕道者。以下是陈兑与黄鸣鹤对话的内容：

四月十六日：

即来二归善人，一姓黄名鸣鹤，系教书人。谓愚曰："先生提拔吾。"愚曰："吾不能提拔人，惟耶稣能提拔人。吾只传耶稣之福音，劝人拜神仁爱。"即讲道。其喜听。分册三本。愚又曰："尔可每日来讲论。"

二十五日：

到顺赞兄卖药处，有一卜卦先生，姓黄名鸣鹤。愚请其明日来拜神，答曰："明日吾专心欲去拜神。"愚曰："有实专拜神，依靠耶稣者，将来得享天国永福。"鸣鹤曰："尔专心。"愚曰："耶稣命其门生到普天之下，传此福音。"

二十六日安息：

朝，出街请人拜神，回礼拜堂，有黄鸣鹤仝三海丰人来拜神。愚分《真道入门》册一本，叫鸣鹤每日读之。其喜受。……又到街，见鸣鹤，劝其学主道。答曰："欲学主道。"愚曰："学其道，顺其教者，将来得享天国永福。"

1 陈兑日记，四月二十九日。
2 同上，五月初八日。
3 潮州方言"讲"是"批评"、"指摘"、"说三道四"之意。
4 陈兑日记，四月二十七日。

五月初四：

出街到顺赞兄卖药处。鸣鹤在边卦命。愚谓鹤曰："尔上日为何无来拜神？"答曰："有病。"愚曰："专心服事神者，将来可得永福。"

五月十二日：

到顺赞卖药处，又到鸣鹤卦命处，见鸣鹤作竹系灯。愚曰："尔此礼拜日，为何不去拜神？"答曰："有病。"愚曰："不竭力事神者，必不能进神国。"鹤答曰："吾坚心拜神，吾识道理。"愚曰："神之道理至深，惟耶稣全识。世人知多少而已。"

五月十三日：

带册出街，鸣鹤专心拜神，丢卜卦事，为耶稣门生兄弟。鹤欣喜。愚又曰："尔每晚何不来仝拜神？"答曰："吾住湾尾，到礼拜堂甚远。思另租一寓所，近礼拜堂，每晚可拜神。"

可以将陈兑与黄鸣鹤之间的互动分为三个阶段：（1）传道员确定潜在的发展对象；（2）加强布道，向其灌输基督教义；（3）给发展对象思考的空间，只给予补充性的说服。从黄鸣鹤的角度来看，他偶然遇到基督教，经过一番思想斗争后，他最终决定要接纳这一新的信仰。可以再辩证地考察一下这样的互动过程。

黄鸣鹤来自香港岛之北的归善县[1]。他识字，因此当陈兑第一次遇到他时，误以为他是一名教书先生。九天之后，陈兑才了解到他的真正职业是一名算命先生，这种职业在中国传统社会备受歧视。以这样一种落拓的职业为生，黄鸣鹤向陈兑寻求帮助的初衷便在情理之中：他向陈兑谋求社会地位的提升，这反映了普通人希望通过加入教会以得到一些世俗的好处。陈兑也提到一位渔人胡五向他要钱，作为入教的前提条件。[2]这样的误解在当时颇为流行，使得香港潮人教会会规的第一款不得不明确规定："凡人欲信仰耶稣入圣会，切勿希望依赖圣会可得利益也，或就有

1　相当于现在的惠阳一带。
2　陈兑日记，与胡五的对话，四月二十七日。

工事俸禄也。"[1] 尽管陈兑拒绝了黄鸣鹤的要求，但还是将其视为潜在的发展对象。因为如果成功使其皈依，识字的黄鸣鹤将能胜任传道员一职，是教会发展初期急需的人才。因此陈兑送他三本小册子，希望他每天到祈祷所与他讨论。

四月底的几次见面展示了陈兑对黄进行强化布道。陈兑提出入教的好处是"将来得享天国永福"，而没有黄期待中的物质利益，这多少让他有点失望。但他还是对陈兑的布道表示出兴趣，不时表现出对陈兑掌握真道的羡慕。因此陈兑与他经常保持联系，并送他《真道入门》一书。

从五月初四到十三日，从日记中可以看出黄内心的挣扎：他以生病为理由避开两次主日崇拜；当陈兑找他时，他仍继续编竹系灯，试图逃避与陈兑交谈。但陈兑看出了其内心的挣扎。在进行了一个星期的强化布道后，他留给黄仔细思考的空间。他只问这样的问题："为何不来拜神？"这样以守为攻的说服在黄身上产生了积极的影响。五月十三日，黄表示希望入教，但他仍然有一个借口："吾住湾尾，到礼拜堂甚远。"但他考虑"另租一寓所，近礼拜堂，每晚可拜神"。[2]

陈兑关于黄鸣鹤的记录到此结束，故事接下来如何发展，已经不得而知。因为受洗入教有时只是个人信仰转变的第一步，弃绝和态度的摇摆在此后的任何阶段均有可能。[3] 不管黄最终入教与否，都可以看到在教会发展初期，为了壮大传道员的队伍，识字的人更受传教士和传道员欢迎。在了解了这些积极的回应后，应该再考察一下那些传道员所遭遇到的消极回应。

（四）消极的回应

中国传道员经常通过亲属关系发展信徒，对这点，许多学者均有共识，如"亲属关系通常是基督教社区扩张的决定因素"，"皈依基督教主要

1　为仁者撰：《奉劝真假人物论》，香港：群带路藏板，1849 年，附录公会规，第十一页。

2　陈兑口记，五月十三日。

3　Lutz, *Opening China*, p.218.

通过家庭、宗族和亲属这些关系进行"。[1] 诚然，亲戚通常是传道员最容易触及的人群，但他们并非总能成功地被劝说改信基督教。陈孙和他的三伯之间的对话为此提供了一个生动的例子：

四月十八日：

愚辞别而回礼拜堂，同三伯会集。愚劝三伯："汝得耀华之恩典有久，不肯悔罪，信耶稣此道理。"三伯答曰："吾早晚自己在床有拜耶稣及天父。"愚曰："汝有专心赖耶稣及天父，吾等心有欢喜。"言谈之间，三伯辞别回。

四月二十二日：

既至三伯之屋，同集。愚劝三伯阖家，俱是老幼欢喜。愚又曰："久久劝汝不肯信耶稣，来为门生，汝听道理是何益？凡人不顺神真道理，就是身乃污。"三伯答曰："吾所以有多事不合神道，故因未敢信服此道，亦未敢为耶稣门生。"愚又再曰："汝每日有多不合神道，宜当谨慎、醒悟。"另多言劝之，毕。

四月三十日：

又至三伯之屋。劝三伯阖家，早晚宜当求天父，及吾主保护，每日，汝等专心敬畏天父，及吾主教汝等行善，实行悔改，来为耶稣门生，可希望天堂得福耳。三伯答曰："吾心欲专敬畏吾救世主，被世俗诱惑，不能顺救世主之命。"愚又曰："正欲每日谨慎，服事耶稣，心可得平安。"讲毕，同祈祷毕，愚辞别而回。

尽管三伯经常声称他"早晚自己在床有拜耶稣及天父"，他也常到礼

---

1   Lutz, *Opening China*, p.223; Jessie G. and Rolland Ray Lutz, "The Dutch Foundation of the Gützlaff Mission in China", W.F. Vande Walle, Noël Golvers eds., *The History of the Relations between the Low Countries and China in the Qing Era (1644–1911)*, Leuven: Leaven University Press, 2003, p.247; Jessie G. and Rolland Ray Lutz, *Hakka Chinese Confront Protestant Christianity, 1850–1900*, Armonk, New York: M. E. Sharpe, 1998, p.10.

拜堂与陈孙聊天（第一次对话发生在礼拜堂），但他仍顽固地拒绝皈依基督教，借口是他行事诸多不合基督教义。虽然三伯一家老小多乐意听陈孙讲道，那也只是向他们的亲戚陈孙表示礼貌的一种方式。

根据三位传道员的记录，可以大致看出中国人拒绝皈依基督教的诸般理由：

自身的不良行为：三伯给出的正是这个理由。当陈孙和陈兑试图说服那些吸食鸦片、赌博和说谎的人信教，他们也是用此借口加以拒绝，尽管他们承认传道员苦口婆心地劝他们向善是对的。[1]

迁延：当传道员请人到礼拜堂做礼拜时，不少人经常回应"我改天再去"，但从不定下一个确切的日期。[2]

忙于生计：人们通常会说他们忙于自己的生计，例如捕鱼、种菜等，无暇到礼拜堂做礼拜。[3]

年老：老年人通常以年老为借口逃避信教。[4]

贫穷：人们通常会说："吾是贫，若不贫，即欲去拜神。"[5]他们期望信教能改变他们贫穷的状况。[6]当传道员指出他们这种错误想法，不愿意入教便是自然的结果。

不识字：这也是人们拒绝入教的借口之一。[7]

祖宗和柴神崇拜：

祖宗崇拜是传道员面临的一大挑战：

听了陈孙的布道后，亚成付曰："听此道理，处公祖不可服事，此事难离。耶稣教人不拜公祖及父母难以哉。"愚对众人曰："耶稣教人欲仁爱，

1　陈孙日记，在哩照之屋，四月十六日；陈兑日记，在福德庙，五月初十日。

2　陈兑日记，四月二十三日，五月十三日。

3　同上，四月二十九日，五月初四、初十日。

4　同上，四月二十五日，五月初十日。

5　同上，五月初四日。

6　同上，四月二十七日，五月初十日。

7　同上，五月初七日。

父母在世宜当服事，是为人。欲衣、欲食，或缺食，身体死。倘若父母过世，在阴间，是为灵魂。灵魂不用食物，汝等服事何益哉？"[1]

在另外一个例子中，陈品对陈兑说："欲唐人丢弃柴神难矣。"陈兑反驳道："人有所不能，神则无所不能。神能使天下万国人尽丢假神。"[2]

然而陈兑遇到的最大挑战来自徐福，他是慕道者徐保之弟。下面这段话展示了他连续向陈兑提出四个非常尖刻的问题：

徐保之弟徐福曰："唐人有贤人，为大官者，皆拜菩萨，无拜神天。"愚曰："为官者，未知拜神，是未得神之恩典。"福曰："耶稣至今一千余年，为何唐人未知？"愚曰："耶稣至今虽有一千余年，在此十年，唐山五港，方有多外国先生到来传其真道。"福曰："惟尔三四人信之。"愚曰："今之信者数百人，不止四人。"福曰："唐人多，而不外零百人[3]信之，何益？"愚曰："救一人灵魂，胜于万金。且一人能教十，十能教百，将来可教全地。如妇人有些酵母，藏于三斗面中，将来可发全酵。"福之兄徐保曰："勿听其多言。"愚曰："传道不怕人驳问。先时使徒，被人打者甚多，何况驳问乎！"[4]

这些对话反映出徐福的反驳主要集中在事实层面，而不是在信仰层面，即基督教在当时尚不流行。徐福之兄徐保是一名慕道者，与信徒徐顺赞和慕道者黄鸣鹤是近邻，但是徐福并没有因其兄的慕道而对基督教怀有好感，反而显示出强烈的恶感。如同三伯之例，这也反映出通过家庭成员和亲属关系进行传教并不总是行得通。

陈孙与陈兑都遭遇了不少冷嘲热讽。陈孙劝人信耶稣，可望死后灵魂得天堂之永福。话音刚落，有人回应道："在生有福就足，至到死后灵魂

1　陈孙日记，四月十七日。
2　陈兑日记，五月初一日。
3　"零百人"潮语是"几百人"之意。
4　陈兑日记，五月初二日。

之福不能见。"对此陈孙只能无奈地说："汝等不信耶稣此道理，告何益哉？"[1]

当捕鱼人对他辛勤的布道和殷切的教诲冷漠处之时，一向耐心的陈兑愤怒了：

> 带册出街，到湾尾，见有捕鱼（舭）船二十余只，在海边沙上。愚遂每只到讲理，分册二十三本。见有一人，自说系四川人，在船写符。愚谓渔人曰："吾劝尔拜独一神。捕鱼或多或少，由神主意。人或生或死，亦神主意。符不能保人。"一人答曰："信其有。"愚曰："此符用钱，尔即信其有。吾分尔许多免钱书，尔则不信其有。"[2]

天主教于17世纪中后期传入潮汕地区，比新教约早两个世纪。然而，由于清中期的教禁甚严，使得天主教在此地的教务发展缓慢。1860年汕头开埠之前，在东南亚谋生的福佬和客家人常趁返乡之机，将天主教和新教传入粤东地区，这种传教模式的作用和成效不可忽视。

同为利用归侨进行传教，天主教和新教传教会之间却有明显的区别。新教一方有步骤清晰的传教方案：他们先在东南亚设立传教点皈依福佬和客家侨民；继而训练一批信徒充任传道员，在侨民中独立布道，随后派遣他们返乡布道。这种间接的宣教方法由郭士立率先施行，并为黎力基、粦为仁和约翰生等新教传教士所继承。由于语言交流上的便利和民族心态上的趋同，利用华人传教的方法更有成效。当清廷被迫开放五口通商，新教传教会便从东南亚的传教点转移到开放的条约口岸，进一步向内地渗透。清中期教禁期间，在华的天主教神甫也将在欧洲接受神学训练的中国神甫派回内地传教。但在鸦片战争后，他们并没有专门训练海外侨民信徒，并委之以回乡布道之职。应该说天主教侨民返乡后带亲朋入教只是后者自发的、个人的行为。法国神甫一般是等到某地教务发展的环境与条件相对成

1　陈孙日记，在哩熙之屋，五月初六日。
2　陈兑日记，五月十二日。

熟之后，才从当地信徒手中接过牧养之职。

三位潮州传道员的日记生动而清晰地展示了 1852 年农历四五月间他们在香港周边的布道活动。中国传道员在西方传教士和中国老百姓之间起着媒介的作用。尽管当时的传教士不少能够阅读和书写汉字，但用方言布道只有少数人能够做到。因此在日常的布道中，这三名潮州传道员起着很大的作用。粦为仁和约翰生继承了郭士立汉会培训华人传道员的方法，并继承其"自传"理念。在巡游布道的过程中，潮汕男传道与听众的对话在在显示他们是"根据自己的理解，援用自己的比喻与词汇来解释基督教义"，一如汉会的传道员所为，以使得基督教义得以在中国的语境中被理解。[1] 无论在布道方法还是教义的解释上，粦为仁均给予潮州传道员很高的自主性。但这种自主性是建立在其严格的管理之上：粦为仁定下每个月的布道计划和所依据的《圣经》经文；潮州传道员详细记录下每天的布道活动，并每月一次到粦为仁所在的群带路潮人教会报告工作上的进展，并同时接受教会管理和教义等方面的培训。与郭士立相比，粦为仁和约翰生在一定程度上消除了汉会管理中存在的弊端。

传道员利用"他们的家庭或同乡之间的网络，将亲戚和朋友引入教会"，这样的说法在很大程度上是正确的。但从日记中也可看到，传道员的传教网络不仅局限于此。由于方言上的相似，潮州传道员能够向来自惠州府的海丰、陆丰的人布道。他们还跨越了族群的界限，触及广府这一在香港周边地区占主导地位的族群，为长洲岛教会的蓬勃发展做出很大的贡献。[2] 而中文的《圣经》和小册子的出版也使得这种跨越方言和族群的沟通成为可能。

由于粦为仁、约翰生和三位潮州男传道均先后在暹罗、香港和潮州

---

1 Lutz, *Opening China*, p.215.

2 当时在长洲工作的还有美南浸信会的传道员，如广府人许有章，参见他于 1849 年正月初四日写给"花旗贵国大圣会总理大牧师暨列位尊先生"的报告。参见王庆成：《清代西教在华之环境——康雍乾道咸朝若干稀见文献考释》，《历史研究》，1997 年第 6 期，第 49—50 页。

等地传教[1]，从他们的长洲布道日记中，能够想象他们在暹罗以及在潮州的布道工作。他们返乡后，因听其布道而入教的妇女不在少数，其中便有成为女传道者。他们的传教方法、策略与对教义要点的解释都为女传道所继承。而像这三位先行者那样，女传道们也将面对各种异样的眼光、推诿与责难。

1　在传教士一方，舜为仁在暹罗和香港工作，约翰生在香港和汕头工作，而耶士摩在暹罗、香港和汕头三地工作。在传道员一方，陈孙、陈兑、李员和胡得曾在香港和潮州地区工作。参见《岭东嘉音：岭东浸信会历史特刊》，第 2 页；《岭东浸信会七十周年纪念大会特刊》，第 4 页；Joseph Tse-Hei Lee, *The Bible and the Gun*, chapter 2：The Return of the Overseas Chinese Christians, pp. 21–42。

第三章　合作与竞争

　　19世纪中期先后进入潮汕地区的传教士分属法国巴黎外方传道会、瑞士巴色会、英国长老会与美国浸信会。由于各传教会的传教区域相互重合或交叠，合作、竞争与摩擦在所难免。基督教各个宗派之间本着互助合作的精神，在传教人员、信徒、出版等各个方面均有密切的合作。而天主教与基督教这两个教派之间的竞争却颇为激烈，如相互争夺韩江流域的政治中心，并卷入了练江流域的宗族械斗。然而，这四个传教会之间也相互借鉴成功的经验，即使是对立的天主教与基督教会也是如此，主要体现在教会书籍的出版和抽纱工场的组建这两件事上。由于抽纱的引入在19世纪末，而本章主要关注福音传入潮汕初期各传教会的关系，因此天主教会与基督教会在抽纱生产上的相互借鉴将放在第九章加以论述。

一、福音入潮

　　1844年签订的《中法黄埔条约》虽然给予外国传教士在五个通商口岸建堂、传教的权力，但口岸外的其他地区仍是传教的禁区。考虑到直至1860年汕头才正式向西方列强开放，从1844—1860年这段时间，外国传教士在粤省东部的活动仍属非法，必定受到诸多限制。然而，驻广州的巴黎外方传道会很早便关注在粤省东部传教的机会，并陆续向此地派出法国神甫。

1850 年，安德烈·贝尔农神甫到达广州，随后便移驻陆丰县的山区传教。1854 年，他被派往香港主持圣弗朗索瓦神学院。不久，他又被调往潮州府的山区，如揭阳的良田、岸洋和丰顺的埔寨传教。[1]1855 年，神甫雅水明（Charles-Jean-Baptiste Jacquemin）追随贝尔农的步伐到陆丰县传教，却被当地的官府抓获。被囚禁了五个月后，他在王阿东（或王东）的帮助下重获自由，而王后来也入了教。[2]获释后的雅水明便在惠来县百冷这个颇有年头的天主教村落安顿下来，直到 1860 年。

瑞士巴色会的黎力基最早进入潮汕地区传教。受郭士立委派，他于 1847—1852 年在南澳岛和澄海的盐灶乡一带传教，并不时返回香港述职。由于清政府不允许传教士在通商口岸之外的地区传教，黎力基最终被澄海县令驱逐，从而结束了在潮汕的传教工作，转向香港和新安县的客家人传教。[3]然而，在盐灶居住的这四年间，他一共为 13 名村民施洗，他们后来被誉为英国长老会盐灶堂会的"十三柱石"，林旗（Lim-kee）是其中的一位。他在 1850 年 10 月 9 日受洗，并在黎力基离开后，以长老之职继续领导这个新生的堂会。

1856 年，英国长老会的宾为邻（William Burns）和当时仍属中国传教会（Chinese Evangelization Society，总部设在伦敦）的戴德生（James Hudson Taylor）结伴自上海到汕头布道，此时距黎力基离开已有四年。宾、戴二人于 3 月 12 日抵达韩江出海口的妈屿岛（也写成"孖屿"）。美国浸信会的约翰生得知宾、戴二人的计划后，便派陈孙和李员回潮州助其传教。[4]为了开展医疗传教工作，戴德生在 7 月离开汕头，赴

1　André Bernon, *Notice biographique*, MEP 档案。《揭阳县志》记："咸丰七年（1857 年）法国彭神父到良田、岸洋（今属揭西县）等地传教。"参见揭阳县地方志编纂委员会：《揭阳县志》，广州：广东人民出版社，1993 年，第 737 页。而当时派到粤东的神甫查无姓彭者，或即贝尔农神甫。

2　参见 Charles-Jean-Baptiste Jacquemin, *Notice biographique*, MEP 档案。王阿东的身份职业不详，可能是当地一名富商。

3　黎力基在潮州的活动，参见李金强等：《福源潮汕泽香江》，第 11—13 页。

4　李金强等：《福泽潮汕泽香江》，第 15、33 页。

上海取回所需的医疗设备和药品。与此同时，宾为邻随同陈孙和李员在当地传教。当他们从潮州府城返回汕头、路经樟林乡附近的东里时，被澄海县的衙役逮捕。陈孙和李员被关进府衙大牢，而宾为邻经过一番审讯后，被遣送回广州。同时，到达上海的戴德生痛心地发现伦敦会的仓库在不久前失火，寄放在那里的教会书籍和药物均付之一炬。在得知宾为邻被捕的消息后，戴德生放弃了在汕头传教的计划，开始了他在上海和宁波的传教事业。[1]

经过英国领事的一番训诫后，被押解到广州的宾为邻重获自由。然而，倔强的他立即重返潮州解救身陷囹圄达四个月之久的陈孙和李员。获释后，他们继续辅佐宾为邻和他的同事施饶理（George Smith），后者受英国长老会派遣，于1857年抵达汕头。[2]碰巧卫理公会（The Methodist Church）的博德医生（Dr. William de la Porte）[3]在妈屿岛上为居住在那里的西方商人治病，在其帮助下，宾为邻在岛上开设了一个诊所，以便重拾医疗布道的计划。[4]1861年上半年，宾为邻在盐灶村传教，居住的正是黎力基曾住过的屋子佩兰轩。他重新组织黎力基开创的盐灶堂会，并在次年建成盐灶礼拜堂。[5]

1860年，当汕头正式开埠时，美国浸信会将传教工作再次从香港移到汕头。约翰生夫妇和老耶士摩率领一批潮州信徒先在妈屿岛安顿下

1 Wylie, *Memorials of Protestant Missionaries to the Chinese*, p.223.
2 施饶理有六位潮州助手，其中两位曾协助宾为邻布道，三人还同时被捕。参见陈泽霖：《基督教长老会在潮汕》，第434页。笔者认为这两位助手当是陈孙和李员。
3 感谢蒂莫西·斯顿特（Timothy C. F. Stunt）为我提供了博德医生生平的相关信息：作为一名传教士，他与苏格兰自由教会有些瓜葛，曾在《浸信会杂志》（*The Baptist Magazine*, January 1860, pp. 23–25) 发表 "The Chinese Slave Trade" 一文。在扎卡里·麦考利（Zachary Macauley）的 *The Anti-slavery Reporter and Aborigines' Friend*（1859, p.156）一书中，他被描绘为 "Rev. William de la Porte of Swatow"。
4 李金强等：《福源潮汕泽香江》，第16页。
5 同上。

来，其中便有陈兑、李员和他们的家眷。[1]陈兑留在香港长洲照料那里的潮人礼拜堂。有时他也在儿子陈时珍的陪伴下，到暹罗照料那里的潮州信众。[2]1868年，陈兑趁回乡之机，将基督教传入家乡普宁县光南村。但直至陈时珍回乡定居的19世纪80年代，光南村陈氏宗族成员才陆续入教。

从天主教和新教在潮汕地区初传的情况可见：新教虽然比天主教晚了将近两个世纪传入潮汕地区，但其传教事业却有更快的进展。这应归结于欧美新教传教会比天主教传教会拥有更为富足的人力和资金。身为一个具有超凡魅力的教会领袖，郭士立激起了西方新教传教士到中国传教的热情，他采用的培养本地传道员的宣教策略后来也被来华的传教士纷纷效仿。

然而，不少学者对郭士立在华的宣教事业持否定态度。鲁珍晞认为"他的豪言壮语只为其皈依中国的远征平添一个多余而不切实际的注脚。当皈依中国人、与他们通商、得到他们的友好接待这一切被证实只是幻象之时，他在激发西方传教会来华上的突出功绩反而使他遭到更严厉的责难"，"郭士立通过雇用中国传道人使中华皈主的梦想最终破灭，化为一堆废墟。他在不光彩中离世，他的传教事业被视为一个失败"[3]。但是，通过梳理郭士立和因他而联结起来、在潮州人中间布道的各传教会的人脉网络（图7），不难发现郭实际上所起的作用并非像鲁珍晞所说的那样一无是处。

粦为仁太太、黎力基（巴色会）和约翰生太太均受郭士立的鼓舞而受

1　"1860年，约翰生牧师和他的夫人、四位传道者和一位教员，以及数位教友，即陈兑（队）、胡得、陈孙、陈都、李员（恩）、张金、李兰、徐凤、陈向荣（逢源）、谭桂、吴龙卵、陈遂心等，从香港迁到马屿，在这两年间，得有陈泰泉（长霖）、张群贤、陈永泉（府）、陈大川、陆财气等的帮助。因此福音能得传道内地各处。那时，还有四位潮州人，在二十年前，最先在暹罗受浸的老信徒回国帮助，就是高容伯、郑戴伯、陈迁伯、郑兴伯，这数人很热心事主，不少的为主作证，而常受乡人的逼迫。"参见《岭东浸会史略》，《岭东嘉音：岭东浸信会历史特刊》，第2页。

2　《汕头市基督教志（征询稿）》，汕头市基督教志编写组（郑少怀、黄鸿烈、罕翀、陈英豪及其他同工），1988年，第65页。

3　Jessie G. Lutz, *Opening China*, Preface, p.xv, 331.

派来华，以协助汉会的工作，并在汉会解散后继续在香港的潮州人中间传教。在这个关系网中，郭士立处于当之无愧的核心地位。他在暹罗、香港和潮州开创的事业由美国浸信会、瑞士巴色会和英国长老会所继承，他的传教策略也被这些传教会的成员付诸实践，而不仅仅只有巴色会经营的客家教会继承他的传教遗产。[1]

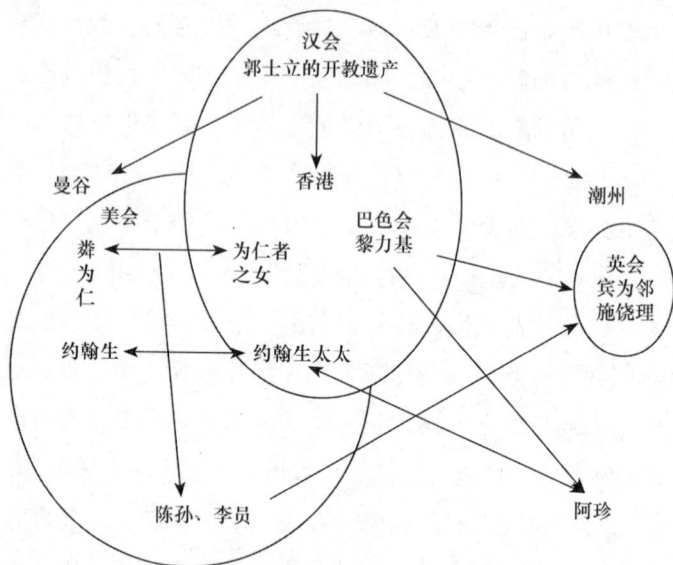

图7　新教各宗派的潮人宣教网络：以郭士立为中心

此图展示了郭士立在曼谷、香港、潮州开教的遗产分别为美国浸信会、瑞士巴色会和英国长老会所继承。因协助他的汉会而来华的单身女传教士西奥多西娅·巴克和卢米娜·沃克后来分别嫁给了美会的粦为仁和约翰生。直接继承汉会遗产的巴色会与浸信会也有合作：黎力基将在潮州遇到的女童阿珍带到香港，送到约翰生太太的女学中学习。而美会训练的陈孙、李员两位男传道也受约翰生派遣，回潮汕协助英国长老会的宾为邻与内地会的戴德生传教。因此，此图也展示了基督教各宗派在传教士的婚配、信徒的借调等层面的合作。

　　这个关系网也进一步展示了这四个传教会之间的复杂联系。首先是不同传教会的男女传教士之间的联姻，这是传教会间一种特殊形式的合作。

1　Jessie G. Lutz, *Opening China*, Preface, p.xvi.

粦为仁与巴克、约翰生与卢米娜·沃克，以及 1885 年英国长老会的亚力山大·莱爱力医生（Dr. Alexander Lyall）和美国浸信会的娜姑娘都是很好的例子。前两位女士均受郭士立鼓动，分别在 1837 年和 1850 年来华，不久便与美国浸信会的粦为仁和约翰生结婚。不同传教会成员之间的联姻也造成了传教会资源的重新配置。卢米娜·沃克与约翰生结婚后，并没有因此而放弃其传教工作，她仍定期从荷兰宣道会阿姆斯特丹分会那里得到经济上的资助 [1]，包括资助属于美国浸信会的潮州传道员。陈孙、陈兑和李员的日记就是被当成证据寄给荷兰母会，以证实寄给约翰生太太的教会捐献得到合理的利用。在美国浸信会工作时，娜姑娘原本是斐姑娘训练女传道的得力助手。当她嫁给莱爱力医生后，仍为英国长老会的妇女事业做些力所能及的工作，如培训女传道、教信教妇女学做抽纱，等等。

其次，传教会共同培养和收编作为重要人力资源的信徒。在曼谷的美国浸信会从郭士立处接收庞太为浸信会信徒；在香港，黎力基将从潮州带回的女孩阿珍送到约翰生夫人处接受教育；在潮州，美国浸信会的传道员陈孙和李员为英国长老会的宾为邻和施饶理提供了重要的帮助；而英国长老会继承黎力基开拓的事业，收编因黎牧而入教的盐灶十三信徒，作为英会发展的信众基础。后来，在长乐县的巴色会学校接受教育的彭启峰和彭松后来因为传教区域的重新划分，转属英国长老会，成为该会重要的教会领袖。

二、宗派合作

汕头开埠后，三个新教宗派便在粤东地区逐渐扎根。各传教会继续开展合作，直至 20 世纪中叶。由于英国长老会和美国浸信会共享同一传教区域，彼此的发展进程也相仿，出现小摩擦在所难免，比如在 19 世纪末揭阳和饶平二县常出现二派信徒转会的现象。尽管如此，合作仍然是两会关系的主旋律，尤其体现在出版事业上。如果说资源的相对缺乏是导致传

1　*China: Verzameling*, Vol.2, 1852, p.169.

教初期各宗派在人力、财力上展开合作的主要原因，那么在出版事业上的合作，则是为了防止教会资源和传教士精力的浪费。

能够阅读《圣经》是新教传教会对每个信徒的要求，而教会学校的教育也主要以《圣经》为本，对妇女的教育也不例外。美会的正光女学和英会的淑德女学在其开办的前五十年，因尚属小学教育，"除了汉文的童蒙书籍外，就只有以《圣经》作为教材"。约翰生夫人、斐姑娘和李洁姑娘（Miss Catherine Maria Ricketts）在向新教妇女讲授经义时，也以《圣经》为本，逐句阅读和分析。因此，《圣经》的翻译与出版在教会的出版事业中居于首位。为了使文盲信徒与妇女能阅读《圣经》，从 19 世纪 70 年代起，英国长老会便陆续在厦门、汕头和台湾推广用罗马字母拼写闽南、潮州方言的文字体系。这与唐日安在福州观察到的情形相似。[1]1881—1930 年，在汕头的英国长老会印书馆鸿雪轩出版的《圣经》各书全部采用这种罗马拼音方案（图 8），有潮州与客家两种方言，后者在五经富出版。[2]这种拼音文字能在短期内为下至七八岁的小童、上至七八十岁的文盲妇女所掌握。[3]李榭熙认为这种拼音方案有效地提高了潮汕地区英国长老会信教妇女的文化程度。[4]在英会将《圣经》翻译为罗马字潮州方言的同时，美国浸信会也着手将《圣经》翻译为潮汕方言，只不过仍坚持用汉字刻印。如下：

1　Dunch, "Mothers to Our Country", p.333.

2　收藏在莱顿大学汉学院图书馆的罗马拼音潮州方言圣经有：《马可福音》，1877 (William Duffus, on the basis of Rudolf Lechler)；《创世记》（罗马方言，EPM, by William Duffus and John Gibson, 1888, 1896)；《约拿书》，1888；《雅各书》，1888；《马太福音》，1889；《马可福音》，1890；《约翰福音》，1891；救主耶稣基督个（的）《新约》全书上卷（从马太到使徒），1892 年第一版，1924 年第二版；《路加福音》，1893；《腓立比书》，《歌罗西书》，1893；《帖撒罗尼迦》前后书，1893；《提摩太》前后书，《提多》，《腓立门》，1894；《诗篇》，1894；《约翰》一、二、三书，《犹大书》，1894；《彼得》前后书，1895；《哈该书》，《撒迦利亚》，《玛拉基》，1895；《加拉太书》，《以弗所书》，1896；《撒母耳记下》，1898。

3　陈泽霖：《基督教长老会在潮汕》，第 437 页。

4　Joseph Tse-Hei Lee, "Gospel and Gender", pp.182-198.

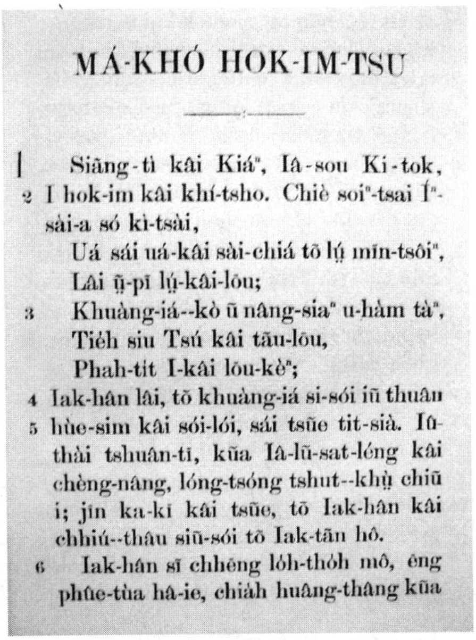

MÁ-KHÓ HOK-IM-TSU

1   Siâng-tì kâi Kiáⁿ, Iâ-sou Ki-tok,
2   I hok-im kâi khí-tsho. Chiè soiⁿ-tsai Í-
    sài-a só kì-tsài,
    Uá sái uá-kâi sài-chiá tõ lṳ́ mīn-tsôiⁿ,
    Lâi ṳ̄-pī lṳ́-kâi-lõu;
3   Khuàng-iá--kò ū nâng-siaⁿ u-hàm tàⁿ,
    Tiéh siu Tsú kâi tāu-lõu,
    Phah-tit I-kâi lõu-kèⁿ;
4   Iak-hán lâi, tõ khuàng-iá si-sói iū thuân
5   hùe-sim kâi sói-lói, sái tsūe tit-sià. Iû-
    thài tshuân-tī, kūa Iâ-lū-sat-léng kâi
    chèng-nâng, lóng-tsóng tshut--khṳ̀ chiū
    i; jīn ka-kī kâi tsūe, tõ Iak-hán kâi
    chhiú--thâu siū-sói tõ Iak-tàn hô.
6   Iak-hán sī chhēng lóh-thôh mô, ēng
    phûe-tùa hâ-ie, chiàh huâng-thâng kūa

图 8　英国长老会的潮州方言《圣经》
（罗马拼音版，汕头鸿雪轩印，1890 年）

此页转写成潮汕方言的汉字如下：

马可福音书（1:1—6）

1.上帝个（的）仔，耶稣基督，2.伊福音个起初。照先知以赛亚所记载，我使（差派）我个使者在你面前，来预备你个路；3.旷野块有人声呼喊呾（说），着（要）修主个道路，打直伊个路径；4.约翰来，在旷野施洗又传 5.回心个洗礼，使罪得赦。犹太全地，和耶路撒冷个众人，拢总（全部）出去就伊；认自己个罪，在约翰个手头受洗在约旦河。6.约翰是穿骆驼毛，用皮带合（束）腰，食蝗虫和……

美国浸信会的潮州方言《圣经》（汉字版）[1]

一神个（的）子耶稣基督个福音个起头。二照所记在先知以赛亚呾（说）、看呀、我使（差派）我个使者在汝面前、伊欲修汝个路。三在旷野有人声呼喊呾、预备主个路、修直伊个路径呀。四约翰来、就是许（那位）在旷

1　转引自蔡锦图：《在元始就有道：汕头话圣经的翻译和流传》，载邢福增、李凌瀚主编：《潮汕社会与基督教史论》，汕头．汕头大学出版社，2012 年，第 148 页。

野行浸个人、传悔改个浸礼、致到（使得）罪得赦。^五通犹太个地方以及耶路撒冷个人、拢总（全部）出来就近伊、认伊自己个罪、就由约翰受浸在约旦河。^六约翰身所穿是驼毛衫、腰所缚是皮带、所食个是蝗虫及野蜜。

    从休伯特·斯贝雷特（Hubert Spillett）辑录的潮汕方言《圣经》的目录中，可以发现美国浸信会没有采用罗马拼音这种文字体系。而蔡锦图也持这一观点，并认为原因在于美国浸信会在宣教政策上一向比英国长老会保守，使得二会在采用什么文字体系翻译方言《圣经》这个问题上分道扬镳。但是，笔者发现一个有趣的现象：英会和美会似乎避免在同一时间翻译《圣经》中的同一书。在斐姑娘的协助下，老耶士摩将《创世记》（1878）、《罗马书》（1879）、《希伯来书》（1880）和《哥林多前书》（1880）翻译为汉字潮汕方言。[1] 而直到 1888 年和 1904 年，英国长老会才分别把《创世记》和《哥林多前书》翻译成罗马字潮州方言，也许所据正是美国浸信会的汉字版本。与美会的斐姑娘一样，英会的李洁姑娘讲得一口流利的潮州话。她在其中文教师李树先生（Professor Plumtree）的协助下，将《路加福音》改写成罗马字潮州方言。[2] 卓为廉牧师（Rev. William Duffus）在这个版本的基础上加以修改，并以他的名义出版。此外，李洁姑娘还准备了一本有 42 个简单问题的教义问答，卓为廉同样担任修订的工作。[3] 英国长老会从没有将《罗马书》和《希伯来书》翻译成罗马字版本，他们很可能使用了浸信会的中文版本，以避免传教士精力的耗费。在美国浸信会一方，巴智玺牧师（Rev. S.B. Partridge）于 1875 年开始负责汉字潮语《圣经》的翻译。他在老耶士摩翻译的基础上，"增加了《马太福音》、《路加福音》、《约翰福音》、《使徒行传》、几篇使徒书信

1   有美国浸信会和英国长老会翻译的潮州方言《圣经》现藏于剑桥大学的英国圣经公会图书馆（British and Foreign Bible Society）和美国圣经公会（American Bible Society）。它们的翻译和发行情况参见上注。

2   Caroline. Mann, *Catherine Maria Ricketts of Brighton and China,* Women's Missionary Association of the Presbyterian Church of England, 1924, p.41.

3   Ibid., p.17.

和《启示录》的第一稿、路得记、撒母耳记下和几位次要的先知的书。他几乎全部采纳由英会李姑娘翻译的诗篇前五十首，仅有些许改动"[1]。直到 20 世纪 30 年代，英会才停止使用罗马拼音文字方案。[2]

除了《圣经》之外，教会也出版其他书籍，以充教会学校的教科书之用。[3] 在这些书籍中，神诗是很重要的一种，常常在妇女教育中被采用。瓦妮莎·伍德通过研究指出："演唱神诗是女传道训练的一部分——几乎在女信徒写给传教士的每一封信中，都提到女传道演唱赞美诗。这似乎是在文盲中间进行布道的一个极为有效的方法。"[4] 潮汕的新教和天主教教会都为妇女出版神诗。美国浸信会在潮州书坊刻印了一本题为《拜真活神的诗》的歌册[5]，巴色会则在 1916 年刻印了《教会小女歌》。[6] 英国长老会最初进入潮汕地区时，使用的是宾为邻编写的《潮音神诗》。19 世纪 80 年代之后，则出版罗马字潮州神诗。李洁姑娘将最常演唱的十四首赞美诗改写成罗马字版本。[7] 她在日记中写道，有一晚，当所有人都已就寝，赞美诗《平安歌》（*Peace, Perfect Peace*）的中文版却在她脑中反复重现。她立即拿起笔，只花了十五分钟便把整首神诗记录下来，并轻声吟唱。[8] 潮汕妇女常三五成群凑到一起，听一位稍通文墨的妇女演唱歌册，边干活边消磨时光，这是她们当时主要的娱乐活动。为了方便当地人演唱，这些教会神诗多仿潮州歌册的形式和句式编成，受到当地人、特别是女性的欢迎。直到 1936 年，汕头长老会才采用了在上海编印的《普天颂赞》以替换旧有的神诗。[9]

1　Giedt, "Early Mission History", p.16.

2　汕头长老会记事册，1922 年 10 月 24 日："丙：小学改用语体文，五经富中会复改用语体文，汕头中会复未便举行。"

3　Ashmore, *The South China Mission of the American Baptist Foreign Mission Society*, p.115.

4　Wood, "The Part Played by Chinese Women in the Formation of an Indigenous Church in China", p.600.

5　在 1860—1895 年间出版，我从陈景熙老师处得见此书。

6　藏于莱顿大学汉学院图书馆。

7　Mann, *Catherine Maria Ricketts of Brighton and China*, p.17.

8　Ibid., p.25.

9　汕头长老会记事册，1936 年 5 月 10 日。

小册子和传单也是教会出版物的一种重要类别。美会的斐姑娘为她的学生编写了"福音课"（Gospel Lessons）中文读本，每一课专门分析一条基督教义，比如"论真神"（The True God）、"论死后"（After Death）、"论基督"（The Christ）等，并视之为教育妇女最好的入门教材。[1]斐姑娘在汕头期间，"论真神"、"论死后"这两份传单已经被美会和英会广泛采用，常以传单的形式单独刊印，以便在巡回布道中派送。当她返回美国定居后，她的前同事娜姑娘1914年写信告诉她说，英会还在继续印发这些传单。在老耶士摩的帮助下，斐姑娘也编写了一本潮州方言的福音书大纲用作妇学的教材。在英会一方，李姑娘也编写和翻译了不少小册子，它们被散发到乡村地区，或卖给汕头和潮州教会的访客。[2]

基督教文学作品也有陆续刊印。《旧约》中的很多小故事，连同《伊索寓言》中的小故事均被改写成简单易懂的潮州方言。斐姑娘将其视为训练女传道讲话技巧的好教材。中国传统教学重视记忆和叙述，从小对这种教学模式耳濡目染，女传道们很快便学会讲述这些小故事。不消几天时间的训练，她们便能镇定地站在公众面前，用洪亮的声音讲故事，充分解说其中的寓意。[3]其他教材还包括约翰·班扬（John Bunyan）的《天路历程》（Pilgrim's Progress）。此书于1852年便翻译成中文，英国长老会在1880年又将它翻译成罗马字潮州方言，并在罗马字教会期刊《汕头公会杂录》（Swatow Church News）上连载。20世纪初，《耶稣我救主》和《福音史记》出版，分别被用作长老教会小学一年级和二年级的宗教课教材。[4]

护教小册子的相互借鉴更发生在天主教与新教传教会之间。19世纪

1　A. M. Fielde, "The traning and work of local female evangelists", *Records of the General Conference of the Protstant Missionaries of China*, held at Shanghai, May 10–24, 1877. Shanghai: Presbyterian Mission Press, 1878, p.244

2　Mann, *Catherine Maria Ricketts of Brighton and China*, p.25.

3　Fielde, "The traning and work of local female evangelists", p.245.

4　岭东长老大会记事册，1922年10月24日。

80 年代，巴黎外方传道会向潮汕地区引入了《圣教理证》一书。该书的原作者为何人，作于何时，目前尚不清楚。但 1884 年，上海圣方济各天主教堂的黄伯禄斐墨氏（属耶稣会）对它进行了一次修订。[1] 潮汕地区的巴黎外方传道会使用的很可能是这个版本。原作者感叹"尝见多有教友，书理浅薄，不能回答外教之驳问，卒至词穷理遁。致玷圣教之英名。惹外教人之耻笑，实属可悲"。因此创作该书，以便让信徒能"对答外教素时之问。以服其心，解其疑，免其谤，而或引其入教也"[2]。有趣的是，该书在美国浸信会内部也广为传抄。据该会的陈乙山回忆：

　　昔年芸窗肆业之余，辄好旁及遗编轶秩。每见窗友等各手一书，就而视之，《圣教理证》之抄本也。或松窗日午，雪案更深，尤操管城矻矻尚在抄写者，视之，亦《圣教理证》之书也。退而思之，倘此书非脍炙人口，断不能动人宝贵，至于如是。爰借而读之，果考据明晰，卫圣道、拒异端之善本也。原版难得，窃亦抄成一卷，置之笥中。[3]

该书在美会中流传既广，而"传抄为难"。因此，美会嘱托陈时珍（陈兑之子）、陈乙山、连集五以该书为本，并摘《神道真假论》数条相附。三人终于在 1895 年冬天编写出《辟邪归正论》。据陈乙山所说，"此书取资《圣教理证》多，于《神道真假论》少。"[4]1923 年，该书又在广州东山的美华浸会印书局重印。据笔者统计，在近 70 篇专题短论中，此二书主题相同的篇目竟达 55 篇之多。陈乙山等人仅在文字和论述上对《圣教理证》稍作修改和压缩而已。在纳妾一事上，这两本小册子各自的论证可参见书末附录四所引《圣教理证·圣教不许娶妾何故》和《辟邪归正论·何故圣教不许娶妾》全文。

1　《圣教理证》，上海：上海土山湾印书馆印，1936 年第十版，序。上海主教惠重准，光绪十年（1884 年）黄伯禄斐墨氏识于申江圣方济各大堂之书斋。

2　同上。

3　陈乙山：《辟邪归正论》。

4　同上。

三、教派竞争

　　1848 年，罗马传信部在将广东、广西两省置于法国巴黎外方传道会管辖之下的同时，并没有撤销葡籍澳门主教的宗座代牧权。这为后来葡、法传教士在该省的冲突埋下伏笔。[1] 然而，与新教的巴色会和英国长老会一样，法国外方传道会与意大利米兰外方传道会也划分了各自的传教区。从 1874 年起，米兰外方传道会管辖香港教区，除作为英殖民地的香港岛外，其范围还包括了新安、归善和海丰三县。[2] 除此之外的广东省其他地区，以及整个广西，则归巴黎外方传道会管理。1875 年，法会的两广教区根据省界析为广东、广西教区，潮州府在广东教区辖下。

　　直到 1914 年，潮汕地区才正式成为一个宗座代牧区。[3] 天主教汕头教区的范围涵盖整个潮州和嘉应州，以及惠州府的陆丰、龙川、和平、连平和长宁五县。[4] 广阔的教区和传教士的不足造成管理上的不便。1918 年，在法籍主教实茂芳（Adolphe Rayssac）的邀请下，美国天主教外方传道会（Catholic Foreign Mission Society of America，通常称为玛利诺会）[5] 进入莲花山脉以北的客家教区传教。[6]1925 年，在罗马传信部的批准下，美国玛利诺会从法会手里接管整个嘉应州、潮州府的大埔县和惠州府的龙

1　Giedt, "Early Mission History of the Swatow region through down to the present for the American Baptist Mission", p.5.

2　J.-M. Planchet (Missionnaire Lazariste), *Les missions de Chine et du Japon*, Pékin: Imprimerie des Lazaristes, 1917, p.249. 从新教传教会的角度看，香港、新安和归善在巴色会的管辖下，而海丰县却归英国长老会管理。

3　这份原始文件为 "Erection du vicariat apost. de Tchao-tcheou, 6 Avril 1914", Planchet, in *Les missions de Chine et du Japon*, 1916, p.351。欧阳英说汕头教区自 1850 年设立的说法并不正确，参见欧阳英：《建国前梅州的三大宗教》，第 170 页。法国神甫在该教区设立之前做了很多准备，参见 Antoine Douspis, *Notice nécrologique*, MEP 档案。

4　Planchet, *Les missions de Chine et du Japon*, 1917, p.244.

5　又名玛利诺外方传教会，其拉丁语名为 Societas de Maryknoll pro missionibus exteris。

6　Giedt, "Early Mission History of the Swatow region through down to the present for the American Baptist Mission", p.5.

川、和平、连平三县。[1]

可见，新教各宗派之间或天主教各传教会之间一般都存在合作的关系，然而新教与天主教传教会之间的关系却势如水火。在嘉应州，特别是在长乐县，巴色会是巴黎外方传道会强劲的竞争对手；英国长老会与法会的竞争主要发生在惠来县。美国浸信会与法会的竞争则主要发生在潮阳县。李榭熙的研究展示了发生在潮阳古溪乡李氏宗族内部信天主教的大房与信基督教（美国浸信会）小房之间的冲突。应当注意美会与法会在该县活动的背景：美国浸信会汕头教区的总部设在潮阳县的碧石（此地与汕头埠隔着海湾相望），由于交通的便利，美会在潮阳县的发展比英国长老会更为迅速。尽管清中期该县的海门已有天主教传入，但在 19 世纪，与美英两会相比，法会却是后来者。直到 1884 年，法国神甫丁热力（Joseph Gérardin）才受派到汕头传教，并兼管潮阳县的教务。从那时起，潮阳县就成为了法会和美会竞争之所。李榭熙研究的古溪教案揭示潮州地方势力将外国传教会视为一种政治资本，使其卷入宗族之间或宗族内部的冲突当中，并导致了宗族成员集体入教的现象。[2]法会与美会在潮阳县的冲突持续发生。直到 1916 年，驻潮阳的法国神甫韦希圣（Alphonse Werner）仍向主教实茂芳报告：这一年他单为对抗美国浸信会已疲于奔命[3]，而发生在古溪的冲突仍然最为激烈[4]。只有在 1900 年庚子义和团起义期间，同为洋人的新教和天主教传教士才站到同一战线上共同维护其生存权。

天主教与新教之间的竞争直接干扰到新教在韩江流域的发展。李榭熙认为：士绅和官员对传教士的敌视和抵制是新教传教会在州县城镇地区传教失利的最主要原因。[5]实际上，法国天主教会在州县城镇的强势存在，特别是在韩江流域的潮州府城和澄海县城，同样为新教教务在这些地方的开

---

1 欧阳英：《建国前梅州的三大宗教》，第 170 页。

2 Joseph Tse-Hei Lee, *The Bible and the Gun*, pp.119-136.

3 *Rapport annuel des évêques de Swatow*, 1916.

4 Ibid.

5 Joseph Tse-Hei Lee, *The Bible and the Gun*, p.70.

展造成重重阻力。

（一）潮州府城

潮州府城是粤东地区的政治和文化中心，惠潮嘉道台、潮州知府和海阳知县均在此地设立官衙。在 1868—1870 年，潮州城的天主教徒是在法国神甫丁热力的管理下。根据法会的年度报告，丁热力在此地建了一座体面的礼拜堂和神父楼。1880 年，神甫布塞克（Jules Boussac）从惠来百冷村移驻潮州城，他在此地修建了孤儿院和学校，并扩建神父楼。1894 年，罗神甫（François Roudière）接替了布塞克的工作，他在 1906 年筹资修建了一座壮丽的大教堂（当地人称之为"时钟楼"），以取代丁神甫二十多年前修建的礼拜堂。[1]

英美两个新教传教会直到世纪之交才在府城建立固定的传教站。法国天主教会的大教堂就坐落在城中风景秀丽的西湖畔，显示出该会占据这一政治中心的勃勃野心。与此不同，英美两会的教堂都修在城外（图 9）。1865 年，英国长老会的施饶理就曾试图进入该城布道，然而由于当地士绅和法国天主教徒暗中阻拦，两年后他才在城内租得一间房屋立足。[2]1868 年，英会的吴威廉医生（William Gauld，或写成吴威凛）治愈了因患痢疾而奄奄一息的道台。[3]这一插曲不仅为吴医生带来个人荣誉，而且推动了英会在汕头医疗事业的发展。[4]然而英会仍没能因此得入潮州城买地建堂。直到 1889 年，英会的高似兰医生（Philip B. Cousland）才在该城的南门外购地建起一处传教站。[5]在美国浸信会一方，1878 年，美国母会给目为霖（William K. McKibben，或写成目为林）寄来一笔一千美元的捐款。他喜出望外，计划用这笔钱在潮州城外建一座牧师楼、一座附带有男女传道住所的礼拜堂和一个浸礼池。然而该计划却因传教士与当地人的房

1　François Roudière, *Notice nécrologique*, MEP 档案。
2　陈泽霖：《基督教长老会在潮汕》，第 438 页。
3　Johnston, *China and Formosa*, pp.157−158.
4　陈泽霖：《基督教长老会在潮汕》，第 436 页。
5　同上，第 438 页。

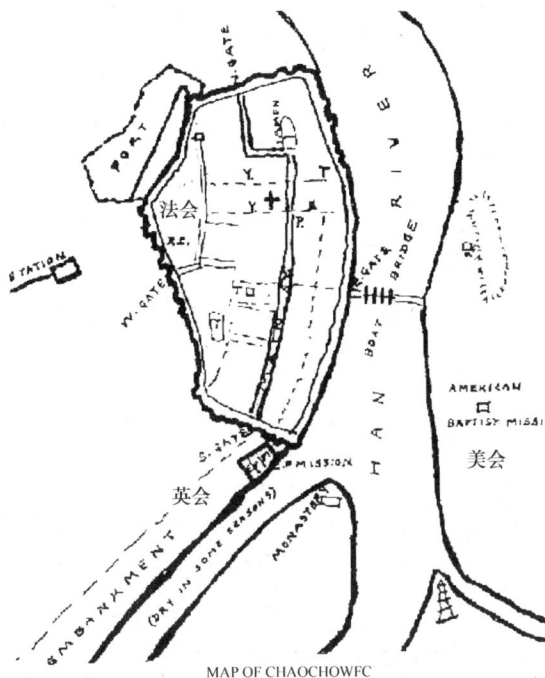

MAP OF CHAOCHOWFC

Y. Yamen   New Temple Church   P. Preaching Hall
T. Temples   E.P.M. Site of Mission houses, hospital, etc.

图 9　潮州府城英美法会堂点分布图

摘自"History of the Swatow Mission", *The Departure News-Letter*, 1932 March, p.5，
藏于伦敦大学亚非学院。图中的法会位置在城西，距离衙门（以 Y 为标志）
不远。英会在南门外，但该会曾因吴威廉医生治好道台的病，获准在衙门旁
边开了一间医馆（在衙门右侧，以 + 为标志），求医的人数曾多达一年 6000
人。到 1932 年，由于缺乏医疗传教士，该医院的医护人员已解散殆尽。美
会在韩江的另一侧，入城需要坐船或走"十八梭船廿四舟"的湘子桥，位置
离城最远。

产纠纷而流产。[1]直到 1894 年，在当地牧师洪道宗的帮助下，金士督(H.A.
Kemp）才在城中租得一屋，以充祈祷所之用。美会建堂之事则迟至 1906
年才得以实现，堂址选在东城门外的郊区，与府城隔江相望。[2]

　　府城内的法国天主教会则占尽发展的先机。以信徒人数为例，1897 年

1　Joseph Tse-Hei Lee, *The Bible and the Gun*, pp.52-53.
2　《潮安城中堂》，《岭东浸信会七十周年纪念大会特刊》，第 46 页。

该城的天主教徒达 1300 人，次年尚增加 350 个成年信徒。[1] 据李樹熙统计，1884 年之前，英会在该城仅有 15 名信徒，占当时英会信徒总人数的 1%。美会的状况稍好一些，1897 年之前，该城有 174 人接受浸礼，约占该会信徒总人数的 8%。[2]

（二）澄海县城

与府城的情形相似，澄海县城也在法国天主教会的控制之下（图 10）。1880—1894 年，驻府城的布塞克牧养信众。[3] 他应澄海新加坡归侨蔡柿、吴大龙和黄继英之邀，来澄海县城传教。1894—1908 年，布神甫移驻澄海县城西门外的吴厝，吴大龙为他提供房子作礼拜堂之用。1899 年，布神甫在附近买了一块地筑建一座教堂，当地人称之为"番仔楼"。由于当时澄海周边发生瘟疫，丁神甫便将这座教堂献给能使人免于瘟疫之灾的禄格圣人（St. Luke）。[4] 家在县城东门外东湖乡的黄继英经营一间批馆，负责收发侨批，即海外侨民和家乡的侨眷之间的通信和汇款业务。黄继英将批馆中黄氏大房与三房的公厅献给布神甫，改为礼拜厅，称"东湖公所"。因奉玫瑰圣母为主保，故亦称东湖玫瑰堂。[5]

而英美两个新教教派在澄海县城的教务直到 20 世纪初才渐有起色。1904 年，美国浸信会的师雅各终于在城内建了一座小教堂，而英国长老会直到 1919 年才派文王姆常驻澄海布道。[6] 法会于 20 世纪 10 年代又在吴厝的禄格堂开设了神学院，在 1915—1924 年，该院成为法会培养潮汕神职人员的中心。[7] 在 20 世纪上半叶，法会在澄海县城的影响力始终占主导，直到 1952 年法国神甫被驱逐出境为止。

1　*Rapport annuel des évêques de Kouang-Tong, 1897-1898.*

2　Joseph Tse-Hei Lee, *The Bible and the Gun*, p.70.

3　Jules Boussac, *Notice biographique*, MEP 档案。

4　《澄海天主教史略》，载陈万序：《澄海天主教》，2006 年，第 1 页。

5　《澄海天主教东湖堂》，同上，第 8 页。

6　汕头长老会记事册，1919 年 4 月 29 日。

7　《澄海天主教禄格堂》，载陈万序：《澄海天主教》，2006 年，第 3 页。

法会不仅率先占据澄海县城，它还在 19 世纪末成功入驻樟林和盐灶这两个分属美、英会的新教村落。1895 年，法国神甫布塞克在樟林茶叶商号蚁兴记和朱天福祖辈的资助下，在该村建起一座教堂，称圣方济各堂。[1]蚁吴盛也将其房产"书斋仔"赠给法会使用。樟林与盐灶二乡的村民常互为嫁娶。1897 年底，一批樟林的天主教徒移居盐灶，并将天主教传入该村。[2] 起初，这些天主教徒均往澄城吴厝村和樟林堂礼拜，后因路途遥远，而盐灶的天主教徒也不断增加，他们便于 1902 年在盐灶的上社租房用作祈祷所。[3] 1908 年，澄海县一共有 2000 名天主教徒。[4] 经过了二三十年代的社会动荡后，信徒人数在 1940 年仍有 1000 人。直至 1949 年，澄海县的天主教徒的人数仍大大超过了两支新教教派信徒的人数。[5]

　　李榭熙认为："（儒家士绅、地方官员以及宗教领袖）这些当权者们将基督教视为一种挑战他们权威的外部力量，因此企图阻止传教士在城市建立教堂。……正是他们持续不断地掀起反教运动，迫使浸信会和长老会传教士不得不最终妥协，将福音传播的目标转向内陆腹地，而且离州府县越远越好。"[6] 从上文的分析可见，天主教在韩江流域的影响力占据主导，位于该流域的潮州府城和澄海县城便是天主教的重镇。天主教的强势存在阻碍了新教在韩江流域的顺利发展，迫使其转而向榕江和练江流域发展，因此使得"榕江和练江流域显得比韩江流域更容易接受基督教"。[7] 由此判断，新教在韩江流域传教的阻力不仅来自地方士绅，更应将天主教势力的发展

1　布塞克神甫在 1894—1908 年驻澄海禄格堂。参见 Jules Boussac, *Notice biographique,* MEP 档案。陈景熙告知蚁兴记是经营茶叶的商号名称，在樟林、汕头、青岛有分号。

2　《澄海天主教盐灶堂》，载陈万序：《澄海天主教》，2006 年，第 10 页。亦见 *Rapport annuel des évêques de Kouang-Tong*, 1897, 此地指的正是盐灶。

3　《澄海天主教盐灶堂》，载陈万序：《澄海天主教》，2006 年，第 10 页。

4　*Rapport annuel des évêques de Kouang-Tong*, 1908.

5　澄海县地方志编纂委员会：《澄海县志》，广州：广东人民出版社，1992 年，第648 页。

6　Joseph Tse-Hei Lee, *The Bible and the Gun*, p.53.

7　Ibid., p.38.

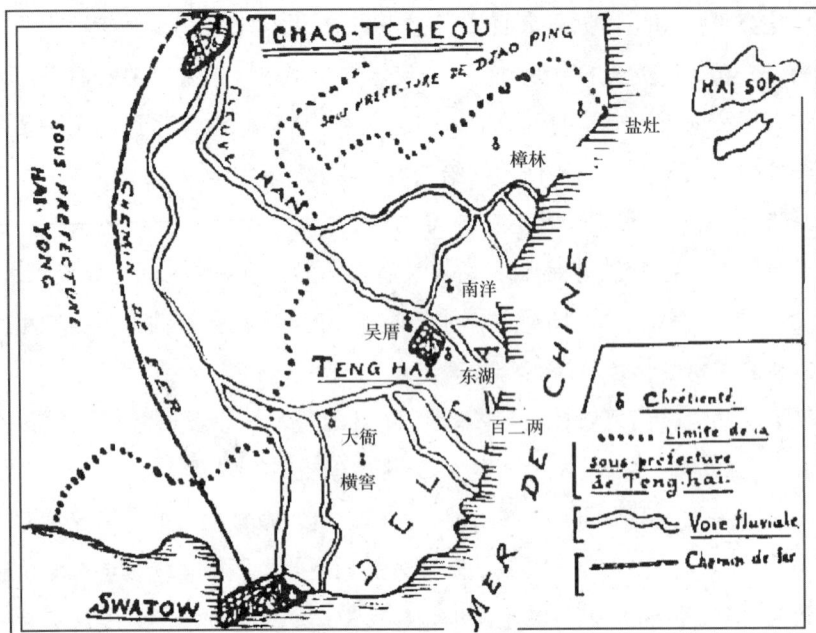

La sous-préfecture de Teng-hai
CARTE DE LA PAROISSE DE M. GERVAIX.

图 10　澄海县天主教堂分布图

摘自 Régis Gervaix, "Mes Deux Introducteurs", *Les Missions Catholiques,* 1915, p.393。图中的地名是笔者根据原图中所标教团的位置（用倒置的♀表示）和陈万序《澄海天主教》一书中记载的堂点位置标示出来。

考虑在内。

　　与韩江流域的情况相反，条约口岸汕头和榕江流域牢牢掌握在英美新教教会的控制之下，作为后来者的法会只能艰难地寻找立足之地。汕头开埠前，粤东地区以潮州府城为经济中心；开埠后，汕头逐渐取代府城的经济地位，府城只保有对于韩江上游客家山区及周边腹地的经济枢纽地位，"一方为汕头转销外货于梅属各地，一方由各地转输土货于汕头"，退而成为汕头埠的附庸。[1] 自汕头开埠之日起，英、美两会便将传教总部设在汕头埠及隔海相望的礐石岛。而法会在汕头口岸的教务一直由驻揭阳的丁热力

<hr />

1　饶宗颐：《潮州志·实业志·商业·商业资本》，潮州修志馆，1949年，第67—68页。

神甫兼管。他于1893年在汕头建了礼拜堂和住所。直到1903年，神甫杜士比（Antoine Douspis）才受派常驻汕头。此后的几年间，他才陆续在这个港口建起汕头外方传道会财务管理处、圣若瑟小学、孤儿院等。[1]法会传教事业进展如此缓慢，原因似乎也可归因于两个新教传教会在此地的强大影响力。而法会的发展策略也是原因之一：法国天主教会对政治中心的重视甚于经济中心，因而更倾向于在京城、府城、县城设立传教中心。

李榭熙已从时间分布、地域分布、性别结构、年龄结构等方面对1900年之前潮汕英美两会信徒做了细致的量化分析。[2]在此，笔者只想就英美法三会信徒人数的消长做一简单的比较，选取的是1884、1914、1934年和1937年这几个年份。1884年的数据显示，美国浸信会的信徒人数是1234人，而英国长老会是1151人，正可谓势均力敌。[3]同一时期，巴黎外方传道会在潮汕地区的活动尚在广东教区主教的管理之下，信徒的人数没有单独列出，无法参与比较。1914年，美国浸信会信徒有3485人，英国长老会有6209人。[4]巴黎外方传道会的汕头教区则刚刚成立，次年的数据显示信徒人数竟达到31728人。[5]但此时法会的汕头教区地域涵盖了整个潮州府、嘉应州和惠州府的陆丰、连平、龙川及和平四县，远比英美二会的教区辽阔。[6]到了1934年，美国浸信会在潮州和客家地区发展了一百多个教会，约计教友人数有6500人。[7]在英国长老会一方，1937年该会发展达到最高峰，共发展了142所教堂（汕头区87所，五经富区55所），教徒达一万人以上（汕头区7000人，五经富区3000人以上）。[8]而巴黎外方传道会在1934年信徒人数有27665人，三年后的1937年发展到29993

1　　Antoine Douspis, *Notice nécrologique*，MEP 档案。

2　　Joseph Tse-Hei Lee, *The Bible and the Gun*, pp.68-78.

3　　Ibid., p.69.

4　　中华续行委办会调查特委会编：《中华归主：1901—1920年中国基督教调查资料》，北京：中国社会科学出版社，1987年，第341页。

5　　*Rapport annuel des évêques de Swatow*, 1915.

6　　Planchet, *Les missions de Chine et du Japon*, 1915.

7　　吴立乐：《浸会在华布道百年史略》，第53页。

8　　陈泽霖：《基督教长老会在潮汕》，第440页。

人。[1] 必须说明，从 1860 年至 1949 年，英美两会在粤东的传教区域基本重叠，两会的数据自始至终具有可比性。巴黎外方传道会在粤东的传教区域虽几经分化，但从 1925 年开始，其汕头教区仅包括汕头市和潮安、澄海、南澳、饶平、揭阳、丰顺、潮阳、惠来、普宁、陆丰共十县，比英美两会发展的教区还小。因此，三会在 20 世纪 30 年代中期的数据稍有可比性：传教区范围较小的天主教会在会友人数上占绝对优势，英国长老会次之，美国浸信会又次之。影响教会发展快慢的因素很多：政治上，各国在华的外交机构是否支持本国在华的传教活动；经济上，各教会能否为信徒提供生存之资或谋生技能；宗教上，各教会对信徒准入宽严的标准把握不一。本书第九章将讨论潮汕各教会参与抽纱业经营，从经济角度为近代潮汕各教团人数的差异提供一种可能的解释，更深刻的原因尚须就某一年代的具体情形做深入的比较分析。

汕头开埠后，新教和天主教传教会均获得在潮汕地区传教的权利。不同的新教传教会之间或天主教传教会之间以合作和协商的关系为主，如传教区域的划分、本地信徒的收编或传道员的共享、合作出版翻译教会书籍，等等。在新教传教会之间，还有外国男女传教士的联姻这种特殊形式的合作。然而，新教与天主教会之间在教务发展上却常发生冲突。以教区的扩张为例，法国外方传道会自西向东循陆路到达粤东地区，率先进入了惠州和嘉应州的客家地区布道；而英国长老会和美国浸信会从海路先声占领沿海的福佬地区。尽管在潮州平原地带，法会是晚到者，它奉行的率先占领府城和县城的发展策略，却使它稳固地占据了韩江流域的政治中心，使教务得以在此地迅速发展。英、美两个新教教派也曾怀有类似的发展方略。但当他们试图在韩江流域的政治中心立足时，却遭遇了法会的咄咄进逼，他们只能调整其方略，退而转向韩江流域沿海的村镇，以及榕江和练江流域的城镇和乡村发展。这便是新教、天主教传教会在潮汕地区有所互动又相互制约的关系。

1   *Rapport annuel des évêques de Swatow*, 1934, 1937.

第四章　妇女教务

近代潮汕女子教育由传教士在潮汕开办教会学校首开起端，清末新政倡导女学，本土自办的女子教育随着继起，[1] 可以说西方教会是推动潮汕妇女教育的先驱。本章主要以美国浸信会、英国长老会和巴黎外方传道会开办的三种妇女教育机构为讨论对象，即女学、妇学和孤儿院。新教和天主教传教会均开办了前两种机构，以不同年龄段的女性为教育对象，为她们提供了一个封闭的、不受干扰的环境，从而开展以皈依（conversionist）和教化（civilizational）为目的的彻底训练。第三种机构，在天主教文献中被称为"慈善事业"的孤儿院，[2] 虽在中国的天主教事业中占据了关键地位，却不是新教在华事业的重点。不过，1922 年的"八二风灾"在潮汕造成巨大的伤亡，灾后英国长老会致力于抚孤济贫，也开设孤儿院。这使得上述三种教育机构都有新教和天主教传教会的参与。笔者也注意到不少妇女因在教会医院接受治疗而信教，但因就医时间短，患者不能从传道那里得到系统和长期的训练，这种情况与教会有意识地推动妇女教育显然有异，故暂不涉及。

1　陈卓坤：《近现代潮汕女子教育概观》，载《潮汕文化摭谈》，北京：九州出版社，2009 年，第 277 页。

2　Gervaix, "Pour le Prix Montyon", 1916, p.135.

一、女学

美、英、法三个传教会均在潮汕开办学校，为女童提供教育，当地人称这样的学校为"小女学"或"女学"。1851 年，美国浸信会在香港开设了第一间女学，为移居该地的潮州女子提供教育。主其事者是刚嫁给约翰生的卢米娜·瓦克，地点在其住屋楼下。按瓦克自己的话说，开办该女学的目的，是"引导这些女孩走上正道"[1]。她的丈夫约翰生、潮州籍传道员陈兑，甚至巴色会的黎力基牧师，都在布道的过程中留心为她物色适龄的女童。以约翰生为例，他到香港附近的长洲岛传道时，发现信徒阿六（A-Lak，徐六）之妻竟仍在家拜祭"假神"。为了使她十二岁的女儿免于这种"罪恶的"影响，他打算带她到其妻处接受教育。[2] 半年后，同样在长洲岛上，陈兑到陈魁中家布道，对魁中之妻说："尔女欲到先生娘处读书，十五六日可与吾同去。"积极为约翰生夫人的女学招生。[3]

美国浸信会早期开办的女学之所以能够吸引学生入学，免收学费是一个很重要的因素。此外，学校还为学生免费提供衣、食、住等日常必要的开销。对于不少父母来说，这意味着可以减轻抚养女儿的经济负担，何乐而不为？[4] 在约翰生夫人的女学中就读的女子年龄差异较大，最小的是八岁的吴龙卵，最大的是徐月凤（传道人李员之妻），时年二十岁。[5] 当 1860 年布道

---

1 "Om ze (deze meisjes) in den regten weg te leiden", *China: Verzameling van stukken betreffen de prediking van het evangelie in China en omliggende landen*, Vol. 4, 1854, p.239.

2 Ibid., Vol.1, 1852, pp.162−163.

3 陈兑日记，五月十三日。

4 Sinhi 之母便是出于这种考虑将女儿送到约翰生夫人的女学学习。参见 Ashmore, *The South China Mission of the American Baptist Foreign Mission Society*, p.109.

5 跟随约翰生夫人读书的女孩有：一个家在香港的客家女孩，据吴立乐所说，她是这个女学校的头一个学生，参见吴立乐：《浸会在华布道百年史略》，第 40 页。来自盐灶的阿珍（A Tiam），八岁，因为是女孩而在家不受父母重视，他们将她送给黎力基，后者将她带到约翰生夫人处学习。阿熹（A Hi, Sienhi），全家从潮州迁到香港，父亲随后去加州当苦力，母亲听说约翰生夫人开办的女学后，便把（转下页）

站移到汕头时，在约翰生夫人的安排下，时年十八岁的吴龙卵嫁给了三十岁的女学男教员陈大川。[1] 这些例子都说明，女学教育的开展有利于男传道妻子的入教与培训，教内婚姻的概率也会提高，从而为传教事业增加助力。

约翰生夫人的女学每天如何进行教学？开设了哪些课程？由于史料不足，尚不完全清楚，但仍有只鳞片爪可供探讨。1854 年 9 月，约翰生夫人在写给荷兰母会的一封信中透露了她在教义教学上采用的方法。在晚上八至九点的读经课上，约翰生夫人向女学生大声朗读《约翰福音》第十一章的前 16 句。读毕后，她详细论述"耶稣素来爱马大，和她妹子，并拉撒路"这一句，并问学生如下问题：

耶稣为什么爱她们？

耶稣是否爱所有人？

他是怎么显示他的爱？并如何在每一天显示他的爱？

他是否同爱善人与恶人？

我们从中学到了什么？ [2]

接着她向学生解释耶稣主要向有罪的人显示他的爱，并进而解释他道成肉

（续上页）阿熹送到那里学习，这样她便少了一个经济包袱。约翰生夫人认为阿熹在就学的女孩子中最为聪明，很多东西一学就会。陈大川先生娘吴龙卵在结婚前也在约翰生夫人处学习，丈夫去世后，她便移居槟榔屿。阿遂姐（A Sui Che，即陈遂心，陈孙之女）也曾问学于约翰生夫人。直到 1920 年，她仍住在磐石。吴龙卵和陈遂心均出身基督教家庭，并被证实为对美国浸信会非常有用的女信徒。以上五人参见 Ashmore, *The South China Mission of the American Baptist Foreign Mission Society*, p.110；此外尚有 Gue-Hong（徐月凤）、Atjen（可能指阿珍），此二人见约翰生夫人寄回荷兰总会的信件，参见 *China: Verzameling van stukken betreffen de prediking van het evangelie in China en omliggende landen*, Vol. 4, 1854, p.239。此外还有"读书女子亚华"，参见陈孙日记，五月十三日。

1　Ashmore, *The South China Mission of the American Baptist Foreign Mission Society*, p.109.

2　*China: Verzameling van stukken betreffen de prediking van het evangelie in China en omliggende landen*, Vol. 4, 1854, p.239.

身的奇迹、为帮罪人赎罪而受难至死的故事。[1]约翰生夫人在信中写道，当她讲完这些故事后，女孩们都深受感动，历时一个钟头的读经课以徐月凤的祈祷而告终。由于徐的祈祷是发自内心的，而不是来自书本或学他人之语，约翰生夫人甚感欣慰。[2]除了亲自教导教义外，她还请一位潮州籍男教师教这些女孩读写汉字。通常这位教师并非信徒，每月束修为八美元。[3]

1860年，当美国浸信会搬到汕头附近的妈屿时，女学也移到此地。在教会学校中担任中文教员的陈大川是一名青年信徒。他的太太、曾在香港接受女学教育的吴龙卵，此时也能在工作上助他一臂之力。约翰生夫人此时的学生有陆快（斐姑娘叫她"Speed"），后来成为该会明道妇学和益世医院妇女部中很有威望的老师和传道人。[4]1864年，女学随着该会移至礐石，从此便在此地扎根。约翰生太太仍在她住屋的楼下开班授课，直到她1874年离开汕头。[5]

19世纪60年代初，英国长老会便在盐灶开设女学，但具体情况尚不清楚。1870年，卓为廉夫妇仿照约翰生夫人的办学模式在汕头开办女学校，聘有一名本地中文教员。[6]1873年，刚到汕头的施饶理夫人接手该女校，将其改名为淑德女学（图11、图12）。在发展初期，该校由传教士夫人掌管学校的行政和教义教学工作，而中文教学则由一名当地男教员负责，另有一名当地女教员相辅助，另有一名女舍监负责照顾女学生的日常生活。

随着入学人数的增加，女学生被分到不同的班级。到了19世纪80年代，更多女传教士和当地女教师加入到教学队伍中。20世纪初，淑德女学中的中国籍女教师被分为几类：住校教师、日课教师、一级教师、二级教

1　*China: Verzameling van stukken betreffen de prediking van het evangelie in China en omliggende landen*, Vol. 4, 1854, p.239.

2　Ibid.

3　Ashmore, *The South China Mission of the American Baptist Foreign Mission Society*, p.110.

4　Ibid., p.109.

5　Giedt, "Early Mission History of the Swatow region through down to the present for the American Baptist Mission", p.17.

6　胡卫清：《苦难与信仰》，第82页。

图 11　淑德女学师生

摘自 James Johnston, *China and Formosa,* 1897。舍监一般为年长的妇女担任，居中者即为淑德女学的舍监；左边手上持扇的老先生教国文。英国长老会一般只聘一名当地文人教女学生识字，大多并非信徒，被女学生称为"国文佬"。

图 12　淑德学校第一届学生（1873 年入学，1934 年摄影）

摘自 International Mission Photography Archive, USC Digital Library。六十年前的同窗再次相聚，已是皱纹满面，两鬓斑斑。唯有天然的大脚、捧在手中的《圣经》，证明她们曾在淑德女学的摇篮中成长。

师和助理教师等。[1] 男教员则始终只有一名。据淑德女校老校友谢雪璋回忆，在她就读的 20 世纪 20 年代，学校的男老师被称为"国文佬"，他不是教会中人。而女教师全部信教，一些是本地人，一些来自其他省份，一些是单身，一些则已婚。[2] 20 世纪 40 年代，法国天主教会开设的晨星女中同样也雇有一位名叫陈二云的男老师教女学生认读汉字。[3]

至于规章制度方面，约翰生夫人的女学有过一番变化。早期该校为学生提供生活所需："供应食物并有伙头主厨；提供服装并雇专人负责清洗，除了专心读书外，这些女孩不用承担其他任务。"[4] 1874 年秋，巴智玺夫人（Mrs. Henrietta Partridge）接替约翰生夫人执掌女学，此时该校被正式命名为"正光女学"[5]。她对该校的制度进行了改革，"每月发给每个寄宿女学生1.3 美元，但饮食、洗衣、整理房间等家务必须由她们自理"[6]。这样的改变应该是以美国曼荷莲女子学院的三"H"方针（心灵、智力和手艺）为原型，即训练她们的动手能力被纳入教学当中。[7] 1885—1904 年，主理正光女学的耶琳夫人曾指出，这些新规定是训练女孩走向自立的第一步。英会的淑德女校也有类似的理念："在此就读的是下一代的母亲，除了学习其他有用的东西外，她们要学会有条不紊、自制、忘我和自尊的生活态度。"[8] 据约翰斯顿和陈泽霖的观察，训练自立的信教妇女作为男传道员和男教师的妻子仍然是

1　Records of the WMA Council, the 5th Meeting, 24th April, 1906; the 8th Meeting, Chaochowfu; the 7th October, 1907; and 10th Meeting, Swatow, 23rd Sept. 1908.

2　谢雪璋的口述史，参见杜式敏：《[19] 20 年代的基督教会女校》，第 79 页。

3　李德纲：《私立晨星女子中学》，第 141 页。按："晨星"的拉丁语名为"Stella Matutina"。

4　Ashmore, *The South China Mission of the American Baptist Foreign Mission Society*, p.111.

5　美国传教士称之为"Kak-chieh Girls' School"，参见 Giedt, "Early Mission History of the Swatow region through down to the present for the American Baptist Mission", p.17.

6　Ashmore, *The South China Mission of the American Baptist Foreign Mission Society*, p.111.

7　Robert, "The 'Christian Home' as a Cornerstone of Anglo-American Missionary Thought and Practice", p.155.

8　*History of the Women's Missionary Association*, 1899, p.6. 见收藏在香港浸会大学图书馆特藏部的英国长老会档案缩微胶卷。

女传教士们的重要工作。[1] 法会的晨星女中也有同样的目的。该校为高年级女生开设家政课，由吴苏辣修女们教她们做饭、针线、插花等技巧。

外国女传教士在女学的管理与教学上扮演着重要角色。从约翰生夫人担任美国浸信会第一所女学教师开始，在之后的半个世纪里，担任美会女学教师的全部是男传教士的妻子。[2] 在英国长老会一边，女校最初也是由传教士夫人负责。至1877年，汕头的西教士会才同意母会派遣单身女传教士来华的计划。1878年春，李洁姑娘作为该会的第一位单身女传教士来到汕头，她也是以推动中国妇女事业为宗旨的英国伦敦女传教士协会的第一位成员。[3] 从那时起，该协会便陆续派遣单身女性到英国长老会在厦门、汕头、台湾和新加坡的布道站，从事妇女教育工作。根据谢雪璋回忆，20世纪20年代早期，在女校教书的"姑娘都是没有结婚的，番仔要是结婚了，基本就不工作了"[4]。

引进单身女传教士有力地推动了由传教士夫人开创的妇女教育事业。[5] 单身女传教士的工作包括：在乡村开办女学，亲自教女童读书，管理当地女教师等。她们也为有潜质的信教妇女开班，将她们训练为女传道或女教师。到医院探望女病人，或对那些不能到礼拜堂公开参加礼拜的教外妇女进行家访，都属于她们的工作范围。[6] 从19世纪80年代开始，单身女传教士逐渐增多，成为潮汕地区教会妇女工作的主力。已婚女传教士逐渐淡出，但仍有适合她们从事的一些服务性工作，例如组织母亲聚会交流教养儿女的经验、到信徒或非信徒家庭中探访、从事救济工作，以及到汕头埠

---

1   Johnston, *China and Formosa*, p.211. "1885年在五经富开办五育女子高级小学，目的同样是要为客属的中国传教士培养'贤内助'"，参见陈泽霖：《基督教长老会在潮汕》，第437页。

2   Ashmore, *The South China Mission of the American Baptist Foreign Mission Society*, p.114.

3   Ibid., p.210.

4   谢雪璋的口述史，参见杜式敏：《[19]20年代的基督教会女校》，第79页。

5   Johnston, *China and Formosa*, p.267.

6   Ibid., p.211.

其他官办或民办学校探视人数不断增加的女学生等。[1] 这些工作都不在女传教士协会规定的工作范围之内。

在开办之初的半个世纪，正光和淑德女校的教学水平都处于高级小学的程度。1913 年，淑德开设了初中课程，正光也在三年后赶上。两校均开设有文化课和宗教课。前者包括国文、数学、自然、历史和地理，而宗教课所占比例则随着年级的升高不断增加。这也许应归结于教会高级学校是以训练教师和传道员为目的的，以便其更好地服务于教会。[2] 天主教晨星女中的初中部开设有国文、英文和算术课程，高中部则每周增开一节“家政学”。[3] 1926 年，在广州国民政府的要求下，淑德女校采用了教育部颁发的教学章程，教会男女学校都开设相同的课程。然而迟至 20 世纪 40 年代，新开办的天主教晨星女中仍然以宗教教育为主。[4] 1928 年，美会的正光女校与男校礐石小学合并，其后英会的淑德女校也在日军侵华前夕关闭。而法会的晨星女中则在 1950 年底被汕头教育局接管，以不同的方式结束了其历史使命。

美会的正光、英国的淑德和法会的晨星都是设立于汕头的寄宿学校。在内地堂会所在地，新教和天主教传教会都为乡村女童开班授课。1906 年，在嘉应州举行的传教士会议上，美会通过了一项决议，计划在每个乡村堂会开设初级小学，在有传教士驻扎的布道站开设高级小学和初级中学，而高级中学则设在美会的总部礐石。客家地区类似的高中设在嘉应州。[5] 在美会内部，开设寄宿学校（初中程度）的地方有黄冈、揭阳、河婆和嘉应，潮州府城则开设一间教英文语法的日间学校。此外，不少乡村堂

---

1 Records of the Swatow Women's Missionary Association Council, 27th Meeting, Far East House, 30th Sept., 1915, Married ladies. Archives of EPM. 已婚女传教士的具体工作尚不清楚，罗斯玛丽·罗布森（Rosemary Robson）提示可能是解救沦为婢女、妾和妓女的妇女这一类的工作。

2 陈泽霖：《基督教长老会在潮汕》，第 446 页。

3 李德纲：《私立晨星女子中学》，第 142 页。

4 同上。

5 Giedt, "Early Mission History of the Swatow region through down to the present for the American Baptist Mission", p.17: General Educational Work.

会也开办了日校，由驻在布道站的传教士夫人定时探访和指导。[1]在英会内部，汕尾、潮州、揭阳、盐灶、五经富、三河坝和上杭均开设了高级小学，而大多数乡村基层堂会都拥有自己的初级小学。

最初，在英国长老会内部，如果一个堂会想开设女学，负责该堂会的长老或执事需要向汕头的女传教士协会提出申请，后者则派代表对该堂会进行勘察，评估各方面条件是否成熟，再做决定。[2]1925年9月22日，汕头的西教士会做出决议，将所有堂会的女学置于汕头中会的直接管理之下。[3]根据陈泽霖的记载，在教会事业最兴盛的20世纪20年代中期，英会一共有100多所乡村堂会初级小学，其中有三分之一是女学。[4]

法会的神甫也在他们驻扎的乡村地区开设学校教育女童。1907年，驻镇平县的简神甫（Léonard Canac）开设了一所小学，就读的有175名男童和32名女童。[5]驻澄海的田雷思神甫（Louis Étienne）开办了11所学校，其中两间是女校。[6]驻惠来县百冷的明济各神甫（François Becmeur）开办了一所女学，并将它置于六名本地贞女的管理之下。分别负责兴宁县、陆河县和潮阳县教务的袁神甫（Dominique Yuen，本地人）、赖嘉禄神甫（Charles Rey）和彭嘉理神甫（Auguste Pencolé）均开办了女校。[7]每个天主教布道站的女校通常由当地的天主教徒共同出资开办，有

---

1   Ashmore, *The South China Mission of the American Baptist Foreign Mission Society*, pp.114, 119. 她们是目为霖夫人、林雅各夫人、金士督夫人、师雅各夫人、陆亚当夫人等。Mrs. Carlin, Mrs. Kemp, Mrs. Anne K. Speicher, Mrs. Groesbeck. 参见 *The South China Mission of the American Baptist Foreign Mission Society* 一书的附录，在汕头教区工作的美国男女传教士小传。

2   Records of the Women's Missionary Association Council, 5th Meeting, 24th Apr. 1906; 6th Meeting, 27th Sept., 1906; 7th Meeting, Chaochowfu, 1st Mar., 1907. Archives of EPM.

3   汕头长老会记事册，1925年9月22日："卅四、议西教士会议将中会属各堂小女学可归中会统一管辖较便云云。"

4   陈泽霖：《基督教长老会在潮汕》，第446页。

5   *Rapport annuel des évêques de Kouang–Tong*, 1907.

6   Ibid., 1908.

7   *Rapport annuel des évêques de Swatow*, 1920,1930.

时则由一个富有的家庭赞助，如陆河地区的叶氏家族。该家族不但出资开办女学，还赞助女童每日的口粮。[1] 当地贞女通常在这些女学中任教，如1912 年百冷的教务报告指出："这些守贞姑们住在一起，依靠她们的嫁妆和劳动度日。她们不满足于仅教育年轻的女孩，礼拜日还召集信教妇女，向她们传授教义。她们为教徒人数的增加做出卓越的贡献：在这一年，信徒人数达到一万人。"[2] 其中不少女学生后来入了教。[3] 由于客家妇女白天需要下地从事农务，没有时间照顾孩子。1938 年，李河清神甫（Maurice Rivière）在他所在的客家堂会建了一个幼儿园，并委托当地贞女帮这些客家信教妇女照看孩子。一个有趣的现象是，新教传教会首先在汕头这个条约口岸开办女子寄宿学校，随后才在内地的堂会开设初级日间小学。而天主教传教会则走相反的路子：法国神甫先在乡村堂会开办女学，迟至1945 年，才终于在汕头开办了晨星这个具有贵族学校性质的女子中学。

二、妇学

在传教士到来之前，潮汕当地没有供老年妇女读书的学校。当传教士在汕头为成年（甚至老年）女性开办圣经培训学校时，当地教外人士对这种新事物感到好奇，并戏谑地称其为"老妇学"。[4]

除了在香港开办第一所女学外，约翰生夫人也是在潮汕地区训练女传道的第一人，尽管一开始这些女传道多属文盲。1871 年的一份报告中提到："约翰生夫人指导的三至四名女传道中，有一位由浸信会东方妇女传教会（Woman's Baptist Mission Society of the East）资助。"[5] 这几位女

---

1   *Rapport annuel des évêques de Swatow*, 1920.

2   *Rapport annuel des évêques de Kouang-Tong*, 1912.

3   亦见 *Rapport annuel des évêques de Swatow*, 1930.

4   李金强等：《福源潮汕泽香江》，第 21 页。

5   Giedt, "Early Mission History of the Swatow region through down to the present for the American Baptist Mission", p.11.

图13 斐姑娘

摘自 Fielde, *Pagoda Shadows*, 1886。斐姑娘，1839年出生于美国纽约州杰斐逊县的东罗德曼（East Rodman）乡村。1865年，她赴暹罗与未婚夫旨先生（Cyrus Chilcott）相聚，却发现他已在几个月前去世。她后来一直没有结婚，自称旨先生娘。岭东浸信会为其立传："姑娘莅潮前后共十二年余，人呼之为斐姑娘。姑娘不悦曰：'旨先生虽未婚而逝，实我夫也，何遽忘之！诸君当呼我为旨先生娘，不当呼我为斐姑娘也。'由是人皆呼之为旨先生娘。"对旨先生娘这一身份的认同，当是其在与潮汕妇女的长期接触中，渐受当地婚姻观的影响，在她中年时经过深思熟虑而做出的决定。她也将这一身份体认与美国友人分享，在赠给朋友的《中国一隅》一书的扉页上，她留下了汉字"旨"的签名，指示其"旨先生娘"的身份。在向当地妇女传入新的婚姻观念的同时，女传教士也接受当地某些婚姻观，这一事例反映了文化交流的双向影响。

传道很可能指徐月凤、陈雪花、唐凤。[1]1873年，在曼谷的布道站工作了四年半的斐姑娘（图13）来到汕头。下车伊始，她便立即着手其女传道培训计划，将教团内的女信徒择优培养成较为专业的女传道，这便是美国浸信会明道妇学的开始。

在开办的前三四年，明道妇学并没有成体系的培训模式，一切尚在摸索当中。每年平均有七个学生，大多为中老年女性。父母均为传道员的陆快担任该校的教员，而曾接受培训的吴真宝从1880年开始担任该校的舍监和助理教师。在接受了两个月的训练后，学生便随同斐姑娘外出实习。整个秋季，斐姑娘与这些女传道乘着福音船顺着潮汕平原密布的河道四处巡游。斐姑娘在巡回布道中考察每个学生的布道能力，并及时向她们提出

1　徐月凤是传道员李员之妻，在香港时曾在约翰夫人的女学中就读，参见 *China: Verzameling van stukken betreffen de prediking van het evangelie in China en omliggende landen*, Vol. 4, 1854, p.238。陈雪花是美会在潮州的第一个女信徒。唐凤是传道员陆财气之妻、陆快之母。

改进的意见。[1] "若是她们作的工好，斐女士就在次年春季再授给她们两个月的讲习。"[2] 当女传道们已经熟悉掌握了相关教义，斐姑娘便派她们成双成对地到乡村地区，向信徒和教外人士布道。这种两两外出的布道工作一般历时两个月。[3] 当任务完成时，女传道们重新回到浸信会总部礐石，向斐姑娘报告布道情况，并接受新的指示，以开始新一轮的乡村布道工作。在1876年，该校有20名学生。到了1880年，能被派到乡村传播福音的女传道有20名。[4] 在斐姑娘的培训下，女传道成为在潮州乡村开展布道工作的一支独立而高效的生力军。[5]

　　1877年，在上海举行的传教士会议上，斐姑娘培训女传道的突出成就使她成为众人瞩目的焦点。她所做的如何培养女传道的报告也引起与会者的热烈讨论，其培训模式逐渐为中国其他地方的传教会所效仿，其中就包括同在潮汕地区传教的英国长老会。1881年11月18日，英会的李洁姑娘（图14）开办培德妇学，开始训练女传道，并成为她终生的事业。[6] 李洁姑娘仿照1869年建于英国剑桥的第一所女子寄宿学院格顿学院（Girton College），亲切地称培德女学为"汕头的格顿"，可见她投身妇女教育事业的抱负。由于第一批入学的学生年龄最小47岁，最大63岁，当地人戏称之为"老妇学"。[7] 当李洁姑娘于1907年辞世后，她的同事木荫庐姑娘（Miss Eleanor Black）和豪马利姑娘（Miss Mary Harkness，或称侯马利）接替了她的事业。[8]

1　Helen Norton Stevens, *Memorial Biography of Adele M. Fielde*, New York/Philadelphia/Chicago/Seattle: The Fielde Memorial Committee, 1918, pp.117, 119. Giedt, "Early Mission History of the Swatow region through down to the present for the American Baptist Mission", p.12.

2　吴立乐：《浸会在华布道百年史略》，第44页。

3　"她们每一季度有九个星期的时间在分站巡游布道，（结束后）她们能在自己家中休息一个星期。"参见 Stevens, *Memorial Biography of Adele M. Field*, p.117.

4　吴立乐：《浸会在华布道百年史略》，第44页。

5　Stevens, *Memorial Biography of Adele M. Field*, p.116.

6　Johnston, *China and Formosa*, p.283.

7　Mann, *Catherine Maria Ricketts of Brighton and China*, p.27.

8　Ibid.

图 14　李洁姑娘（摄于大约 1878 年，时年 37 岁）

摘自 International Mission Photography Archive, USC Digital Library。李洁姑娘来自英国南部海港城市布赖顿（Brighton），是英国长老会的女传教士会（Women's Missionary Association）向中国派遣的第一位单身女传教士。她在汕头与潮州工作三十年，将其生活经历记录在三本日记中，1907 年在当地去世。

培德妇学仿效明道妇学的培训模式，潮州籍女教员在其中扮演重要的角色。17 岁的林腓比（Lin Phoebe）受雇为该校教师，她是林旗——盐灶堂会"十三柱石"之一——的大女儿。她的两位兄弟均为英会不可或缺的帮手：林芳（字文耀）是该会的第二位本地牧师；三兄文拱则从医，多年担任汕头福音医院的第一助手。林腓比与美会的陆快同样来自全家信主的基督教家庭，两人同任妇学中的教师。[1] 平婶，或被李洁姑娘唤为"我们的小光束"（our little sunbeam），是她的第一名学生。平婶多年来担任淑德女校的教师和舍监之职。[2]

培德妇学采用了每学期四个月的学制。在第一节课上，李洁姑娘教学生阅读中文版的《马可福音》两遍，接着要求她们用潮州方言复述一遍。在第一学期结束时，这些学生能用潮州方言复述前五十首赞美诗。[3] 此外，她们全部要参加经义考核，必须能够回答根据《创世记》第 1—36 章提出的一些简单问题。这些课程结束后，她们被派到乡村辅助男传道布道，对信徒进行家访，并向教外人士传福音。[4]1881 年的暑假，她们一共走访了 70 个村庄，共计 120 户人家。[5] 那些能力不足以胜任传道工作的妇女，则在毕业后返回家乡，做一些力所能及的工作。[6] 培德女校开办的第三年，开始有客家妇女加入学生的行列。除平婶外，那些有留下姓名的学生还有萧添弟婶（Thiam-ti-sim）、好婶（Mrs. Good）、粿婶（Mrs. Cake）、老骑兵（The Old Dragoon）。[7]

1873—1881 年，明道妇学是在斐姑娘的管理之下。1877 年，英属加拿大籍的浸信会单身女传教士娜姑娘来到汕头，协助斐姑娘工作。1885 年，她因嫁给同在汕头的英国长老会莱爱力医生而退出美会，转向英会效

1　Mann, *Catherine Maria Ricketts of Brighton and China*, p.27.

2　Ibid., p.30.

3　Ibid., p.27.

4　Ibid., p.29.

5　李金强等：《福源潮汕泽香江》，第 21 页。

6　Mann, *Catherine Maria Ricketts of Brighton and China*, p.30.

7　这组女传道的图片，参见 Ibid., p.41。

力。娜姑娘的空缺由耶琳夫人填补，二人开始在闲暇之余教英美教团中的妇女学做抽纱，以便经济自立。这门工艺后来风行潮汕地区，成千上万的潮汕妇女从事抽纱以帮补家用。而抽纱业在20世纪上半叶也成为潮汕地区的支柱性产业，改变了当地的经济图景，其影响持续到20世纪下半叶。

19世纪80年代末，何约翰牧师（Rer. John M. Foster）建议在有传教士驻扎的布道站开设读经课，以巩固传教士和男女传道的工作成果。这个建议后经采纳，使更多无法到汕头明道妇学就读的信教妇女有了受教育的机会。这些读经课为期一个月，女传道负责教乡村妇女读《圣经》、做抽纱。1894年，女医生苏亚拿在她的一封信中写道，明道妇学当时已有了四年的培训课程，以《圣经》教育为中心。此外，为信教妇女开设的课程有："女儿在家庭中的责职、母亲在家庭中的责职、卫生、急救、主日的教学工作、实用教学、'个人辅导工作'研究、社会实践、自然、讲古、照料和哺育儿童、儿童研究、社会服务、社会学、家政、器乐和声乐。"[1]从开设的这些课程中，可见此时在妇学就读的女性远比第一代学生年轻。妇学招收的第一代学生多为寡妇或丈夫在南洋谋生的留守妇女，年龄大概在30—70岁。同样，英会培德妇学招收的学生也逐渐年轻化。[2]上述课程的名称也反映了女传道的训练越来越系统化。在新教教团内部，成为女传道被视为适合年轻母亲从事的职业。针对年轻女子和母亲的训练也体现了"福音派母性气质"（evangelical motherhood）这个理念。它将女性描绘为担负着教养责任的、敏感并且虔诚的形象，对不公正的察觉能力比男性更强，更能为那些有需要的人们提供安慰。[3]一个受过良好教育的信教母亲是构建基督化家庭的关键。

在天主教内部、与新教女传道工作性质相似的是平信徒守贞姑。她们是由法国神甫培养的一群放弃世俗婚姻、愿做基督新娘的贞女。康志杰指出，天主教有三种女性合乎"贞洁"的要求，分别是修女、贞女和女性独

1　Ashmore, *The South China Mission of the American Baptist Foreign Mission Society*, p.96.

2　孟嘉莲写道"现在（1924年，培德妇学中的）学生更年轻了"，参见 Mann, *Catherine Maria Ricketts of Brighton and China*, p.30。

3　Anne M. Boylan, "Evangelical Womanhood in the Nineteenth Century", p.65.

图 15　守贞姑罗氏

摘自 Gervaix, "Pour le Prix Montyon", *Les Missions Catholiques*,1916, p.135. 罗氏生长于英属马来西亚的槟榔屿,受教于当地的天主教会,成为一名贞女。回国后,她还保留着南洋华人的一些生活习惯。照片中的罗氏穿的对襟上衣和胸前的配饰均不是晚清潮汕妇女流行的式样,而是南洋地区土生华人女性"娘惹"(Nyo-nya)所特有的服饰。

身教友(多为知识女性)。广义的"贞女"包括以上三类女性,狭义的贞女则专指那些在家(或组成团体)过守贞生活、完全献身于教会事业的独身女性。[1]潮汕地区的守贞姑便属于后者。根据伊蕾娜·马奥尼研究,她们负责教育当地的慕道者和信徒,特别是在边远的农村地区。[2]1893年,驻普宁的莱昂德尔·塞尔德(Léandre Serdet)神甫报告说,一位信教寡妇阿金嫂帮了很大的忙:"在八个月中,她走访了普宁的几个重要的城镇,她的工作量相当于六个教授经义的老师。目前我有近八十名新信徒,大部分应当归功于这名寡妇的工作和热情。"[3]

神甫们为守贞姑修筑的住所称为贞后堂。[4]在潮州府城,贞女冯氏(Marie

1　康志杰:《基督的新娘——中国天主教贞女研究》,第 5 页。

2　Mahoney, *Swatow: Ursulines in China*, p.30。

3　*Rapport annuel des évêques de Kouang-Tong*, 1893.

4　"光绪二十六年(1900 年)梅神父调任榕城本堂神父后不久,又创办贞后堂(女修院)、道原小学各一所。"参见《揭阳县志》,第 737—738 页。

Vong，别称 Octavie）和周氏（Rite Tsou）都来自富裕的天主教家庭。[1] 这一现象与狄德满的观点若合符契。他研究华北地区贞女的招募情况时，发现她们通常来自出身较好的社会阶层："教会期待她们在经济上自立，因此她们必须依赖家庭的物质支持。"[2] 1874 年，黄氏在潮州府城的家中开始收留孤儿。至 20 世纪初，她的工作由在槟榔屿出生的归侨罗氏（Agathe Lo，参见图 15）接替，罗氏在槟榔屿时受教于那里的法国修女，并成为一名贞女。

1908 年，娄若望神甫（Joseph Le Corre）雇了五位教师在其堂会学校中任教，其中三位是女教师。[3] 正同新教中的女传道一样，天主教平信徒和守贞姑也是传播天主教的一支重要力量。法国神甫需要守贞姑的帮助，用第二任汕头主教和敬谦（Charles Vogel）神甫的话说："多年来，兄弟们都急切地期盼西方天主教修女的到来。"[4] 狄德满关于山东天主教贞女的研究揭示，尽管神甫们认识到当地贞女的重要性，后者却很容易挑战前者的权威，因此她们被 19 世纪的神甫视为"一种必要的罪恶"（a necessary evil）。然而，她们对中国天主教传教会的发展却非常重要，至少在 1910 年西方天主教修女开始到来之前是如此。[5] 遗憾的是，限于材料，笔者未能进一步探讨潮汕地区法国神甫与当地守贞姑的关系。[6]

从 1910 年开始，西方天主教修女陆续来华，她们最主要的工作便是训练当地贞女成为经义教师。1910 年，法国沙尔德圣保禄女修会（Sister of St. Paul de Chartres）的两位修女从香港来到汕头，并在杜士比的帮

1　Gervaix, "Pour le Prix Montyon", pp.135–136.

2　Tiedemann, "Controlling the Virgins", p.508.

3　*Rapport annuel des évêques de Kouang–Tong*, 1908.

4　*Rapport annuel des évêques de Swatow*, 1938.

5　Tiedemann, "A Necessary Evil: The Contribution of Chinese 'Virgins' to the Growth of the Catholic Church in Late Qing China", in Lutz ed., *Pioneer Chinese Christian Women*, pp.87–107.

6　这一课题已有学者探讨，参见 Ji Li, *Becoming Faithful: Christianity, Literacy, and Female Consciousness in Northeast China, 1830–1930*, A dissertation submitted in partial fulfillment of the requirements for the degree of Doctor of Philosophy (History) in The University of Michigan, 2009。

助下开设了一间孤儿院和一所小学。由于缺少经费，她们1913年便离开了。[1]直到1922年，加拿大吴苏辣修女会的三名修女玫瑰姑娘（Miss Marie du Rosaire）、葛玛利（Marie de l'Incarnation）和十字架姑娘（Miss Marie de Ste. Croix）才被派到汕头教区开办女修院（图16）。该女修会在潮汕存在了三十年，先后开设了汕头（1922年）、潮州府（1924年）和河婆（此处为中心，拉丁文为 Regina Cordium，1926年）三个修女站，直到1952被逐出中国为止。

图16 葛玛利（左）、玫瑰姑娘（右）与潮汕贞女

摘自 Mahoney, *Swatow: Ursulines*。根据书中的介绍，潮汕天主教会"众心之后"贞女团体只收18—25岁的女青年，文化程度至少小学毕业，家长同意，身体健康，没有债务负担。加入团体要提交领洗证明、领坚振的证明、医生提供的健康证明，以及品德优良的证明信函。望会没有一定的期限，但初学两年，暂愿五年，一如吴苏辣会的培育过程。图中贞女的头饰有三种：发了终愿的贞女佩戴黑头巾，发了暂愿者则佩戴白头巾，初学者者则尚未戴头巾。教会规定："准姑娘"在接受守贞仪式前要避静三天，礼仪中要祝圣"手帕"，然后才能"顶上"。[2]

1　Douspis, "Pour la Mission de Swatow", *Les Missions Catholiques*, 1916, p.232.

2　参见《守贞要规》，转引自康志杰：《基督的新娘——中国天主教贞女研究》，第235页。

这三名外国修女从本地贞女手中接过了学校、孤儿院和女修院的管理工作。[1]在她们的培训下，1927年有三位本地贞女加入了吴苏辣修女会，分别是刘玉枝（Helena Lau）[2]、蔡亚纳（Anna Tsai）、秦爱莲（Augustin Zing）。20世纪50年代初，曾在天主教晨星女中就读的李绪珍也加入了该修女会。[3]1934年，法国神甫华美傅（Auguste Veaux）在历史悠久的天主教村落洛田坝（位于河婆附近）为吴苏辣修女们修建了一座修道院。修女们负责培训当地妇女担任教义教师和学校舍监（catéchistes et maîtresses d'école）。至此，神甫们长久以来的梦想终于实现。[4]1938年1月27日，修女们又成立了名为"众心之后"的本地修女团体，以培养贞女充当经义教师为目的，并起草了暂定章程。该会的第一批成员发了愿，作为她们与上帝之间的誓约。有三十多位年轻女信徒在葛玛利的指导下接受训练。[5]

三、孤儿院

如果说教育和医疗是新教传教会在潮汕地区开展的主要社会事业，那

1 十字架姑娘在写给加拿大吴苏辣会总部的温妮弗雷德（Winefride）修女的信中提到："在潮州府，有很多工作划归我们负责，如教导当地贞女、孤儿和圣婴善会等。"玫瑰姑娘在写给圣吴苏辣罗马联合会（Roman Union）的玛丽·德尚特尔（Marie de Chantel）修女的信中也说道："实茂芳主教决定让我们今年便接手潮州府孤儿院和当地贞女的指导工作……"，参见 Mahoney, *Swatow: Ursulines,* pp.43−44.

2 1902年出生于达濠的澳头村，1927年发初愿，1992年在汕头去世，参见上注附录。

3 1905年在上海出生，1934年在法国卢瓦雷省（Loiret）的博让西（Beaugency, 在奥尔良市附近）发初愿，1956年离开大陆，1958年到达台湾花莲，1984年在台湾花莲去世，参见 Mahoney, *Swatow: Ursulines,* pp.43−44。20世纪50年代，李绪珍修女也在博让西发初愿。她告诉我"布绒丝"是该地在她的伙伴们中间流行的译名。

4 *Rapport annuel des évêques de Swatow,* 1934.

5 该组织法语名为 l'Association des Vierges−catéchistes de Marie Reine des Cœurs，英文名为 The Virgins of the Mary Queen of Hearts，中文名为"众心之后"，参见康志杰：《基督的新娘——中国天主教贞女研究》，第144—147页。*Rapport annuel des évêques de Swatow,* 1938.

么孤儿院（也称Sainte-Enfance，"圣婴善会"）则居于天主教传教会慈善事业的中心地位。正如考察过潮汕地区的法籍邺神甫（Régis Gervaix）所说："在启蒙和慈善事业中，圣婴事业排在最耀眼的第一位。"[1] 前面已经提到，1874 年，潮州府的守贞姑冯氏已在家中收容孤儿。1887 年，神甫布塞克在礼拜堂旁边为她修建了一座正式的孤儿院。在世纪之交，守贞姑罗氏接手孤儿院的管理工作。她的助手有周氏（负责孤儿院的财政事务，并负责接收和检查送到孤儿院的婴儿的健康状况）、陆氏（Bernadette Lu，负责照料婴儿）和林氏（Anne Lim，女童讲授家政课）。[2] 法会的神甫也在其他布道站开设孤儿院，例如揭阳的炮台（由娄若望神甫在 1904 年开办，1935 年重建）、揭阳县城（1907 年，亦由娄若望神甫开设）、汕头（1910 年由两名沙尔德圣保禄修女设立）（图 17）和惠来县的天主教村落百冷（由明济各神甫创立于 1910 年）。法会分别为男童和女童设立孤儿院，法国神甫管理男孤儿院，女孤儿院的管理则委托给当地的守贞姑以及后来的西方修女（1910—1913 年是沙尔德圣保禄修女，1922 年之后是吴苏辣修女）。为了保持这些慈善机构的宗教独立性，神父们婉拒了教外人士在经济上伸出的援手。[3]

孤儿院的孤儿通常有三个来源：一些出自贫困家庭，父母无力喂养，通常情况下是女婴；神甫与修女也鼓励非信徒家庭将不想抚养的婴儿送到孤儿院；[4] 民办的养生堂（或称育婴堂）也将垂死的婴儿送到天主教会的孤儿院，让修女帮其施洗，一些后来存活下来，但大部分都早夭。[5] 重男轻女的社会风俗导致了遗弃女婴的普遍现象，因此在天主教孤儿院中，女童人数的比例远远高于男童。根据杜士比神甫在 1910 年的报道："潮州府城的孤儿院每年都能收到数百个被抛弃的女婴。"[6] 而孤儿院中婴儿的死亡率极

1　Gervaix, "Pour le Prix Montyon", p.135.

2　Ibid.

3　*Rapport annuel des évêques de Kouang-Tong*, 1910.

4　Ibid., 1907, 1909.

5　Ibid., 1908, 1909.

6　Douspis, "Pour une Ecole de Catéchistes à Swatow", p.457.

图 17　沙尔德圣保禄女修会收容弃婴（摄于大约 1910 年，汕头）
图中圣保禄会的修女将报酬交到送来婴孩的老妇人手中。此图为法国
外方传道会的杜士比神甫所摄，他在照片说明中写道："每个小女婴
付给十个苏（sou）。""苏"是法国旧的货币单位，币值很小。但还是
有一些年老的妇女专门为天主教会送来弃婴，以获得些许报酬。

高，娄若望神甫在 1909 年报道说："在炮台，圣婴善会本年接收了 57 名
婴儿，在我们的屋檐下停留了或长或短的一段时间后，几乎所有的婴儿都
离开人世到了天国。"[1] 在 20 世纪 20 年代，虽然有加拿人修女们的照顾，这
种情形仍然没有多大改变。[2]

1　*Rapport annuel des évêques de Kouang—Tong*, 1909.
2　Mahoney, *Swatow*, p.48.

由于孤儿院中多数为女婴，潮州的守贞姑主要教给她们各种手艺。根据 1914 年被派到澄海的邺神甫观察："潮州府的孤女学习缝纫、织布、染布、制作假花、刺绣，等等。此外，她们还学习园艺、洗衣和烹饪，制作弥撒用的蜡烛和供圣餐仪式用的面包和面饼。"[1]贞女林氏定时到不同的班级指导，教学生读写汉字和阅读《圣经》。此外，每年有四个月时间，她要将这些学生带到一座修道院，教她们学习圣餐仪式的各种礼仪。[2]当这些孤女长大，她们将嫁给天主教男信徒，共同"组成基督化家庭，或在乡村中担任经义教师。后者极大地增加了女性参与布道的机会，这在天主教内部颇具颠覆性"[3]。

　　新教传教士也设法拯救被抛弃的婴儿。1911 年，女传教士莉娜·E. 约翰斯顿（Lena E. Johnston）跟随从英国远道而来的贝理夫人（Mrs. Bell）来到汕头教区巡视，后者资助英国长老会在汕头建成培养当地男性教牧的贝理神学院。一行人深入乡间，并拍下了下面这帧照片：汕头的女传教士们在池塘边的树上挂了一个竹篮，竹篮里放着一张纸条，上面写道："把您的孩子放这儿，不要将她们扔进池塘。"（图 18）

　　新教教会如何喂养这些被抛弃的婴儿？相关材料亦较零散。有时，一些年长的单身女传教士会领养这些孩子。例如，因家贫，得姨（Tit-I）的女儿被卖为婢，李洁姑娘将其赎回认养。[4]起初，开设孤儿院原本不在潮汕地区新教教会的计划之中。但是到 1922 年 8 月 2 日，特大风灾席卷潮汕，约有五万人在这场自然灾害中丧生，另外有超过四十万人无家可归。[5]如此重大的伤亡改变了英国长老会决策者的想法。在香港经商的潮汕籍基督教商人慷慨募捐，将募得的赈灾物资和善款交与汕头的英国长老会处置。在林章宠的倡议下，英会在受灾严重的长老会村落盐灶设立了一所孤儿院，以便收留灾后的孤儿。日本侵华期间，孤儿院失去商人的资

1　Gervaix, "Pour le Prix Montyon", p.136.

2　Ibid.

3　Ibid., p.135.

4　Mann, *Catherine Maria Ricketts of Brighton and China*, p.53.

5　蔡香玉：《潮汕教会与"八二风灾"救济》，待刊。

图18 英国长老会收容弃婴（1911年）
"把您的孩子放这儿，不要将她们扔进池塘。"
（摘自 International Mission Photography Archive, USC Digital Library）

助，终于在 1940 年关闭。兵荒马乱之余，1943 年又遭受严重旱灾，造成潮汕民众集体记忆中的"紧张年"。庄稼颗粒无收，民众大批饿死，不少儿童成为孤儿。为了抚育这些孩子，林之纯牧师计划重开孤儿院。英国牧师卫戴良（Rev. G. Waddell）和女传教士麦端仁（Gwen Burt）帮忙从外国募集救济金。1943 年，负责孤儿院事务的委员会成立，当地的女信徒林悦禧就任孤儿院院长。1947 年，在本地牧师林之纯、麦端仁和胡德牧师的请求下，广州的美华儿童福利会同意为该孤儿院提供大部分经费。[1]1949 年，盐灶孤儿院有 69 名男童和 33 名女童，他们均在"紧张年"

1　林之纯：《中华基督教会盐灶孤儿院史略》，《盐灶堂会百年纪念刊》，中华基督教会盐灶堂会编印，1949 年，第 17 页。

中成为孤儿。孤儿院的职员包括校长 1 名、教师 5 名、工作人员 3 名。这些儿童被分成五个家庭小组，另派一名教职员担任每个小组的家长。孤儿院又仿照小学的教学体制，将院生分为五级学习。每天上午，他们便到长老会开办的小学各班级学习；下午，不论男童女童均学习家政或其他重要的谋生技艺，如园艺、缝纫、钩针、编草席等。他们也负责教会和牧师住所的清洁工作。在教义学习方面，孩子们定期参加读经班、晨祷、晚祷和主日礼拜、唱诗班。1949 年，在盐灶堂会纪念建堂百年的典礼上，有 23 名孤儿受洗。[1]

潮汕地区的新教和天主教传教会都在妇女教育上投入不少人力和财力。他们都开设了女学、妇学和孤儿院或类似的机构开展妇女教育。这些机构为潮汕姿娘提供了一个受保护的环境，使她们能够排除外界的干扰，在一段或长或短的时间内潜心接受宗教、文化教育和谋生技能的培训。虽然新教和天主教传教会均是在 1874 年前后便开始了妇女教育工作，但不同的传教会仍有不同的侧重点：美会和英会的小女学和老妇学齐头并进，而法会则主要放在经营孤儿院上。然而，随着时间推移，传教会之间相互效仿，在妇女事业上均有新的突破。1922 年对英会和法会来讲都是特殊的一年：英会在此年的"八二风灾"后开始办孤儿院，而法会也开始有外国修女（类似于新教传教会中的女传教士）前来辅助男神甫的工作，并在不久之后建立修道院培训本地修女（类似于新教语境中的女传道）。在开办小女学一事上，美会和英会都是先在传教会总部所在的礐石和汕头埠建立女子寄宿学校，再到若干重要的布道站设立高级小学，在乡村堂会开设初级小学。[2] 而法会则走了相反

1　黄维一：《本院概况》，《中华基督教会盐灶孤儿院史略附录》，《盐灶堂会百年纪念刊》，第 17—18 页。

2　新教与天主教传教士的区别在于前者"大多选择在城市和主要城镇建立他们的学校……新教传教士比天主教传教士更快地发展了一个涵盖了中学和大学的教育体系"，参见 Wiest, Jean-Paul, "From Past Contributions to Present Opportunities: The Catholic Church and Education in Chinese Mainland during the Last 150 years", in Stephen Uhalley, Jr. and Xiaoxin Wu eds., *China and Christianity: Burdened Past, Hopeful Future*, Armonk, New York/London, England: M. E. Sharpe, 2001, p.255.

的路子：由于汕头迟至1915年才成为法会的总部所在，法国神甫们是先在所驻的乡村堂会开办初级女学，高中程度的晨星女中则要等到1945年才在汕头设立。需要追问的是，在接受了教会教育后，这些可统称为福音姿娘的女性，在精神世界与物质生活方面都发生了什么样的变化，而这些变化又对她们所在的潮汕社会产生了怎样的影响？

第五章　女传道

　　潮汕新教教会中的"女传道"，是指经过专门的经义培训，以协助外国女传教士传教的当地信教妇女。被派到世界各地的新教传教会一般称她们为"Bible-women"，即"圣经妇女"。鲁珍晞说过："要复原中国信教妇女先驱的生平和思想难乎其难。在传教士的报告和私人通信中，他们很少提供中国信徒的完整姓名。"[1] 唐日安亦有同感："传教士笔下的很多中国妇女是模糊的个体，从英文书信中直译或意译的名字很难识别其真实身份。"[2] 但这种情况对美国浸信会的女传教士斐姑娘来说是个例外。她在潮汕人中间生活了20 余年，朝夕的相处使她熟练掌握了潮汕方言。1874—1882 年间，她利用闲暇时间与接受她培训的妇学学生们聊天，将其中 16 名女传道的生平自述加以整理，翻译成英文，并寄回美国以小册子的形式单独发行。

　　由于斐姑娘培训中国女传道的成绩非常突出，1877 年美国浸会特派其出席上海的传教士大会，向在华的其他兄弟教会分享其女传道培训经验，她的发言曾引起极大反响。此后，美国浸会的妇女教务杂志《西方浸会妇女传教会年度报告》(*Annual Report of the Woman's Baptist Missionary Society of the West*) 多次刊载斐姑娘在汕头的培训经验，

1　　Lutz ed., *Pioneer Chinese Christian Women*, "Introduction", p.15.

2　　Dunch, "Mothers to Our Country", p.326.

并定期追踪该会在汕头、金华等地女传道的培训进展。由于受到如此大的关注，斐姑娘便收集先前单独发行的女传道自述，加上她对潮汕社会生活的观察与体验，以《宝塔的阴影：中国生活的研究》（*Pagoda Shadows: Studies from Life in China*）为名编写成书，并于1883年在波士顿出版。[1]该书在欧美拥有很多读者，多次再版。第五版在1886年发行，次年又在伦敦出版。离潮返美后，她又出版了两本讲述潮汕社会的日常生活的书。[2]书中明快的笔触、犀利的观察，加上汕头的吴凌画派特地为此书绘制的精美插图，使这两本书至今仍保有很强的生命力。

本章将再现晚清时期英美传教会培养女传道的往事，重点放在美国浸信会的斐姑娘1873—1882年培养的第一代女传道身上，并以英国长老会李洁姑娘1881—1907年训练的女传道为补充。[3]尽管所依据的主体材料仍然出自斐姑娘之手，但由于她熟悉潮州方言，并与这些女传道有长期、密切的关系，因此比其他女传教士更能如实记录她们的生活状况，对她们的名字、籍贯、人际圈也有比较准确的记录。通过搜寻比对岭东浸信会会友中文名录，笔者得以还原这些女传道的中文姓名、籍贯。而对她们的自述进行文本解读与分析，可以大致还原她们的人生经历，进而对她们身处的社会文化环境、入教的原因和影响等方面进行剖析。

1　斐姑娘的著作有：*Dictionary of Swatow Dialect*, Swatow: 1875; *First Lessons in the Swatow Dialect*, Swatow: Swatow Printing Office, 1878; *Pronouncing and Defining Dictionary of the Swatow Dialect*, Shanghai: American Presbyterian Mission Press, 1883; *Pagoda Shadows: Studies from Life in China*, London: T. Ogilvie Smith, 1887 (fifth edition, Boston: W. G. Corthell, 1886); *Chinese Nights' Entertainment: Forty Stories Told by Almond-eyed Folk Actors in the Romance of* "*The Strayed Arrow*", New York, 1893; *A Corner of Cathay: Studies from Life among the Chinese*, New York / London: McMillan & Co., 1894; *Chinese Fairy Tales*, New York/London: The Knickerbocker Press, 1912 (reissue of *Chinese Nights' Entertainment*)。

2　即指 *Chinese Fairy Tales*（1893）和 *A Corner of Cathay*（1894）两书。

3　斐姑娘1883年回美国休假，因此她在汕头第一次停留的时间是十年。这可以从她口中得到证实："这些研究(指《宝塔的阴影》中各篇)作于在中国停留的十年之间。"然而，从1879年开始，她的关注点便转到编撰潮州方言字典上。这个工作花费了她1879—1883年的四年时间。参见 Warren, *Adele Marion Fielde*, p.78。

在使用这些女传道的自述时，必须注意翻译者的视角与移译对自述者本意可能存在的曲解。正如鲁珍晞在分析八位客家传道员的生平时所说："在大多数情况下，我们透过两个透镜观察它们：一是传教士的翻译和校订，一是传道员对往事的追溯。"[1] 尽管斐姑娘在该书的前言中特地说明这些"都是根据叙述者的自述一字一句地从潮州方言翻译为英语"[2]，然而翻译者的改订不可避免。比如，自述中反复出现的"中国"和"中国妇女"此类词。胡卫清认为这种特定的话语模式显然不是女信徒日常生活的经验语言，而是在斐姑娘的教导下而形成的。[3] 笔者认为"China"（中国）一词的使用很可能是斐姑娘对文本进行翻译所做的处理。这些不识字的女传道原来使用的、用以指斐姑娘所理解的"China"一词，也许是 19 世纪颇为流行的"唐山"或其他词汇。[4] 由于这种因为翻译而导致文本变动的不确定性始终存在，笔者在使用时尽量利用了美国浸信会的中文档案进行相互比对，以便更接近潮汕地区当时的语境来还原女传道们的自述。

目前一共有四份史料（参见附录一）提到斐姑娘训练的女传道的姓名。一是《宝塔的阴影》一书的自述。二是该书 1886 年版所附的四张女传道的集体肖像画。从其效果推测，采用的应是当时复制照片通常所用的炭画印刷技术（图 19—22）。[5] 图 19 展示的是陆快和她的学生。图 20 展示了九位女传道的群像，底下空白处标有她们的英文名。图 21 展示了一位名为"容"（Tolerance）的女传道和她的家庭成员。图 22 展示了两位名字分别为"Treasure"和"Lily"的女传道，并标明她们是"南陇堂"（South Spur）堂会的支柱。这四幅图可以让人们对潮汕女传道的形象有一个直观的认识，如着装、发饰、裹脚与否、标志身份与知识的《圣经》和扇子等。三是斐

---

1   Jessie G. Lutz and Rolland Ray Lutz, *Hakka Chinese Confront Protestant Christianity, 1850–1900*, Armonk, New York: M. E. Sharpe, 1998, p.10.

2   见《宝塔的阴影》第五版和伦敦版的序。

3   胡卫清：《苦难的模式》，第 301 页。

4   陈兑在日记中提到"唐山"一词。

5   参见附录一。这些肖像画没有用在 1887 年的伦敦版上。

SPEED, WITH A PUPIL

图 19　陆快与学生

照片采用炭画印刷技术处理，使人物
表情动作显得呆板。对女传道形象的
呈现较为程式化，比如用《圣经》表
示其女传道的身份（Biblewoman，字
面意思就是"拿着《圣经》的女人"），
用文人扇表示其识字能力。此图被
鲁珍晞用作《中国基督教女性先驱》
（*Pioneer Chinese Christian Women*）一书
的封面。

图 20　女传道群像

根据人物的位置和斐姑娘标记的姓
名，她们分别为：
Cress(陈萍)、Minute(王美)、Love(吴
攀惜，亦称纺惜)
Herb（吴瑞兰）、Silver Flower（吴银
花）、Keepsake（林水）
Builder（ ? ）、Orchid（陈惠兰）、
Treasure（吴真宝）

图 21　黄宝容及其家人[1]

根据人物的位置和斐姑娘标记的姓名，
她们分别为：
Lotus（庄莲花）、Completeness（蔡周）、
Cake（黄枝筍）、Love（吴攀惜）、
Tolerance（黄宝容）

图 22　吴真宝和黄秀莲

黄秀莲和吴真宝是南陇堂的主要捐助
者，黄秀莲和丈夫郑美正出七镑，吴
真宝出五镑。该堂紧挨吴真宝家，1880
年建成。她们二人被斐姑娘视为"南
陇堂的支柱"。见黄、吴二人的自述，
Fielde, *Pagoda Shadows,* pp.167-178。　然
而《岭东浸信会七十周年纪念大会特
刊》中所载南陇堂历史却丝毫没有提
到为建堂做出贡献的黄、吴二人。可
见以男性为中心的传统史学编撰体系
中，女性往往被忽略。

（以上四张图均摘自 Fielde, *Pagoda
Shadows*, 1886。）

姑娘约在 1882 年写给美国赞助人的一封信。[2] 在这封信中，斐姑娘提到她当时雇用的 18 位女传道的英文名，并同时注明这些名字的潮州方言读音（参见附录一，第三列）。四是《岭东嘉音》（1936 年）上刊载的美国浸信会历史，其中记录了 10 位女传道的姓名（参见附录一，第四列）。[3]

一、社会背景

在对新教传教会"女传道"的培训制度进行讨论之前，有必要先讨论一下这样的问题，即潮汕妇女为何会被教会的布道所吸引，并选择以传播福音为业。16 份女传道自述虽然具有证道词的刻板模式，其内容却值得进

1　黄宝容及其家庭成员的名字均能在《岭东浸信会会友姓名录》中找到，见《岭东嘉音：岭东浸信会历史特刊》，1936 年，附录：

编号	姓　　名	性别	年龄	受浸年份	籍　贯
566	孙宝兴 （Po Heng）	男	32	1877	揭阳京岗（因为家贫，黄宝兴被卖到京岗一户姓孙的人家当儿子，因而改姓）
595	黄宝容 （Tolerance）	女	39	1877	潮阳桥头
655	黄宝有 （Po U）	男	21	1878	潮阳桥头
662	庄莲花 （Lotus）	女	60	1878	潮阳桥头
864	蔡周 （Completeness）	女	25	1880	潮阳桥头
1014	黄枝笋 （Cake）	女	13	1882	潮阳桥头（宝容的女儿，非亲生，从堂兄弟处过继。此名"枝笋"是潮汕的一种年糕）

2　Fielde's "Annual Letter to Helpers in America", in Stevens, *Memorial Biography of Adele M. Fielde,* p.118.

3　《岭东嘉音：岭东浸信会历史特刊》第 3 页记"女传道则有陈雪花、陆快等"，第 7 页又记"（1885—1890 年）女布道又加李美凤、蔡晶、纺惜、宝容、墟埠（林锦平）、顺梅（吴瑞兰）、荳姆、潘奶等二十余人"。参见附录一，第四列。

行细读和分析，从中可以瞥见女传道这一职业群体形成的社会文化背景。

在斐姑娘到来之前，约翰生夫人已根据"自传"的理念着手培训女传道。陈雪花（Snow, Snow Flower）是目前确知接受其培训的一位。1873年，斐姑娘从曼谷的潮人布道站转到汕头，负责该会的妇女教务。下车伊始，她便着手组建一支女传道队伍。当时教会大概有女信徒一百多人，其中仅有两人识字。[1] 当时的女信徒丁铃（Long，41岁）、林绣金（Siu Kein，49岁）、吴银花（Silver Flower，44岁）、杜瑞（50多岁）和林水（Keepsake，41岁）尽管已人到中年，而且还不识字，但斐姑娘还是决定尽最大努力开发其潜能。[2]

经过一段时间的训练后，斐姑娘向母会报告：她跟约五十名学生有亲密的个人交往，其中三分之一有向他人宣教的能力。[3] 因此，留下自述的这16名女传道极可能便是这些有能力者。数年后，斐姑娘又透露了另一组数据："十年间（1873—1882年），我的培训学校接纳了100名妇女，其中有三分之一能够胜任教导他人之职。"[4] 从1882年起，由于斐姑娘负责编纂《潮音英文双语大辞典》和翻译《圣经》等工作，谭马利亚姑娘（Miss Mary Thompson）和娜姑娘便接手了女传道的培训工作。[5]

1　可能是徐月凤和陈雪花。徐月凤此时已随丈夫李员回潮汕布道。而陈雪花颇通文墨，"尤善歌曲"，"竭力传道，每以歌曲引人"。参见《黄宝山长老传略》，《岭东浸信会七十周年纪念大会特刊》史传之部，第19页。

2　Fielde, "The training and work of native female evangelists", *Records of the General Conference of the Protestant Missionaries of China*, 1877, p.156.

3　Fielde, BMM, 1884, p.144.Warren, *Adele Marion Fielde,* p.66.

4　Fielde, "Native Female Evangelists", in *Pagoda Shadows*, p.95.

5　训练女传道的工作主要由谭马利亚姑娘（Miss Mary Thompson）负责，娜姑娘（Miss Sophia A. Norwood）协助她的工作。前者1876年来汕头，后者一年后到。巴智玺夫人（Henrietta Partridge）在1880年加入她们的行列。1882年，斐姑娘到上海的美国长老会印书馆（American Presbyterian Mission Press）负责《潮州方言字典》（*Pronouncing and Defining Dictionary of the Swatow Dialect*）的校对，该书在一年后出版。斐姑娘在上海期间，她培训女传道的工作除了巴夫人、娜姑娘负责外，还有文姑娘（Miss M. A. Buzzell）、夏女士（Miss Clara Hess，即后来的何约翰夫人）陆续充当助手，前者在1884年底，后者在1886年到达汕头。巴夫人很不幸在1887年去世，她的工作由耶琳夫人接替。

从附录一所示 37 名女传道的基本信息中[1]，可以发现一些有趣的现象。一是女传道籍贯的分布相当广。诚如李榭熙所言，方耀的清乡运动使社会治安平靖，增强年长妇女的社会流动性。但由于她们裹着小脚，长途旅行对她们来说仍极不方便。这样广阔的地域分布暗示福音已传到这些妇女所居的村落，有些位于沿海平原地带，有些坐落于潮州府的内地山区。[2] 早期美会没有女传道来自澄海、饶平两县交界地带和潮安县。直到 1883 年，才有女传道李美凤来自潮安县的坎下村。美会所雇的女传道在这些地方成长得缓慢，或可归结于 1884 年以前英国长老会以盐灶村为中心，在这片区域占据主导。为避免教务发展上的冲突，美国浸信会仅在这里设立了零星几个布道站。

第二个有趣的现象是，这些女传道大部分是寡妇或丈夫在南洋谋生的留守妇女。由寡妇充当女传道的现象，之前已有不少学者注意到，但留守妇女却是劳工输出区域特有的现象。[3] 潮汕地区向东南亚的人口迁徙，使得不少潮汕姿娘与丈夫长期分居两地。潮汕青壮年男性移民到南洋的理由很多，最主要是出于经济目的，为了养家糊口，或经商以获取更多利润。早期他们遵循传统的移民路线，主要是到暹罗（泰国）、实叻（新加坡）和

1　在《宝塔的阴影》中有 16 位女传道的自述；另外两名女传道陈雪花和林绣金的生平已有李榭熙、胡卫清和凌爱基的介绍，陈雪花事迹参见 Joseph Tse-Hei Lee, *The Bible and the Gun*, p.80, 以及胡卫清：《苦难的模式》，第 297—298 页，亦参见氏著：《苦难与信仰》，第 96 页。林绣金的故事参见 Ling, "Bible Women", pp.246-247。斐姑娘提到另外 12 名女传道的名字，但她们的具体生平不详。

2　陈雪花、陆快、林水均来自韩江出海口的澄海樟林；丁铃（普宁光头）、吴瑞兰（潮阳巡梅）、陈萍（潮阳贵屿）来自练江流域；黄宝容（潮阳桥头）、杜瑞、黄秀莲、吴真宝（三人均来自揭阳南陇）、吴银花和吴攀惜（揭阳坎下）、林锦平（揭阳墟埠）来自榕江下游流域；李得金（揭阳锡场）、陈惠兰、王美和林老实（三人均为揭阳白塔人）来自榕江流域上游。可以看到，有三个村子出了至少三名女传道，分别是澄海樟林（陈雪花、陆快、林水）、揭阳南陇（杜瑞、黄秀莲、吴真宝）、揭阳白塔（陈惠兰、王美和林老实）。这三个布道站能够覆盖潮汕平原大部分地区。

3　Ling, "Bible women", p.247; Griffiths, "Biblewomen from London to China", p.531; Wood, "The Part Played by Chinese Women in the Formation of an Indigenous Church in China", p.599.

噶喇吧（今印尼首都雅加达）等地。[1]1880 年后，他们也沿着荷兰殖民者开辟的苦力贸易路线到达东印度群岛苏门答腊北部的日里地区（以棉兰为中心）和婆罗洲（今印尼的加里曼丹岛）西北面的坤甸一带。[2]家在樟林的陈雪花，其夫便出洋在外，留下她"日守家园，手工自给。生二男一女，身兼教养责，俾各成人"[3]。同村的林水，其夫在她 34 岁时带着一些货物出洋到暹罗做生意。他在那里染上了鸦片瘾，身上的钱很快用尽，从此便与妻子断了音信。林氏在家乡殷勤地到庙里烧香，祈求神佛保佑她丈夫能早日归来。当她的儿子长到 18 岁，便动身去暹罗寻父，希望劝他戒除鸦片。[4]同样，吴银花的二子和三子也去实叻谋生。老二到后不久便因病去世，而老三从此杳无音信。[5]

1870 年，方耀办清乡，不少潮汕青壮年男性为了逃避官府的追捕而逃到南洋地区。因此，南洋群岛也被官府视为"匪类"逋逃的渊薮。林锦平（图 23、图 24）的丈夫便因为宗族械斗提供火药和枪支而被举报，面临官府的惩处。由于没钱赎罪，他便逃到新加坡避祸，在十二年的刑期内不得返乡。[6]1856 年，正当太平天国运动的高潮时期，揭阳霖田都萃莪乡的吴阿干带领村民杀死揭阳知县王皆春和把总郑英杰。吴后来"潜匿、旋逃海上"。1869 年，在南洋流亡了十五年的吴阿干潜回家乡，很快便被官军缉获。时任总兵的方耀"剖其肝，以祭王（皆春）、郑（英杰）两公"[7]。

1　潮州当地的老辈人记得一句口头禅"暹罗实叻噶喇吧"，它记述了传统移民劳工前往的三个主要目的地。

2　另有一句潮州俗语"日里窟，会得入，唔得出"，指的是在日里烟草种植园劳作的劳工"终日劳苦，不得温饱，景况凄凉。好多合同期未到就身丧日里。再者，荷兰殖民主义者又开妓院和赌馆，百般引诱'猪仔'们，使不少人因染上恶习而借债度日。这样又要再次卖身抵债，永远也逃不出日里窟"。参见网页 http://bbs.chaoshanren.com/thread-412656-1-1.html，浏览日期：2011 年 1 月。

3　《黄宝山长老传略》，《岭东浸信会七十周年纪念大会特刊》史传之部，第 19 页。

4　Fielde, *Pagoda Shadows*, p.121.

5　Ibid., p.185.

6　Ibid., p.141.

7　佚名：《清道光咸丰同治年间揭阳社会动乱情况》，《揭阳文史》，1995 年第 1 辑，第 42、45 页。

在这样肃杀的形势下，不少"匪类"宁可在南洋度过余生，永不还乡。

出洋的原因还有许多。信教的黄宝有是女传道黄宝容的小弟，他去南洋是为了逃婚。出于怜悯，他的家人将一位疯癫的女子带回家，希望将她治好作为黄宝有之妻。[1]当宝有见到未来的"新娘"发病的情形时，实在无法接受，便一走了之。[2]吴攀惜的丈夫嗜赌如命，欠下了十二镑的赌资，为了逃避债主的追讨，他便悄悄溜到新加坡。[3]李得金的丈夫在一次宗族械斗中受了伤，为了求得有效的治疗方法，他向一位巫医请教，却被告知只有去南洋，他的伤病才能痊愈。他听从巫医的话离开家乡，从此便杳无音信。[4]

寡妇和留守妇女的社会地位差别很大。一位女子如果在年轻时成为寡妇，她会被视为不幸的人。而如果丈夫在她四十多岁时去世，则并非是很不幸的事。因为在近代潮汕地区，频发的民众起义、宗族械斗等社会动荡，较低的生活水准与卫生条件，使人的平均寿命较短。男性面临的社会风险又较女性高，因此寿命往往比女性短。与寡妇相比，丈夫在外的女子不会被视为可怜人。当她定时收到丈夫从南洋寄回的侨批、生活费甚至一些充满异域风情的服饰、物品时，她的亲朋好友会在闲谈中流露出艳羡的口气和神色。李洁姑娘的日记记载，一位老妇收到儿子从番畔寄来的信和三个大洋，有人对她说："你今日变成有钱人了。"这位

1　Fielde, *Pagoda Shadows*, p.165.

2　Ibid., p.166.

3　Ibid., p.130.

4　Ibid., p.114. 潮州地区是宗族械斗的温床，参见 Joseph Tse-Hei Lee, *The Bible and the Gun*, pp.10-13。同时，地方志中对此也有记载，如《揭阳县续志》所记，"古溪陈姓三十余村，械斗成风"，"渔湖都咸丰间械斗成风，动辄仇杀"，"地美都有狠斗之风"，"官溪都有争斗"，"蓝田都丁道咸间械斗成风"，"梅岗乡俗多械斗"，"磐溪都道光间习为械斗"。械斗之为害，丁日昌在《善堂序》中有如下概述："嘉道间始染械斗之习，视人命如草芥，蜂屯蚁杂，撞搪呼号，合郡约计每日夷伤至数十百人，因而田畴废，学校毁，既失其所以为养，更失其所以为教，风俗之弊，于斯为甚。"参见佚名：《清道光咸丰同治年间揭阳社会动乱情况》，第42页。

妇人笑得合不拢嘴，应道："单是这封信已足够让我富足。"[1] 相似的场景也发生在分居两地的夫妻之间。然而，如果丈夫一去后多年不通音信，在家里等待的妻子便孤苦伶仃，甚至被视为"准寡妇"而被人欺负。不管寡妇和留守妇女之间的差异如何，她们都属于社会中的弱势群体。正如一句俗语说的："一日有夫千日贵。"在那个年代，一个女子如果没有了丈夫，家中就失去了顶梁柱。[2]

细读这些自述，还可发现第三种现象，便是男性（男传道、男性亲属）对女性入教的关键作用。传教会进入潮汕初期，当地男传道是传播福音的主力。一些妇女受第一代男传道陈孙、李员、胡得、陈兑等人的影响而信教。这几位男传道是随着约翰生夫妇从香港的布道站转移到汕头，并被分派到各自的家乡传教：陈孙负责澄海县，李员和胡得负责潮阳县，陈兑后来负责普宁县。在 1870 年，李员的家乡潮阳达濠和陈兑的家乡普宁光南都建起教堂。

美会进入潮汕地区初期，培养的传道员多来自樟林港（陆财气）和达濠埠（姚龙）。[3] 陆快的父亲陆财气不仅将妻女带入教会，还有他的邻居陈雪花和其子黄宝山。陈、黄母子后来都成为传道员。[4]1861 年，姚龙在李员的影响下入教。[5] 来自饶平下寨乡的麦鸿安在练江流域的贵屿建了一座礼拜堂，陈萍在他的影响下入教并成为女传道。在麦鸿安、陈萍两人的带动下，黄宝容和她的弟弟孙宝兴成为虔诚的信徒和热心的传道员。[6] 吴银花则是在胡得的带动下入教。

1 Mann, *Catherine Maria Ricketts of Brighton and China*, p.31.

2 "丈夫系还在，妇女就有面。俗话讲，一日有夫千日贵。丈夫系唔在，妇女就好唔方便。"万恩鸿：《旧约女人有乜嘅好样俾今下嘅女人学》，《女徒镜》，巴色会藏板，1916 年。

3 《岭东浸信会会友姓名录》，载《岭东嘉音：岭东浸信会历史特刊》附录。

4 Fielde, *Pagoda Shadows*, p.111.

5 李榭熙也提到姚龙的事迹，参见 Joseph Tse-Hei Lee, *The Bible and the Gun*, pp.82–83.

6 当苏亚拿医生 1891 年 3 月 14 日来到汕头时，孙宝兴仍是揭阳堂的一名热心的传道。参见 Anna Kay Scott M. D., *An Autobiography of Anna Kay Scott, M. D.*, Chicago, 1917, p.148。

带动女性入教的男性亲属包括父亲、丈夫、兄弟、叔伯、侄子等。被斐姑娘视为美会"最完美的教徒之一"的陆财气带妻女入教。[1] 丁铃的丈夫姚宗先到礼拜堂做主日礼拜，丁铃与他同去，后来两人在 1868 年同日受浸。[2] 林水从她的小弟那里第一次听到福音。据她回忆，为了使她能够理解，她的弟弟费尽心思向她解释教义，直至汗水盈颊。[3] 王美从她的族叔那里听到福音，而杜瑞和陈萍则是从她们的侄子那里得知。[4]

尽管男传道是传教的主力，女助手的需要也日渐迫切。凌爱基和唐日安将女传道的需求与光绪初年（19 世纪 70、80 年代）来华的单身女传教士不断增多一事联系起来，认为在华妇女事业的扩展势必需要当地女助手的协助。事实上，1852 年在香港附近的长洲岛上，陈兑在私人领域的布道就已需要其妻的协助。[5] 约翰生夫人在 19 世纪 60 年代初便已开始雇用女传道。这两个例子表明，雇用女传道是为了在性别隔离的状况下向女界有效地传播福音。斐姑娘认为女传道的工作是不可或缺的："首先，通过女传道，我们只需花少量的钱便可接触到大批妇女；其次，通过雇用女传道，我们能有效地利用传教活动的第一批劳动成果，而不必等到受到更高教育的下一辈成长起来。这样一来，所有有才干的当地人便可为教会所用，人数也能随着教会的发展而增加；再次，这正是救主耶稣使用的布道方法。通过仔细筛选，真诚地加以指导，即使是这些怯弱的中国妇女也能按救主的吩咐外出传播福音。"[6] 凌爱基还曾提出其他解释，如女传道熟悉当地方言、社会风俗和同胞的思维模式。因此，与外国传教士相比，她们能更中肯地向其同胞解释教义。此外，她们能够深入那些外国人无法进入、或仇外情绪盛行的地方，以便相机而行。最后，利用女传道本人的社会关

1　Fielde, *Pagoda Shadows*, p.108.

2　Ibid., p.150.

3　然而，三十年后，林水才真正信教。Ibid., p.120.

4　Ibid., pp.106, 147, 157.

5　陈兑日记，1852 年四月二十五日记："命妻出街请妇人明日来拜神。"五月初九日记："礼拜堂前，一妇人来讨眼药。命妻出街，请妇人明日赴礼拜。"

6　Fielde, *Pagoda Shadows*, p.99.

系网，传教士可轻而易举地将触角伸到更广阔的领域。这些都是女传道能为传教带来的便利。[1]

二、入教原因

在基督宗教初传阶段，中国妇女信教的原因很让人关注。简·亨特从"帝国福音主义"（imperial evangelism）的角度进行探讨，强调女传教士与中国信教妇女之间不对等的权力关系，比如前者对后者心理上的掌控，使后者的皈依不是出于宗教信念，而是出于对前者的依赖和感激。[2] 唐日安不赞同亨特的这种解释，认为她将中国妇女的宗教体验一概视为出自强迫而非真诚。[3] 而在他看来，中国妇女信教的原因有三：首先，妇女不满足仅局限于家庭领域，或试图逃避让人失望的婚姻；其次，她们期待受教育并拥有可以自立的职业；再次，男性亲属对她们入教给予的支持。[4] 笔者以为，头两个信教的理由或许在 20 世纪 20 年代恋爱自由、婚姻平等的观念普遍流行之后更有可能成为信教理由。而最后一个原因（同为凌爱基所强调）有些太过强调男性对女性入教的影响。[5] 而潮汕女传道的经历或许能为妇女信教的原因提供更多层面的解释。

凌爱基指出，中国第一代信教妇女一般都"遭受过生活中的悲剧"。[6] 对此，李洁姑娘提供了相关例证。她的日记中记载了一位年轻妇女的悲叹："为何福音这么晚才传到我的村子？以至于我的一个儿子和我的丈夫在没有认识到救主耶稣的情况下就去世了。"[7] 通过考察上述女传道的自述，我更倾向于认为，是内心的痛苦而非贫穷驱使妇女信教，尽管贫穷也是个

1　Ling, "Bible women", p.251.

2　Hunter, *The Gospel of Gentility,* p.177.

3　Dunch, "Mothers to Our Country".

4　Ibid., p.341.

5　Ling, "Bible women", p.247.

6　Ibid.

7　Mann, *Catherine Maria Ricketts of Brighton and China,* p.60.

人痛苦和悲剧的根源之一。斐姑娘训练的女传道来自不同的社会阶层，但总体上处于社会中下层。[1] 杜瑞的父亲是一名小店主，她在家中七个孩子中排行最小。[2] 丁铃的父亲以制盐为生，兄弟则耕种土地。[3] 黄宝容来自赤贫的家庭。根据其自述，最初她的父亲以耕田为业，母亲庄莲花则在家纺纱织布。然而，微薄的收入不足以维持家里八口人的生计。作为家里的老大，黄宝容曾与母亲外出乞食。为了生计，庄莲花成为村里（潮阳桥头）一名巫婆。[4] 与黄宝容的家境不同，黄秀莲来自南陇当地一个富有和受人尊敬的家庭。她的祖父被乡民尊为"爷"，她的父亲则被称为"少爷"。她过惯了养尊处优的生活。她的丈夫也来自当地一个有钱有势的家庭。嫁入夫家后，黄秀莲必须伺候她丈夫的父母和祖父母，毕恭毕敬地为他们端茶倒水。[5] 她在娘家时自然不必做这些伺候人的家务，但对于服侍夫家长辈，她倒也没什么怨言。她的不幸源于不能为夫家添丁。[6]

几乎所有女传道在年轻时都经历过不幸的婚姻。她们大多数改嫁过一回，吴银花和林老实甚至改嫁了两回。儒家伦理强调妇女应该"从一而终"，这是衡量妇女道德水准最重要的品行参照。因经历不幸婚姻而再婚的妇女难免要忍受周遭的闲言碎语，其内心的痛苦不难想见。以吴银花的婚姻为例：她的第一任丈夫对她非常凶狠，甚至夜里都在身边放着一把刀，发誓夜里只要起了杀死她的念头，他便会说到做到。为了防止悲剧的

1　唐日安指出 19 世纪下半叶加入新教教会的中国妇女主要来自社会下层和中层，这种情况一直持续到 1900 年前后。参见 Dunch, "Mothers to Our Country", p.332.

2　她的家乡在揭阳县溪头（Koi Tau），即现在普宁的梅林，距揭阳的新亨不远。参见 Fielde, *Pagoda Shadows*, p.104。

3　Ibid., p.149.

4　根据鲁珍晞的记述："随着人口压力加剧，政治动荡在民间频发，（西方）帝国主义分裂性的影响在 19 世纪的中国扩展，边缘化的和反叛的人数倍增……妇女有其他并不值得尝试或不总能受社会尊重的出路，比如充当萨满、师婆和卦姑，通常都是女性。她们的背景很难一概而论，而失明是与洞察力相联系的。她们通常生活在社会的边缘。"参见 Lutz, "Women in Imperial China", pp.41–42。

5　Fielde, *Pagoda Shadows*, p.169.

6　Ibid., p.171.

发生，她的婆婆只得将她改嫁。可悲的是，和黄宝容、丁铃和林老实的第一任丈夫一样，银花的第二任丈夫是一名赌棍。[1]赌博已使家中一贫如洗，她的丈夫甚至开始打她的主意，想将她再度改嫁，以换取赌资，丝毫不顾银花已经为他生了两个男孩和一个女孩。最后他终于将银花卖掉，得来的钱又在赌场上输了个精光。银花的第三任丈夫既非赌棍，也无鸦片瘾。他的脾气很好，又很勤勉地耕地。但当他们生下更多的孩子，贫寒的家境使他们无力抚育所有的孩子。更糟的是，她的丈夫在一次事故中失去劳动能力，在卧病几年之后便与世长辞。[2]银花向斐姑娘如是说："直到三年前您让我到这儿学习，我才渐渐好起来。……现在我已五十多岁了。上帝对我很好，如果我仍然康健，能继续为他工作，直到生命的最后一刻，那我将再高兴不过了。"[3]

林老实的婚姻状况甚至比银花还糟。她的丈夫在一次宗族械斗中去世，而几个月之后，她诞下了遗腹子。她的婆婆想要更多的孙子，因此便找来一个不知底细的男人作为义子，当林老实的丈夫。林老实对这些安排毫不知情，得知真相后，她出离愤怒了，但她没有拒绝的权利。从这名男子住进家的一个月中，他赌博，输钱，又以做生意为借口，向别人借了更多的钱，并携款逃之夭夭。就在他走后，老实又生下他的儿子。[4]老实的第三任丈夫是一名勤于耕作的农民，两人又生下了两个儿子和一个女儿，但她的丈夫后来因病而亡。在这些女传道中，只有陆快、黄秀莲和吴瑞兰有美满的婚姻，她们的丈夫同是教徒。

前文已经提到，林水的丈夫去暹罗经商却一去不返。她的儿子后来也

1　黄宝容十八岁的时候嫁给她的丈夫，但是他好赌，家里一贫如洗。黄宝容很快便回到她的娘家，再也没回夫家。丁铃十六岁嫁入的人家有田有屋，但她的丈夫和丈夫的兄弟赌博并输了很多钱。丁铃与丈夫生活了一年，他便与其好赌的兄弟到番畔，不久后便去世。林老实的第二任丈夫也好赌。吴攀惜的丈夫本来品行很好，后来也染赌瘾，浪费了六年的时光在这上面。均见于 Fielde, *Pagoda Shadows*。

2　Fielde *Pagoda Shadows*, p.181.

3　Ibid., p.190.

4　Ibid., p.145.

赴暹罗寻父。[1]然而，厄运再度降临在她头上：她的儿子在香港中转，乘船航向暹罗时，却遭遇海难而丧生。经受了所有这些不幸后，林水说："现在除了天堂的希望之外，我的心已别无寄托。我遭受了很深的痛苦，但如果没有这些痛苦，我也不能被拯救。我现在仍然强健，可能还能活很多年。如果我能够带领很多人信主，那我此生的快乐也已足够。"[2]

陈萍不堪婆婆的虐待，曾两度想自杀。[3]她告诉斐姑娘："我感谢主使我如此快乐。在我年轻时，我很绝望，也很愚昧；但现在，在我年老的时候，主的光辉洒在我身上，我的道路是光明的。"[4]李洁姑娘在日记中记录了"一位亲爱的老姐妹那布满皱纹而充满喜乐的脸上绽放出上帝的光辉。她是呼吸着的、生命力充沛的使徒。她告诉我们，她因有如此富有的父亲（指上帝）和如此有力的大哥（指耶稣）而感到快乐；她再也不会感到孤独，并如此快乐地期待她在天国的家"[5]。这两条自述都可视为典型的证道词。这些妇女的不幸经历和她们信教之间的关系可以用李洁姑娘的话来概括："快乐是一种大爱和更多的效劳，在中国这二者均有，""妇女在生命中只得到很少的爱，对她们来说，这（指快乐。——引者注）是一种新的和强大的影响；一旦引入到她们中间，它便因其少有的巨大魅力而赢得她们的尊重和信心。"[6]对第一代信教女性来说，新信仰能够减轻她们因不幸的经历而造成的精神创伤，并向她们许诺有更快乐的生活。她们中间不少人因此信教。唐日安还提到另一个原因，一些年轻的寡妇或留守妇女可能期待在教会内部能找到更好的婚姻而信教。

唐日安和凌爱基认为男性亲属在妇女信教上起了关键的作用。但在事实上则仍存在另一种现象，即男权也是一把双刃剑：它既能影响女性信教，也能阻碍女性信教。银花试图说服她的妹妹信教，但其妹夫扬言，如

1　Fielde *Pagoda Shadows*, p.121.

2　Ibid., p.123.

3　Ibid., pp.155–156.

4　Ibid., p.159.

5　Mann, *Catherine Maria Ricketts of Brighton and China*, p.31.

6　Ibid., p.60.

果他的妻子去礼拜,他就会将她打死。因此,只要他在家,银花的妹妹便不敢去做礼拜。[1]类似的情形也发生在英国长老会内部。李洁姑娘讲述一位妇女"被她的丈夫痛打,她的亲戚也跑到教堂门口来咒骂她"[2]。林水的儿子发现他的母亲想要成为教徒后很不开心,明确表示反对。[3]还有一位妇女遭儿子毒打,终生成为瘸子。[4]当吴真宝拒绝放弃新的信仰老老实实地待在家中时,她丈夫的兄弟对她一顿痛打,将其赶出家门。[5]

很多情况下,当留在家乡的侨眷加入教会时,在南洋谋生、反对她们入教的亲戚便会中止给她们寄生活费,以示惩戒。银花的三儿子在新加坡谋生,当他得知母亲成为一名基督徒时,他便再也没有写信或寄钱给她。[6]同样,当银花在南洋的妹夫听到其妻不听他的警告而信教时,他再也没有寄钱回来赡养妻子和孩子。[7]林老实同样与她在南洋的夫家亲属有经济纠纷。由于其夫已谢世,通常她在东南亚的大伯会寄钱(每次五镑)给她,除了作为祭拜共同祖先的花费外,余下的尚可作为孤儿寡母的生活费。但当他得知林老实已经入教,并从此不能祭祖后,再也没有给她寄钱了。[8]

然而,男性户主的缺席也让妇女更容易摆脱丈夫意志的控制,可以自己决定信教与否,多数情况下也为女性皈依宗教提供了契机。银花的妹妹和林水的例子即可为证:前者在她丈夫一出发去南洋时便受浸,后者则等到她的儿子长大成人,出洋到暹罗之后入教。[9]尽管母亲入教的选择可能面临成年儿女的反对,但由于母子关系更具有"尊卑"伦常的色彩,母亲往往可以选择忽视儿子的反对。比如,当杜瑞的儿子们见到她将佛像、神位等清除出户,问她是否不怕报应时,杜瑞说道:"是我亲手设立的神像,

1　Fielde, *Pagoda Shadows*, p.189.

2　Mann, *Catherine Maria Ricketts of Brighton and China*, p.47.

3　Fielde, *Pagoda Shadows*, p.121.

4　Mann, *Catherine Maria Ricketts of Brighton and China*, p.47.

5　Fielde, *Pagoda Shadows*, p.177.

6　Ibid., p.185.

7　Ibid., p.189.

8　Ibid., p.147.

9　Ibid., p.121.

我也能将其拆解。"听到这些话后，她的儿子们都沉默不语。[1] 母亲的权威此时起了作用。李榭熙还提到，年长的女信徒甚至能够像家长一样影响小孩子信教。[2] 另一方面，儿女的支持也会推动母亲信教。吴真宝在自述中说道，她十三岁的儿子郑光祖的支持使她入教省去很多麻烦。[3]

潮汕地区不少妇女入教是期望新的信仰能够减轻她们精神上的痛苦，并许诺她们一个更快乐的人生。尽管有很多其他的现实因素没有在自述中清楚地表露出来，但追求快乐的人生应当是她们信教的重要原因之一。接下来的问题是，这些信教妇女要成为女传道需要哪些前提条件？晚清时期的潮汕社会，年轻女子是不容许离家到处走街串巷的。相对而言，已摆脱了家庭杂务的中年或老年妇女却可以在公共领域活动。[4] 上述女传道大多均已人到中年（四五十岁），可见年龄是信教妇女能否成为女传道的重要考量因素。这 16 位女传道中，最年轻的是陆快，她接受斐姑娘的训练时还不到三十岁。在斐姑娘看来，这样年轻不适合做乡村布道工作。[5] 于是，陆快先在妇学中担任教师，教授教会中的妇女读书写字。英国长老会的林腓比也是如此。根据斐姑娘 1877 年在上海传教士大会上作的报告，她更倾向于邀请摆脱了家庭杂务、得到丈夫的许可或寡居的妇女前来接受训练。[6] 她选择的标准其实也反映了年长的女性有选择自己生活方式的自由。符合这个标准的潮汕姿娘不少便是寡妇和留守妇女。虽然这些女传道没有在自述中透露她们接受训练的初衷，但可以有如下的解释：她们需要钱、需要支持或需要有人陪伴。

相对于年龄，斐姑娘对女传道的个人能力更加重视：她必须"拥有让当地人认为值得模仿的言谈举止和性格"。要找到有能力的人并不容易。

1　Fielde, *Pagoda Shadows*, p.106.

2　Joseph Tse-Hei Lee, *The Bible and the Gun*, p.81.

3　Fielde, *Pagoda Shadows*, p.175.

4　方耀将军在同治年间（1869 年）发起的清乡运动清除了很多企图谋反的乡民，宗族之间的械斗也逐渐平息，使得中老年妇女可以比较安全地出行。Joseph Tse-Hei Lee, *The Bible and the Gun*, pp.10-11, 83.

5　Fielde, *Pagoda Shadows*, p.108.

6　Fielde, "The training and work of native female evangelists", p.156.

当给予她们的生活补贴很低、不足以吸引人为了钱来上课时，还是有"一些人认为学校的住宿比家里更舒适而申请来学校读书，有的是为了摆脱家庭冲突而来，有的则认为离家能使难对付的婆婆屈服"。尽管在筛选妇女接受训练时花了很大的心思，斐姑娘还是发现，由于"体质孱弱、脾气不好、表里不一，或不能清晰地向别人宣讲福音"，有一半的人完全不合格。[1]

一些数据或能显示女传道甄选程序的严格。如斐姑娘亲自执掌的明道妇学接纳了 100 名妇女，也仅有三分之一的人能胜任教导他人之职。[2] 这种严格甄选的倾向为后来的传教士所继承。1894 年，苏亚拿女医生报告称："妇学已开办了二十年，……212 名妇女接受了指导。其中有 175 名妇女受浸；53 名成为女传道，另外三名被雇为教师。"[3] 从苏亚拿提供的数字看来，这个时候的甄选比斐姑娘的时代更加严格，聘任比例从三分之一降低到四分之一。斐姑娘认为女传道既然要向他人讲解教义，就必须能以身作则，严格遵循教义生活，以此作为榜样，向教外民众展示教会教育的成果。[4]

三、职业培训

斐姑娘设计的女传道训练周期虽并不长，却包含几个阶段。她先邀请一些寡妇和女侨眷到礐石的妇学进行为期两个月的学习。在这段时间，她力求充分了解其性格，考察其能力。两个月的训练结束后，经考察不适合当女传道的人便被劝退，有能力者则继续接受专业的女传道训练。本节将探讨女传道从斐姑娘那里学到的专业技巧和新观念，比如对个人卫生、缠足、杀婴、自杀、婚姻等问题的看法。需要指出，这些新技术、新观念不单用于培训女传道，所有男女信徒都将接受此类教育。

晚清时期的潮州地区，贫苦人家一般将女儿的数目控制在三个以内（包

---

1 Fielde, *Pagoda Shadows*, p.95.

2 Ibid.

3 Ashmore, *The South China Mission of the American Baptist Foreign Mission Society*, p.93.

4 Fielde, *Pagoda Shadows*, p.95.

括三个），正如吴瑞兰在自述中提到，没有一个家庭愿意养育更多的女孩。如果一个女孩在家中排行最长，那么她一般能生存下来。上述女传道虽多非长姐，所幸她们都不属于家庭中"多余"的女孩，因此从父母处得到生存的权利，[1]但她们基本上没有机会读书。尽管家中有两个哥哥念书，林水却从没学习如何读书写字。丁铃的哥哥们教她一些字，但当她才刚学会念时，他们却以女孩没有读书识字的必要为由，中断了对她的教育。按林水的话说："除非女孩是家中唯一的孩子，做父亲的才会教她们读书识字，以此为乐。"只有来自基督教家庭的陆快才在约翰生夫人开办的女学中接受过教育。[2]

斐姑娘采用各种方法训练这些不识字的妇女读书。一开始是口头教给她们一些易懂的小故事，比如伊索寓言，以训练她们清晰、中肯的讲话技巧。[3]这种教学法的效果很明显。斐姑娘说，"所有的妇女都能在几天之内学会站着用洪亮的声音讲述一个小故事，将其中的寓意充分展现出来。"[4]斐姑娘的很多教学都是纯口头的形式，"这样做是为了使学生能在将来的工作中加以模仿"。妇女们常被召集起来，斐姑娘向她们展示一个例子，并让她们在类似的情况下打相同的比方。[5]作为斐姑娘的教学助手，娜姑娘追忆道，在听了斐姑娘朗读以斯帖记之后，陆快复述了一遍，从头到尾没有一处错误，而且几乎不需要任何提示。[6]李得金入学时已经 42 岁，之前没有读书的经历。到妇学学习后，她在十个月内便能流利地朗读一百首神诗、《四福音》、《使徒行传》，并能凭记忆复述几乎所有已学过的内容。[7]尽管这些女传道的文化程度参差不齐，通过斐姑娘的训练，她们的知识水准

1　Fielde, *Pagoda Shadows*, p.136. 这可能是夸张的说法，但反映了当时一部分普通百姓的想法。

2　Ibid., pp.111, 117, 149.

3　"需要教妇女有力地、流利地用她们自己的语言，要正确地、轻松地、愉悦地朗读，清楚地、诚实地、动人地说话，并恰当地利用寓言、轶事、格言、真理说明她们要传达的意思。"参见 Fielde, *Pagoda Shadows*, p.96。

4　Fielde, "The training and work of native female evangelists", p.245.

5　Ibid.

6　Norwood, BMM, 1880, pp.358–360. Warren, *Adele Marion Fielde*, p.65.

7　Fielde, *Pagoda Shadows*, p.113.

大有提升。一些学会如何把福音明白地传达给别人，一些学了几个月后回家去，与之前相比心态更好，更重视学习以获取新知；能长期亲炙斐姑娘的女传道则"在恩典中以神奇的方式成长"[1]。英国长老会的女传教士教当地妇女阅读用罗马字母拼写的方言读本，教给她们《创世记》和《四福音》中的主要故事，而就学的妇女多少能睿智地回答针对这些《圣经》故事提出的问题。[2]

明道妇学在创办之初并没有连续的培训课程。每年平均招收七名学生，培训以两个月为限。在熟记了教义和《圣经》故事后，这些妇女便受派外出传道。一般在分站工作九个星期后，便可以回家一个星期。[3]为英国长老会服务了四十多年的第一位女传道萧添弟婶受李洁姑娘派遣外出传道。她是饶平黄冈人，1870年44岁时受洗（见附录三，编号6）。身为女传道，她"显示了惊人的布道天赋：她使用比喻的智库似乎是无穷尽的，是优秀的街头布道者"。在众人的包围下，她一点都不怯场，对诘问者细心解答，引用谚语，或从四书中旁征博引，屡试不爽。这些技巧常博得反教者会心一笑。[4]在完成乡村布道之后，女传道们便重回总部磐石，接受进一步的训练，通常历时两个星期，主要是为了防止她们因与世俗社会长期接触而意识麻木，因此需要用新的教义振奋她们。[5]在这两个星期，她们接受了如下指导：如何在每个季度的会议上教导其他妇女？如何报告她们在乡村布道站的工作？如何与传教士，以及在彼此之间就教会事务和教会成员等事宜交换意见。在四个季度的会议上，她们学习的教义课程有四个系列，每个系列十次课：第一季度是关于十诫，第二季度关于背负十字架，第三季度关于坦率，第四季度关于上帝的属性。[6]李洁姑娘是否也采用这样的训练方法，目前尚不知晓。不过，在1904—1915年，英国长老会的女

1　Fielde, *Pagoda Shadows*, p.94.

2　Records of the WMA Council, 7th Meeting, Chaochowfu, 1st Mar., 1907.

3　Stevens, *Memorial Biography of Adele M. Fielde*, p.117.

4　Mann, *Catherine Maria Ricketts of Brighton and China*, pp.40−41.

5　Stevens, *Memorial Biography of Adele M. Fielde*, p.116.

6　Ibid., p.117.

传教士协会每年七月份都开设学习班，为女教师、女传道、处于试用期的工作人员提供强化训练，以坚定她们的信仰，提高她们的专业技能。[1]

学习班以《圣经》经义训练为中心，但学员也以地图为媒介学习地理知识，还有个人卫生等科目。让中国妇女理解洁净与对上帝的虔诚之间的关系向来是一件难事。[2] 为了让女传道们更好地理解现代卫生基本原理，斐姑娘诉诸显微镜，使其认识到污秽的空气和浑浊的水中潜藏着影响人类健康的细菌。斐姑娘也指出一些她们习以为常、视而不见的不良卫生习惯，从而改变其卫生习惯，更经常地洗澡、洗衣服。[3] 但是，个人卫生习惯的改变并不意味着女传道在着装与饮食习惯上完全改观，她们的吃穿仍然与教外妇女一样。[4] 斐姑娘早已认识到："对这些妇女所做的训练要使她们仍然适合居住在大部分人所居住的狭窄和卫生较差的社区中。即使这些女传道有一些品位和习惯在我们看来不是很让人赞赏，如果在训练中让她们改变这些习惯会在某种程度上使这些女传道和她们的工作对象隔离开来，那么我们最好还是不要改变她们。"[5]

斐姑娘的训练使女传道对一些问题，如缠足、溺婴、自杀、婚姻等有了新的看法。大部分女传道在她们十来岁时便开始缠足。林水缠足时是十三岁，她记得刚开始缠时，每当夜里脚疼得受不了，她的母亲总让她将布条松开，但是疼痛却加剧。[6] 丁铃也在十三岁时缠足，她小时候常随父亲到盐田舀海水制盐，在一旁帮着提较轻便的工具，或跟随她的哥哥到稻田里耕作。缠足后，她便再也不能跑到葱翠宜人的田野，也不能干任何重活。[7] 有三名女传道没有缠足，陆快是其中之一。然而，陆快在自述中承

1　　Records of the WMA Council.

2　　Ibid., p.117.

3　　Stevens, *Memorial Biography of Adele M. Fielde*, p.117.

4　　埃德温·芒赛尔·布利斯（Edwin Munsell Bliss）在《传教会百科全书》（*The Encyclopedia of Missions*）"Women's Work for Women" 条下所写的内容，参见 Stevens, *Memorial Biography of Adele M. Fielde*, p.116。

5　　Fielde, *Pagoda Shadows*, p.96.

6　　Ibid., p.118.

7　　Ibid., p.149.

认是她本人希望在去学校读书之前缠足，倒是她的父亲陆财气坚决反对："如果你坚持要把双脚缠住，那么你的手也得缠。"[1]针对妇女身心的束缚往往是妇女以男性的审美标准甘愿、自愿、决意为之，这一事例却颇具讽刺意味。另外两位拥有天足的是王美和李得金。王美是居住在揭阳白塔的客家人，客家妇女向来没有缠足的习惯。[2]李得金虽不是客家人，但她的家在揭阳的锡场，该村子坐落于福佬和客家二族群之间，她极有可能受到客家风俗的影响而没有缠足。潮汕地区缠足之风颇为流行，耶琳夫人在她的书中写道："从1873年斐姑娘开设妇学始，到1904年的三十一年中，就读的学生有335人，平均年龄是40岁。入学之时，几乎所有的人都有缠足。"[3]

斐姑娘使女传道认识到：缠足不但是野蛮的行为，同时也是有罪的，因为这种行为试图改变上帝的创造。吴瑞兰如是说：

现在我已经得闻真道，我认识到缠足是一种非常邪恶和有害的习俗。上帝为我们创造了眼睛手脚，以作为实践祂的工作的工具，我们却邪恶地将它们破坏。在重塑我们的脚的同时，我们等于宣称上帝为我们塑造的样式不适合我们，我们本身能够改善祂的手艺。但女人要有天足，前提是要先教育男人，天足的女人是值得要的妻子。[4]

吴瑞兰不仅后悔之前的缠足行为，也强调风俗的改易关键在于男人的教育。解放小脚也变成了信教妇女在精神上重生的象征。黄秀莲是美会中六七位放脚的妇女之一。在经过长期和痛苦的努力后，她们的脚趾又恢复到原先的位置，穿的鞋的式样也类似于天足的人所穿的鞋，只不过尺寸更小些。[5]

1 　Fielde, *Pagoda Shadows*, p.111.

2 　Ibid., p.132.

3 　Ashmore, *The South China Mission of the American Baptist Foreign Mission Society*, p.96.

4 　Fielde, *Pagoda Shadows*, p.135.

5 　Ibid., p.173.

传道员也将天足的观念传给下一代。陆氏父女的例子便是很好的说明。吴攀惜决意不让她十二岁的女儿缠足，那时她正就读于美会开办的学校。[1] 直到 1899 年，天足的观念才开始在中国的普通民众中推广。次年，潮汕当地的开明士绅也开始在自己的家族中推行天足观。[2] 1916 年，潮安彩塘市仁德药房的侯寿增在《女铎报》上发表了《放足良法》一文，这是他多年行医的经验之谈。[3] 此后不久，北洋政府才发布训令，严戒妇女缠足。[4]

这些女传道大多在入教前溺杀过亲生的女婴。杜瑞在十六岁时便生下第一个女婴，之后又连续生了另外两个。由于担心生这么多女婴会招夫家嫌弃，她只好将第三个女婴扼死。[5] 吴真宝先后生下三个女儿后，才得到一个儿子，但儿子到了第十天便不幸夭折。接下来，她又生下一个女儿，最终她只留下最大的女儿（但很不幸在她九岁的时候又夭折），其他几个女婴则先溺毙在木桶中，再扔进河里。当她的丈夫唤来挑夫将这些女婴送走时，真宝并没有觉得遗憾，她没有哭，反倒为生下的不是男孩而懊恼。[6] 吴银花与她第三任丈夫生了四个男孩和五个女孩，因喂养女孩对他们而言是沉重

1　Fielde, *Pagoda Shadows*, p.130.

2　《岭东日报》光绪三十年（1898 年）五月初十日"潮嘉新闻"："咄咄贱种之辱国：旧金山报云差拿（China）船抵埠，有上海茶店陈新礼者带来缠足女二名，往圣路易赛会当侍茶之役。寓美华人闻此消息，即致函中国正监督伦贝子，副监督黄开甲，恳其查明截止，以免辱国体而长蛮风云。噫！缠足为中国最野蛮之俗，历史上之大耻。国弱种孱，半由于此，各省志士创不缠足会，逐渐推广，日益有功，何物贱种，乃敢于万邦注目之会场而陈此弱国孱种之丑态，惹外人之耻笑？辱国体而不顾，虽食其肉、寝其皮，岂能蔽其辜哉。"
亦见光绪三十一年（1900 年）八月初九日："潮郡不缠足会之起点：女子缠足，流毒颇盛。开通之士咸知之。故近日多天足会。彼此婚配，不许缠足。潮州各属，多行之者。然郡城未之前闻也。近有澄海籍杜茂才缵尧之兄绍尧，其子与郡人陈君惠珊之女结婚。则相约不缠足。此诚为我潮郡城天足会之起点。诚能扩而张之，则风气大开，亦凤城女子之幸福也。"

3　侯寿增：《放足良法》，《女铎报》第五期第五册，1916 年 8 月 1 日。

4　《严戒妇女缠足之训令》，《女铎报》第五期第十册，1917 年 1 月 1 日。

5　Fielde, *Pagoda Shadows*, p.104.

6　Ibid., p.173. 按：这个木桶通常漆成红色，是清代女性嫁妆的必需品。蔡鸿生先生在一次闲谈中指出，该桶的作用正在于溺毙不想要的女婴，听者愕然。

的负担，便将其中四个闷死。[1]吴瑞兰有三个儿子和六个女儿，她将其中的三个女儿扔掉，以减少家庭中女孩的数量。[2]英会的李洁姑娘记录，有一位妇女曾经亲手杀死过五个女孩。当她听到传教士们批评这种罪恶的行为时，她吓得浑身颤抖，并向传教士们乞问她是否能够得到原谅。[3]溺杀女婴的风俗源于当地社会普遍认为男孩比女孩有价值，因为男孩能够传宗接代，如果能走上仕途出人头地，则能光宗耀祖；平庸者也能勤勉谋生增加家庭的财富。而女孩长大就是泼出去的水，为夫家传宗接代。养育女儿只会耗费家庭的财富：她们非但不能挣钱，而且在出嫁时，娘家还得赔上一笔嫁妆。然而归根结底，贫穷才是导致溺杀女婴行为最重要的原因。

溺婴被在华的外国传教士视为最令人发指的恶行。他们教导在教会学校中就读的男女学生摒弃这种恶习，并在通衢大道散发传单规劝普通民众。扼杀了四个女婴的吴银花后来做了这番忏悔：

> 我是一个罪孽深重的人；只有救主耶稣能够拯救像我这样罪孽深重的人。现在，每当我想起这些婴儿，我的心便非常痛苦。我夜不能寐，一直在想这样的罪是否能够抹去；但那时我没有听说上帝的十诫，只是认为这些女孩是多么无用。[4]

吴瑞兰也悔恨当初："那时的我并不像现在这样认识到杀婴是一种严重的罪。"[5]这些早期的信徒不仅忏悔以往溺婴的行为，也劝导年轻一代的女性不能再从俗。

从道光到光绪初年，宗族间的械斗、太平天国运动引发的农民起义使潮汕社会一直处于动荡之中，直到同治年间总兵方耀发起清乡运动之后，

1　Fielde, *Pagoda Shadows*, pp.182–183.

2　Ibid., p.136.

3　Mann, *Catherine Maria Ricketts of Brighton and China*, pp.44–45.

4　Fielde, *Pagoda Shadows*, pp.182–183.

5　Ibid., p.136.

社会才逐渐安定。[1]社会动荡导致很多家庭一贫如洗，或丈夫伤亡，不少妇女不堪忍受痛苦而选择自杀，不幸的婚姻或家庭纠纷也是她们自杀的重要原因。[2]在第一段婚姻中，林锦平不堪忍受在家等待一位看不见的丈夫（过番南洋）、让人憎恨的婆婆（她的另一位妯娌就因不堪忍受婆婆的虐待而自杀），曾两度有过自杀的念头。现在她认识到：

中国妇女不知道自杀是罪恶的。只有我们这些接受了教育的人，才知道我们归上帝所有，才不敢破坏属于祂的生命。只有我们能以正确的方式珍惜我们的生命，因为我们知道我们要前往天国，为此需要时间做准备。[3]

在传统的婚姻中，夫妇之间的关系是不平等的。在一些下层社会的家庭中，男人可以先用饭菜，余下的才留给妇女；或男人吃质量好的饭菜，次等的留给妇女。前淑德女学校友曾德容回忆到，直到 20 世纪 30 年代她家还是这种情形。夫妇一起在街上走会招致路人的指指点点。当教会引入了基督化家庭的观念之后，丁铃、陆快和吴真宝才认识到夫妻之间本应是伴侣关系，而妻子在基督化家庭中扮演着关键的角色。伴侣式的婚姻对那些不满传统婚姻中夫妇间不平等关系的女性颇具吸引力。

传教士的训练一方面强化了这些学生的信仰，另一方面也教给她们布道的技巧和新的观念。那些有纯正的信仰，并很好地掌握了这些技巧

---

1 佚名：《清道光咸丰同治年间揭阳社会动乱情况》，第 37—48 页。

2 《岭东日报》光绪三十年（1898 年）正月十九日"潮嘉新闻"："妇女轻生之离奇：澄邑南洋乡杜姓有甲乙二妇同室而家，俱清贫。日前以细故口角，乙妇愤不已，入夜竟投缳毕命。甲妇闻之，慎祸及己，亦自缢。越日乡之某姓复有二妇不知因何起衅，亦先后自缢死。潮属愚妇女每因细故便以一死了其生涯，未有一乡之间，四妇轻生如此者也。"办见《岭东日报》癸卯年（1903 年）六月二十二日："二女轻生：嘉俗妇女不惜身命，往往因事轻生，可叹亦复可怜……"天主教加拿大吴苏辣会的十字架姑娘在 1924 年写回加拿大史坦斯岱（Standstead）的信中说："最近，一位三四十岁的妇女因为绝望，在我们的修道院附近自沉。寄她的丈夫失业，而她没有足够的钱养活三个小孩子。"Mahoney, *Swatow: Ursulines in China*, p.76.

3 Fielde, *Pagoda Shadows*, p.142.

和观念的人，便可受雇为女传道。在斐姑娘的时代，女传道每人每月的工资是 2 美元，其中包括了交通费。[1]1912 年，英国长老会女传道的工资是 4—5 美元。[2]有丰富经验的女传道比新手薪水更高。例如 1910 年，珠美婶（Tsu-mui sim，见附录三，编号 41）的工资从 3.5 美元升到 4 美元，五年之后，她的工资涨到每月 5 美元。[3]实际上，女传道这份职业给有能力者提供了一种不错的谋生方式，使她们挣到比先前的职业更多的收入。在当女传道之前，陈雪花是以唱歌册为生，陈萍则是制作纸钱供乡人求神拜佛之用，而大部分人则是家庭妇女，完全没有职业可言。现在能够在公共领域通过自己的劳动换取报酬，这对不少女性来讲都是让人羡慕的新体验。不可否认，有些妇女是出于经济的目的而从事女传道的工作。但不管怎样，她们可算是潮汕地区第一代具有现代意义的职业妇女。

四、社会影响

自从 1874 年斐姑娘的明道妇学开办后，女传道便逐渐发展为一支重要的传教力量。最初，她们的主要工作是到乡村妇女中间布道，也会将自己的家庭成员、亲戚、朋友和邻居带进教会。到了 20 世纪初，她们的工作地点扩展到各种教会机构，如传教会总部、女学、妇幼医院、红十字会和男女青年会。[4]

16 位女传道的自述展示了信教妇女的影响力不仅限于她们未成年的亲属，甚至影响到那些辈分比她们高的成年亲属。例如，在吴银花信教后，她的母亲、已婚的妹妹、她的一个儿子和儿媳，还有其他亲戚后来都成为

1　Stevens, *Memorial Biography of Adele M. Fielde*, p.119.

2　The 17th Meeting, Far East House, 29th April, 1912.

3　The 14th Meeting, 26th September, 1910; the 27th Meeting, Far East House, 30th Sept., 1915.

4　Records of WMA Council, 25th Meeting, Far East House, 8th Oct. 1914.

信徒。[1] 吴真宝也成功地使其兄弟皈依，曾经痛打过她的大伯（她丈夫的哥哥）后来也不时去听她讲道。[2] 黄秀莲也引领她的母亲和其他亲戚入教。[3] 黄宝容带动家人入教的成果最引人注目。在她和她的哥哥孙宝兴（任男传道）的努力下，他们家共 12 位成员信教（参见图 21），其中包括她的母亲、曾在村中当巫医的庄莲花。曾经附在莲花身上、给家庭带来灾难的恶灵也从此消失。[4] 不少邻居都到黄宝容家中礼拜。[5]1889 年 10 月 25 日，当苏亚拿医生到桥头村巡回医疗时，还特地拜访黄宝容家。当时黄宝容家的后代有 40 人，全为基督教徒，庄莲花也尚健在。

也有几个例子是丈夫跟随妻子入教，例如黄秀莲和郑美正、朱月英和邱廪两对夫妻。吴攀惜和林锦平写信给在南洋的丈夫，要他们回乡并加入教会，以使全家信主。[6] 这不同于一般的观点认为妇女信教是由于丈夫的影响所致。[7] 此外，潮汕地区的美会所雇的男女传道不少是来自同一家庭，例如父女（陆财气和陆快）、母子（陈雪花和黄宝山、吴银花和林廷意、陈萍和李金菊、李美凤和陈仁山）、姐弟（黄宝容和孙宝兴）或夫妇（洪名安和陈惠兰、黄宝山和郑英娇）。[8] 正如"福音派母性气质"这一传教思想所设想的，妇女在家庭成员的信教上起到关键的作用。

自述中不少例子反映出女传道的巡回布道成效卓著。她们有时是在西方女传教士的陪伴下，多数时候是独立布道。吴瑞兰先是在家乡潮阳巡梅

1　Fielde, *Pagoda Shadows,* p.190.

2　Ibid., p.177.

3　Ibid., p.173.

4　Ibid., p.162.

5　Ibid., p.166.

6　Ibid., p.142.

7　Ling, "Bible Women", p.247.

8　林廷意与李金菊的受浸信息见《岭东嘉音：岭东浸信会历史特刊》浸会信徒名录，第 6 页：

| 342 | 林廷意 (Teng In) | 男 | 15 | 1874 | 揭阳坎下 |
| 313 | 李金菊（Kim Kek） | 男 | 15 | 1874 | 普宁贵屿 |

听一位外国女传教士布道。[1] 她记得这位"番仔婆"如何在她邻居的家中坐下，向在座的妇女讲话。瑞兰也好奇地听她到底在讲什么。"番仔婆"走后不久，

> 一位女传道到访，并教我们更多教义。她停留了好几天，和我的妯娌同睡。但当时我的邻居将这名女传道赶走……不久之后，邻居让女传道重新回来，从此再也没有用暴力干扰她在村里传教。[2]

吴瑞兰在1874年受浸。她的自述反映了由斐姑娘定下来的一条重要原则："我常去女传道去的布道站探访，从来没有派她们去那些我自己没有去过的地方。"[3] 只有对村庄的地理位置和当地村民有了亲身了解后，斐姑娘才能准确把握女传道每两个月向她做的报告。她给予女传道经常性的指导，以避免精力用到错误的方向、资金的浪费和传教事业的挫败。[4]

根据斐姑娘所说，在吃饭和夜里睡觉的时候布道——亦即与传教对象同吃同睡——常常有更高的成功率，这大概可以归结于在这些时候女传道能对目标倾注更多的注意力，促使她马上行动；而传教对象也能更好地了解女传道，从而扫除脑海中的一些疑虑而下定决心信教。[5] 林水和黄宝容热心并轮番地在吃饭和夜间跟吴真宝谈话，最终将她带进教会。[6] 王美邀请两位到访的女传道到家过夜，当熄灯睡下时，她们便开始谈话，告诉王美上帝是谁，做了什么，天堂和救主耶稣是什么等，一直谈到天亮，王美从没忘记她们夜里所说的话。[7] 正因这段插曲在她入教过程中的

1　她应该就是斐姑娘。吴瑞兰提到她能与当地妇女交谈，当时美会的女传教士只有斐姑娘有这样的语言能力。

2　Fielde, *Pagoda Shadows*, p.137.

3　Fielde, "The training and work of native female evangelists", p.157.

4　Ibid.

5　Fielde, *Pagoda Shadows*, p.96.

6　Ibid., p.175.

7　Ibid., p.133.

重要性，斐姑娘将"一个晚上的工作"（One Night's Work）作为她自述的标题。这些例子似乎暗示，夜间布道的好处在于妇女有时间安静下来思考比较抽象难懂的问题。白天的时候她们要忙于操持家务或农活，没有时间进行思考；而其他人在场也使她们不能与女传道就一些疑惑展开讨论。

林水和黄宝容对黄秀莲的家访也展示了斐姑娘立下的另一条布道原则：女传道从来不走访那些没有熟人在当地为她们做担保的村子。乡村中的信教妇女充当了巡游的女传道的向导。黄秀莲正是林水和黄宝容在南陇乡的向导和担保人。这种考虑出于两个原因：第一，由于熟悉蜿蜒的小路，一位当地向导能将女传道带到正确的村子。[1]第二，由于乡民对陌生人起很大的疑心，当地向导能帮助消除对女传道所起的疑心。[2]经常性的访问和一对一的对话式教义问答也同样有助于成功皈依男女听众。

女传道们在她们自己的家庭、亲戚、邻居、朋友中间取得的成功并不意味着她们在巡回布道中也能高效地吸引陌生人入教。这也许可以归结于19世纪60、70年代华洋初次大面积接触时，普通民众的仇外情绪。[3]女传道们和斐姑娘对巡回布道的工作成效有清醒的认识。吴攀惜在1876年说："我已经到过了七十多条村子传播主的信息。我不知道有多少妇女因此信教。但我确信只有少数人因为听了我的布道而成为基督教徒。"[4]吴瑞兰在次年说，尽管她村里所有的人都听了福音，信教者却寥寥。[5]1880年12月16日，斐姑娘随王美走访了揭阳白塔村，她发现："王美探访自己的母亲，她一有机会就传播福音，但在她的听众中却没有任何明显的效果。"[6]然

1　Fielde, "Annual Letter to Helpers in America", in Stevens, *Memorial Biography of Adele M. Fielde*, p.118.

2　Fielde, BMM, 1884, p.144. 参见 Warren, *Adele Marion Fielde*, p.66。

3　Paul A. Cohen, *China and Christianity: The Missionary Movement and the Growth of Chinese Antiforeignism, 1860-1870*, Cambridge, Massachusetts/London, England: Harvard University Press, 1963.

4　Fielde, *Pagoda Shadows*, p.130.

5　Ibid., p.137.

6　Stevens, *Memorial Biography of Adele M. Fielde*, p.138.

而，到了 19 世纪 90 年代，"女传道的工作却如此成功，甚至美国浸信会的男传教士们也肯定她们在潮汕各乡镇的直接布道工作中扮演了与当地男传道和传教士同样关键的角色"[1]。

不管女传道的工作如何成功，其正派形象如何成为普通信众的楷模，不可否认的是，她们毕竟是生活在潮汕社会的基督教徒，十六名妇女中大部分是到了中老年时候才闻道、信教并成为女传道。在此之前，她们长期生活在传统社会中，即便信教后，她们仍无法完全摆脱一些传统观念的影响。丁铃入教三年后生下了次女姚玉枝（Jewelled Branch），由于她和丈夫姚宗都是虔诚的教徒，他们并没有放弃这个女婴，然而由于家贫，他们只好将大女儿姚顺观（Light Follower）以五镑的价格卖到潮阳县城一家富户中当女婢。[2] 作为基督徒，丁铃可能认识到这种行为是不可取的，但在世俗社会显然是可以接受的。一年半之后，当他们听说顺观遭到女主人冷酷的虐待时，不得不向教会求助。教会组织教友们合力捐献，凑齐赎金将顺观赎回。但是，教会对姚宗与丁铃夫妇的不信任维持了相当长的一段时间，他们因为卖女的行为而遭到谴责。[3]

类似拘泥于传统习俗的例子也出现在英国长老会内部，这一回是女传道好婶（Mrs. Good）对祖先牌位的处理问题。李洁姑娘愕然地发现她在入教多年后，还没有将祖先的牌位清理掉，反而是偷偷地藏匿起来。这对于李洁姑娘是沉重的一击。在她看来，一位不合格的女传道对教团来说只能是灾难。李洁姑娘在日记中写道："我觉得我再也不能相信她。……她来参加礼拜，一副可怜兮兮的样子，但我没有福音给她。"[4] 对于祖先崇拜的问题，1890 年和 1907 年在上海召开的新教传教士大会上已有妥协的呼

1　"The South China Mission, Swatow Department, the 79th Annual Report, 79th Annual Meeting of the Baptist Missionary Union held on 26 May 1893," *Missionary Magazine*, 73, 7 (July 1893), 301. 转引自 Ling, "Bible women", p.257。

2　Fielde, *Pagoda Shadows,* p.151.

3　Ibid., p.152.

4　Mann, *Catherine Maria Ricketts of Brighton and China*, pp.28–29.

声，[1]但在斐姑娘和李洁姑娘看来，训练女传道是要使她们在信徒和非信徒中间充当先驱和楷模。如果女传道仍然继续遵循那些跟基督教义抵触的传统习俗，还谈何让教外人士接受基督宗教？

尽管男传教士和男传道能够在公共场合向妇女传播福音，他们与妇女在私人领域的接触却被严格限制，这是 1852 年陈兑在香港附近的长洲岛布道时遇到的情况。从 1860 年汕头开埠，到 1873 年斐姑娘到来之前，男传道是向女性布道的主力。但从 1874 年开始，雇用女传道使传教网络大为扩展，因为其能够接触不同年龄段的妇女。她们与男传道之间也有密切的合作，有一些男女传道还来自同一家庭，他们是父女、母子、夫妻或姐弟。他们的合作使得信教妇女的人数从 19 世纪 70 年代开始快速增长。

十六位女传道的自述揭示了潮汕地区妇女信教的部分原因。由于这些妇女在入教之前都有一些不幸的经历，基督宗教能减轻她们精神上的痛苦，许诺她们一个更快乐、充实的人生。同时，基督教的传入也为女性带来了教育、就业方面的机会，向女性展示了平等、甜蜜的基督教婚姻与家庭生活的美好前景。这些均有助于吸引女性入教。此外，男户主的缺席（或去世，或在长期在南洋谋生）也使寡妇或留守妇女有了独立自主的机会，她们能自己决定是否信教，而不会受到男性意志的左右。

英美两会从信教妇女中严格筛选、训练女传道，这些潮汕姿娘大多是寡妇或女侨眷，丈夫不在身边迫使她们趋向独立。在妇学中，她们从女传教士那里学到基督教义和布道的专业技巧，并培养了新的观念和生活习惯，尽管她们之中少数人仍然摆脱不了一些传统习俗的影响。

虽然女传道在亲戚朋友之间的传道富有成效，但在女传道制度实践的初期（19 世纪 70 年代），她们在陌生人中布道的成效并不明显。从 19 世

1　Ahn Sung Ho (Daniel), "The historical divergent viewpoints on ancestor worship of the China missionaries in the Shanghai missionary conferences in 1877, 1890 and 1907", Consultation and Cooperation in the History of Missions: A conference co-sponsored by the University of Edinburgh, Yale Divinity School, and the Overseas Ministries Study centre, New College, Edinburgh, July 1–3, 2010.

图 23　女传道合影（摄于礐石，日期不详）

摘自 Stevens, *Memorial Biography*。2009 年 10 月，据礐石当地教友辨认，前排左数第四位似乎是黄淑清，乃受访者的婆婆。第二排右边第四位是林锦平，同见下图。汕头基督教三自爱国会的主席黄志仁先生告知拍照的地点就在礐石。

纪 80 年代开始，越来越多的单身女传教士来华工作，女传道们便顺理成章地成为她们的本地助手。进入到 19 世纪 90 年代，潮汕的女传道逐渐被美国浸信会视为与传教士和男传道同样重要的传教力量。斐姑娘培训并雇用女传道的方案也被在华的其他新教传教会所效仿。在多种因素的共同作用下，中国信教妇女的人数在 1900 年前后有了快速增长。

**图 24　林锦平和孙安美（Abbie G. Sanderson），
美国浸信会（1920—1937 年）**

摘自 International Mission Photography Archive, USC Digital Library。此照片网站上的说明如下：孙安美姑娘任教于汕头正光女学，金平姨（Aunt Golden Peace，即林锦平）是世界上最早的女传道之一。她曾经穿行于一个又一个村子，告诉人们福音的好消息。现在她再也不能走那么远的路程，而是将时间花在医院（礐石浸信会的益世医院）的病人们身上。图中林锦平与孙安美站在一栋石砌的房子跟前。

第六章　婚姻理想

　　明末来华的耶稣会传教士利玛窦（Matteo Ricci）和庞迪我（Diego de Pantoja）曾就"单偶制（纳妾制是其反面）"和"婚姻不可分离"这两个天主教婚姻原则展开讨论，见二人所著的《天主实录》和《七克》。林中泽已从中西方性伦理的角度对这两个原则做了细致的研究。[1] 晚清活跃在粤东地区的三个新教传教会（美国浸信会、瑞士巴色会和英国长老会）和一个天主教传教会（法国巴黎外方传道会）亦在当地信徒中间宣传基督宗教的婚姻观，大略可分为四点：婚姻的永久性和专一性、夫妻间相敬互爱和妻子的克己奉献。需要指出的是，晚清来华的西方传教士面对的社会状况与晚明时期已有不同。首先是宣教对象所属的社会阶层不同。利玛窦和他的耶稣会同侪主要面向士大夫传教，试图通过社会精英的影响力自上而下地引领下层百姓信教。而晚清时期，无论是新教还是天主教传教士均以下层民众为传教对象。其次是中国和西方各国的政治、文化实力出现逆转。晚明时，虽不时有西方舰队试图入侵沿海地区，但均被明朝海军挫败；文化上，入华的耶稣会士对中国文化大多怀有崇敬的心理。而晚清时期，清朝在军事上已无法抵御西方列强的入侵，不少士大夫对中国文化已失去信心，争相学习代表西方科学知识的"新学"，期望能"师夷长技以制夷"。

1　林中泽：《晚明中西性伦理的相遇》，广州：广东教育出版社，2003 年。

晚明和晚清社会形势的差异在传教士们引入基督宗教婚姻观念的过程中也会有不同体现。

有清一代实行的是《大清律例》中的婚律。虽然清末新政中起草了《大清民律草案》，但未能颁行。《大清律例》规定丈夫对妻子的主导权，即丈夫可以根据"七出"休妻，并且有娶妾的权利。[1] 正是在这种婚律背景下，四个传教会向潮汕地区引入了教会的婚姻条规。

一、永久性

从传教小册子和神诗中涉及基督教婚姻的内容可以看出，婚姻的永久性（即不可分离）是传教士强调的第一个主题。《真道入门》"夫妇"条便训诫信徒要"重婚配之伉俪，莫弃如遗"[2]。《拜真活神的诗》中的《论婚姻诗》更清楚地揭示了这一原则。该诗第三节两句颂曰："已成婚约当钦守，失却恩情便有愆。"第一句强调婚约（契约婚姻）的重要性；第二句是对男性休妻的警告。晚清潮汕社会丈夫对妻子的主导权反映在《大清律例》的"户律·婚姻·七出"条中。可以想见，男信徒不能休妻这一点对第一代信徒而言是一个全新的观念。婚姻不可分离的原则也反映在其他教会的会规当中。根据《巴色圣会规条》（1874年）："圣书……教人婚姻断不可离"。[3] 英国长老会（1881年）同样规定："按上帝之诫命，……终身配偶不可分离。"[4]

然而，传教会宣扬婚姻不可分离并不意味着在实践中绝对遵循这一原则。巴色会在1874年的会规中便列举了允许夫妇分离的几种情形：

1　七出：无子、淫佚、不事舅姑、多言、盗窃、嫉妒、恶疾；三不去：与更三年丧、前贫贱后富贵、有所娶无所归。参见《大清律例通考》卷十，《户律婚姻》出妻律文。马建石、杨育棠主编：《大清例律通考校注》，北京：中国政法大学出版社，1992年，第453页。

2　为仁者：《真道入门》，第8—9页。

3　《巴色圣会规条》，1874年，第九十二条。

4　《潮惠长老教会公例》，上海美华书馆排印，1907年，第387条。

第九十三条：兹或出妇离夫，我圣会以为无亏良心者，列下：

1．凡妇女素有淫行，若未生子女，即出之可也。

2．凡妾非依婚礼而娶者，若未生子女，即出之可也。

3．凡有妇女，未行聘礼而嫁者，惟作人之契家婆[1]，今欲进教，则离其夫可也。

4．凡妇女因进教，被丈夫憎嫌，不认其为妇，亦不肯照常规给离书辞之，则自擅离夫可也。

5．凡丈夫已有妻妾，又犯奸淫者，则或妻或妾离夫可也。[2]

第一、二种情况适用于丈夫离弃妻或妾，而第三至第五种情况则给予妻或妾离开丈夫的权利。与大清律赋予丈夫休妻的七种理由相比，巴色会居然赋予信教妇女与丈夫离异的权利，这自然会对以男性为主导的传统社会构成挑战。最重要的是，丈夫犯通奸之罪成为妻或妾离弃丈夫的充分理由。而第四种情形则规定，信仰的分歧也可成为离婚的理由。巴色会规条第九十一条将离婚的权利给予信教的一方：

若未信道者，断不愿与信者同居，则信者不为法所拘。但要俟候日久，方可再得嫁娶。[3]

第九十条补充：

若夫妇中有一虽未信道，然其喜与信者同居，则信者不可离之。

在法国天主教会中也可以找到相似的规定：

1　学友罗家辉告知，"契家婆"除了指情妇外，也可指家中的童养媳。
2　《巴色圣会规条》，第九十三条。
3　要经历多久的时间间隔，规条没有作进一步说明。

1．如果第一位伴侣没有信教，但愿意和平地共同生活，并且不亵渎上帝，他（指丈夫）应当与其他伴侣分离。

2．如果第一位伴侣总是拒绝信教，并在共同生活时总冒犯上帝，他应当征询她。如果她对通常应用的这两个问题的回答是否定的，这位丈夫可以与另外一位信天主教的伴侣结婚，不过他必须拒绝接受其他伴侣。[1]

天主教会上述第一条规定等同于巴色会条规第九十条，第二条则与第九十一条相似。似乎可以得出如下结论：不论是在新教或天主教传教会内部，夫妻信仰的不同都是离婚可能的前提而非充足的理由。然而，天主教会与巴色会各有不同的侧重点：天主教会第二条规定强调再婚的对象必须是天主教徒，这一点在巴色会第九十一条中也有暗示，但后者更强调从离婚到再婚中间必须有适当的间隔期，天主教会的规定则没有说明这一点。

尽管巴色会给予男女信徒以自由的意志选择离婚的平等权利，但它并不鼓励离婚。其会规第九十四条规定：

凡不合出妻妾，或离夫，恐有亏良心者，列下：

1．凡妇女未有淫行，又不阻隔家人遵从主道，则不可出之。(此条指妻子。——笔者注，下同)

2．凡妇女已生子女，行为无间，则不宜出。若彼已进教，则尤不可。(此条指妾)

3．凡有丈夫有妻有妾，未有淫行，且善待其妇，又准其拜上帝，其妇则不可离夫。

第一和第三种情况展示了第九十条的具体情境：只要夫妇任何一方没有淫行，并愿意和平共处，尽管二人信仰不同，教会还是不鼓励离婚。第二种

---

1 *Les Facultés apostoliques et leur commentaire auxquels s'ajoute un guide à l'usage des missionnaires de la province du Kiang-Si*, 转引自 Poujoulat, *Le mariage dans les chrétientés catholiques en chine: 1860-1940*, p.153。这两个问题是：她是否愿意信教？是否愿意与丈夫和平地居住在一起并且不亵渎上帝？

情形维护已有生育的妾的权利。这一政策也在潮汕和台南地区的英国长老会中实行。[1]如果妾信教，信徒的身份将给予她更多的保护，以维持其与丈夫的婚姻。然而，在天主教会中的情形却非如此。1879年，邻近粤东的江西省遣使会有如下规定：

> 如果一位有妻妾的男人入教，他的第一位伴侣——唯一合法的那位——也入教，那么这个男人必须与他的第一位伴侣在一起，既不需要寻求上帝的特许，也不需要询问其他伴侣。其他伴侣必须与他分离，除非她们也同样入教。[2]

这条规定显示，妻子被视为唯一合法的伴侣。不管妻子是天主教徒与否，如果她选择与丈夫在一起，那么妾便没有与丈夫在一起的优先权。因此，在有妻妾的天主教家庭中，妾被迫与丈夫分离的可能性更大，她的信徒身份只能给予她有限的保护。这条规定允许妾在全家都信教的天主教家庭中存在。而巴色会条规第九十四条第三款与天主教会的这条规定很相似，允许妻妾在全家信教的新教家庭存在。妾虽能居住在家中，但必须与丈夫异处，不能有正常的婚姻生活。这种处理办法已见于前朝。晚明的士大夫王徵屏妾异处，使申氏僻居在王家大院中的一间小屋，没有家庭地位与名分，身份非常尴尬。在王徵绝食殉国后，她的名分才被正式确认，承担起主母（即王徵的正妻）托付给她的家庭重担。[3]

巴色会条规规定的三种情形明显是为了保护婚姻中不想离婚的一方（夫、妻或妾）。但如果这段婚姻的维持会导致"良心有亏"，双方则可以

1　汕头的规定是：《潮惠长老教会公例》，第391条："若其妾既生有子女，或该妇不愿他适，则不可相离。"台南的规定是："如果她已经生养儿女，我认为他们没有分离的理由。" D. Ferguson, "Relation of Converted Polygamists to Christianity", *The Chinese Recorder*, Vol. XXXVII (1906), pp.187-188.

2　*Les Facultés apostoliques et leur commentaire auxquels s'ajoute un guide à l'usage des missionnaires de la province du Kiang-Si*, 转引自 Poujoulat, *Le mariage dans les chretiéntés catholiques en Chine: 1860-1940*, p.153.

3　黄一农：《两头蛇》，上海：上海古籍出版社，2006年，第169页。

达成分离的共识，该会赞同这样的安排。在这种情况下，巴色会会要求被分离的妇女（或是不信教的妻子，或是已生养儿女的妾）"不可再嫁。若有缺乏，原夫当帮助"[1]。

二、专一性

一妻多妾制，在明清时期的富裕家庭中是一种普遍现象，娶妾被儒家士大夫认为是保证子嗣繁衍的可行途径。相反，"由于家庭消费的问题，贫穷人家，或小康之家都很少娶妾"[2]。晚清时期的天主教和新教传教会都倡导婚姻的专一性（即单偶制），将其视为基督徒最基本的生活原则之一。[3]这样的观念明显与中国传统的社会习俗相抵牾，故在引入过程中一直处于半遮半掩的状态。比如舜为仁解释的"夫妇"条和神诗中的《论婚姻诗》便没有明确"一夫一妻"的单偶制婚姻。这也许应归因于新教入华初期信徒多来自社会下层，娶妾的问题不甚突出。而在教会外部，直到民国初年才有开明人士要求限制置妾，并提出一夫一妻的主张。[4]

1865 年，上海耶稣会士郎怀仁（Languillat）在《圣配规案》中明确指出天主教婚姻的单偶性质：

> 天主造天地万物，即造成一男一女，命之相配，以传人类。夫妇两人本属一体，婚配之义实始于此。[5]

"一男一女"和"夫妇两人"中的数量词明确了"一夫一妻"的单偶制婚姻。

1　《巴色圣会规条》，第九十六条。

2　Fielde, *A Corner of Cathay*, p.28.

3　林中泽：《晚明中西性伦理的相遇》，第 60 页。

4　聂曾纪芬（曾国藩之女，信徒）：《家政改良论书后》置妾之限制一节，见《女铎报》第二期第一册，1913 年 4 月 1 日；《一夫一妻之主张》，《妇女鉴》第二卷，1914 年；仪圣：《论今日娶妾者之心理及所以禁之道》，《妇女杂志》第五卷第七号，1919 年。

5　郎怀仁：《圣配规案》，第 4 页。转引自 Poujoulat, *Le mariage dans les chretiéntés catholiques en Chine: 1860–1940*, p.119.

九年之后，在广东省东部的巴色会也在条规中说明"圣书（即圣经）教人一夫一妇"。[1]英国长老会在 1881 年的章程中也规定："按上帝之诫命，合道之婚姻乃一男一女。"[2]19 世纪 80 年代在潮汕地区的巴黎外方传道会也援引耶稣会之说："一夫一妇，天主之定命；天主造人之初，独造一男一女，配为夫妇，传生人类。"[3]1895 年，美国浸信会相沿其说，仅作简单的文字处理："一夫一妇，赖神所定。神造一男一女，配成夫妇，传生人类。"[4]可见，在 19 世纪的最后二十多年，潮汕地区的几个传教会纷纷开始强调基督教婚姻的单偶性质。这也许可以从侧面反映出基督宗教已在该地区广泛传播，并进入了处于社会中上层的家庭当中。在各个教团内部，如何处理信徒娶妾在此时成为亟须解决的问题。巴黎外方传道会采纳《圣教理证》中的"圣教不许娶妾何故"条，强调天主"未造一男二女，一女二男；故一夫一妻，为上主之定命，人不得随意更改"[5]美国浸信会的陈乙山将此条稍作修改（见《辟邪归正论》），沿袭天主教之说："未造一男二女，一女二男。人不可任意而改。男女均平，同情合理。"[6]巴黎外方传道会和美国浸信会关于娶妾之弊的论述承袭了晚明时期庞迪我《七克·婚娶正义》中的诸多观点，如"纳妾制违背神意及人性"、"纳妾制导致家庭不和"、"多妻非古代圣贤之本质"等。[7]为了劝诫当地信徒不要效仿娶妾的社会风俗，《圣教理证》和《辟邪归正论》均以妻妾因嫉妒而相残的家庭悲剧为例来说明娶妾的危害。这无疑是一个极端的例子，因为 1906 年，在台南的英国长老会传教士宋忠坚牧师（Rev. Duncan Ferguson，1889—1923 年在

1　《巴色圣会规条》，第九十二条。

2　《潮惠长老教会公例》，第 372 条。

3　《圣教理证》，第 62 页。

4　陈乙山：《辟邪归正论》，第 72 页。

5　《圣教理证》，第 62 页。

6　同上。

7　晚明天主教传教士反对纳妾制最全面的论述见庞迪我的《七克·婚娶正义》。林中泽从中西方人士如何看待纳妾制的角度对《七克》做了系统的比较研究，见林中泽：《晚明中西性伦理的相遇》第三编（第十一章，纳妾制违背神意及人性；第十二章，纳妾制使家庭关系紊乱；第十三章，纳妾制纵淫弃贞）。

华）在一篇关于信徒娶妾的解决方案中写道："无疑，在少数案例中，将妾遣离对妻子来说是一种快乐。但在大部分的案例中，妻子并不欢迎这种变化，因为往往是她本人为丈夫物色第二个伴侣；原因或由于她需要一个帮手，或出于与莎拉相似的想法（即因年老而丧失生育能力。——引者注），而将婢女夏甲嫁给阿伯拉罕。"[1] 齐白石置妾的故事就是一个典型的例子。1919 年，齐白石定居北京，他的妻子陈春君特地从湘潭赶到北平为他纳妾（胡宝珠，春君去世后宝珠成为继室），以便照顾其起居。诸事完毕后，她才安心地返乡。[2]

根据阿曼达·波特菲尔德的研究，在非洲的美国公理会对非洲土著的多偶制毫不妥协："当宽容的英国国教（安立甘）主教科伦索（Colenso）为接纳多偶的当地土著受洗这一行为辩护时，当地的美国传教士坚持根据新教的婚姻条规和观点接纳当地土著入教。"[3] 潮汕的美国浸信会对信徒纳妾的行为如何处理，目前尚不清楚。巴色会和英国长老会在将基督教的婚姻观念引入当地社会时显得更加灵活，这从它们处理娶妾的问题上可窥一斑。

1906 年，台南的宋忠坚牧师写道，已有若干在华传教会允许或要求入教前已娶妾的信徒继续维持与妻妾的关系，这些传教会包括"台湾的英国长老会与美国长老会、巴色会、汕头的英国长老会、内地会。关于内地会的态度，我的信息可能错误，但仍然有其他传教会已经采用这一条规"[4]。巴色会对入教前和入教后娶妾的行为做了明确区分。会规第九十二条如下：[5]

若人未进教，既有妻妾，今欲入我圣会，则当知圣会论此事有何规矩：

1．若一夫二妇，是谤我主耶稣之命。是以圣会断不允准。如不亏心，

1　Ferguson, "Relation of Converted Polygamists", p.186.

2　齐白石：《白石老人自述》，济南：山东画报出版社，2000 年，第 115—116 页。

3　Amanda Porterfield, *Mary Lyon and the Mount Holyoke Missionaries*, p.129.

4　Ferguson, "Relation of Converted Polygamists", p.188.

5　《巴色圣会规条》，第九十二条。

当切改之。

2．但异邦人娶妾，与耶稣门生苟合之罪不同。因圣书不第教人一夫一妇，且教人婚姻断不可离，是以出妾不出妾，亦要随机裁筹，不可拘执。

3．若有人先已娶妾，今欲为耶稣门生者，依我圣会之规矩，若不亏心，则当先离其妾。但出妾，若恐干罪尤重，则宁勿出。因初立圣会之时，无奈从权暂行宽恕，非常规也。

是否"亏心"是巴色会做决定时的一个重要指标。美国浸信会对娶妾的态度较巴色会刻板，已在"论何故圣教不许娶妾"一文中得到清楚的展示。另一方面，这两个传教会仍保有相同的观点：首先，单偶制仍是理想的基督教婚姻的核心；其次，信徒仍被禁止娶妾，"凡已入圣会者，断不可娶妾。若娶妾则与奸淫无异，当出其圣会"[1]。宽容的态度只给予那些入教前便已娶妾的信徒。

对娶妾问题的处理，汕头的英国长老会与巴色会同样灵活。下面五条处理意见在1881年起草，并整合进1907年的《潮惠长老教会公例》中：

389：若娶妾于未闻福音之先，则按福音之理，亦有谅其前之无知者，故教会欲接之受洗礼与否，应详细考究，认真辨理，俾其明知实犯上帝之诫，教会断无视为轻易。

390：倘其妾尚未生子女，且愿相离，以另嫁于他信徒亦可（1934年取消。——笔者注）。惟须先问本堂长老会察核裁夺，免复得罪于该妇。

391：若其妾既生有子女，或该妇不愿他适，则不可相离。

392：既因此故不得相离，则宜使之明知娶妾之事，实系犯罪，为教会所不准。惟其事势固结，不能改易。若察其有诚心信主，余无阻碍，教会则可接之受洗礼，但终不得于会中任职。

393：因此事关系重大，甚属难理，故长老会不可自行主裁，宜先禀问大会，俟大会（在天主教内是由教区主教决定。——笔者注）详细查察

1　《巴色圣会规条》，第九十七条。

宜准后，方可接之受洗礼。[1]

在此可以将这些规定与台湾长老会的处理办法做一比较。宋忠坚牧师在他的文章中说多偶的行为在旧约时代是被允许的：[2]

　　在《旧约》中，多偶制是被容忍而且处于控制之下。在使徒教会时代，它很可能也被容忍。与奴隶制一样，多偶制也是等待逐渐根除的一种罪恶。在东方，教会的情形与使徒教会时代非常相似，我们应该效仿早期教会领袖的办法。

这一思想使宋忠坚主张接纳有妾的男性成为教会的一员：[3]

　　我认为，如果第二位妻子（即是妾）没有生养儿女，则应该给予她离开丈夫的选择权，但她的丈夫必须为她提供足够的生活物资。如果她情愿分离，则让他们分离（≈公例390）；如果她不愿意，则应当让他们继续作为夫妻。如果她已经生养儿女，我认为他们没有分离的理由（≈公例391）。我认为有妾的男人如果被允许入教，只要他一日有妾，他便一日不能在教会中任职（≈公例392）。接纳有妾男人与否的决定权不应交给基层长老会，每一个案例都应由大会根据实际情形做出裁定（≈公例393）。[4]

潮惠长老会公例第390条要求那些与丈夫分离的妾嫁给教团内部的信徒，这等于剥夺了其嫁给非信徒的选择权。这一规定如果不视之为专断，或许可以理解为由教团承担照顾这位妾的责任。台湾长老会则要求丈夫为已经与他分离的妾提供足够的生活物资，这种赡养关系等于仍将他们联系在一起。对于妾的去留问题，巴色会早在1874年便提出了较为周全的

1　《潮惠长老教会公例》，第389—393条。

2　Ferguson, "Relation of Converted Polygamists", pp.175-188.

3　括号中是英国长老会在潮州地区采用的相似规条。

4　Ferguson, "Relation of Converted Polygamists", pp.187-188.

解决方案："凡既隔别之妇，或妻或妾，若既为耶稣门生，则可在圣会嫁与会友。但未嫁之时，若有缺乏，则要原夫帮助。"[1] 这条规定让原夫和教会共同承担照顾已分离的妻妾，即在其重新结婚前，原夫要为其提供足够的生活物资。

在潮汕的巴黎外方传道会并没有留下他们如何解决信徒娶妾问题的文献，而临近的江西省法国遣使会在 1879 年的相关规定则提供了解决问题的大致方向：

1．如果一位有妻妾的男人入教，他的第一位伴侣——唯一合法的那位——也入教，那么这个男人必须与他的第一位伴侣在一起，既不需要寻求上帝的特许，也不需要征询其他伴侣。其他伴侣必须与他分离，除非她们也同样入教。

2．如果第一位伴侣没有信教，但愿意和平地共同生活，并且不亵渎上帝，那么他（指丈夫）应当与其他伴侣分离。

3．如果第一位伴侣总是拒绝信教，并在共同生活时总冒犯上帝，那么他应当征询她。如果她对通常应用的两个问题的回答是否定的，这位丈夫则可与另外一位信天主教的伴侣结婚，不过他必须拒绝接受其他伴侣。

4．最后，在得到特许之后，这个男人可以在他的诸多伴侣中选择他心仪的那位结成夫妇，前提是她必须受洗。但在这种情形下，他必须征询第一位伴侣这个问题：她是否想入教？如果这位伴侣给出否定的答复，并且在他选择的那位伴侣受洗后，他必须重新表达他的结婚意愿并根据教会的礼仪结婚，并充分认识到他必须拒绝接受其他伴侣。[2]

将巴色会、英国长老会与法国天主教会关于娶妾的规定进行比较后，可以

1　《巴色圣会规条》，第九十五条。

2　*Les Facultés apostoliques et leur commentaire auxquels s'ajoute un guide à l'usage des missionnaires de la province du Kiang-Si*, 转引自 Poujoulat, *Le mariage dans les chrétientés catholiques en Chine: 1860—1940*, p.153。

发现两点：第一，它们都允许妾在信徒家庭中存在，只是程度各有不同：巴色会和英国长老会对那些信教前便已娶妾的信徒更为宽容；而法国天主教会仅允许妾在全家信主的天主教家庭存在。如有妻或妾拒绝信教，她们的丈夫只能选择与愿意信教的一位伴侣成婚，而遣散其他伴侣。可以说，法国天主教会宁愿牺牲婚姻不可分离的原则以成全单偶制，而巴色会和英国长老会则反而行之。更有趣的一点是，在是否与妾分离一事上，巴色会将决定权给予丈夫，英国长老会则让妾自己决定，而法国天主教会则将决定权给予正妻。

三、相敬相爱

"夫妻相敬相爱"是晚清时期由基督教会引入的"基督化家庭"观念的内涵之一。罗伯特说："非洲、中国、印度、日本等地的基督化家庭有一个相同的中心主题，那就是伴侣式的婚姻中对女性的尊重，包括减轻父权制的种种弊端，譬如妾制、虐待妻子和让妻子服侍丈夫的大家族。"[1]波特菲尔德也指出由莱昂训练出来的美国女传教士向世界各地的信徒宣传夫妻之间相互依存的伴侣式婚姻这一观念。[2]潮汕的情形也是如此。

美国浸信会要求夫妻应当相互敬爱。在《真道入门》的"夫妻"条中，粦为仁用了中文语境常见的"相敬如宾"一词。巴色会条规也根据《以弗所书》第五章22—25节，及《哥罗西书》第三章18、19节，要求"耶稣门生夫妇当相敬相爱，互相帮助而得救恩"[3]。英国长老会强调丈夫对妻子的爱，"夫当爱妇，犹基督舍身爱会。夫当爱妇如己，亦若是爱妇，即爱己"[4]。1916年，巴色会的男传道万恩鸿通读了《旧约圣经》后，撰写了"《旧约》女人有乜嘅好样俾今下嘅女人学（《旧约》女人有什么样的好榜

1　Robert, "The 'Christian Home' as a Cornerstone of Anglo-American Missionary Thought and Practice", p.163.

2　Porterfield, *Mary Lyon and the Mount Holyoke Missionaries*, p.82.

3　《巴色圣会规条》，第八十七条。

4　《潮惠长老教会公例》，第372条，据《以弗所书》5:22—28。

样给现在的女人学）"一文，以阐述一个理想的女信徒应当承担的家庭责任。[1] 在所列五种责任中，"论妇女待丈夫"居首。[2] 他在文中写道，"上帝对妇女话（说），汝爱（要）恋慕丈夫"，"妇女应当敬爱丈夫"。[3] 万恩鸿接着说，"但系（是）爱丈夫，都爱（要）照法。系（如果）爱过头，就有大害"[4]。并举夏娃受蛇引诱，让亚当吃生命树上的果子，因此惹怒了上帝而双双被赶出伊甸园一事为例。

儒家伦理同样要求夫妇"相敬如宾"，但"宾"字点明了夫妻之间的距离感。正如林中泽指出："配偶间过于亲昵，这对于男方而言至少是'惧内'，对于女方而言则是'无耻'。……为了维护孝道的尊严，夫妇间须保持一种不远不近、若即若离的关系和公共形象，这最符合儒家的中庸之道。"[5] 但基督教伦理更要求夫妻间建立在对等关系上的"相互敬爱"。[6] 或者更准确地说，妻子对待丈夫"宜柔和不宜卑下"。[7] 林中泽认为典型的西式夫妇关系是："夫妇在生活上相互照顾，相互抚慰，共同养育子女。双方各以辅助对方作为获得对方辅助的前提。"[8] 然而在教会外，女性经常被男性视为无知和祸水。1908 年，在汕头出版的潮州方言白话半月刊《潮声》刊登了一篇社论鼓励女学。该社论虽然强调受过教育的妇女对儿女的有益影响，以及对振兴国势的重大意义。但是，作为一个受过教育的男性，这篇社论的作者以责难无知女性的方式展开了他的论述：

1　他引用的经文包括：《创世记》1:28，2:7、18、21—24，3:2、16、20，6:34—35，27:6。《出埃及记》2:1—3. 1。《约书亚记》2:1，《士师记》16:4，《路得记》1:8，《撒母耳记》1:22、25:18，《列王记》上 17: 12—23，《列王记》下 4:8，《以斯帖记》4:21（?），《箴言》1:1—9，《雅歌》1:7、2:3、16。

2　万恩鸿此文的其他要点是：论妇女待丈夫嘅父母、论妇女待子女、论妇女待人客、论妇女爱（要）爱国。

3　万恩鸿：《旧约女人有乜嘅好样俾今下嘅女人学》，《女徒镜》，第 3 页。

4　同上。

5　林中泽：《晚明中西性伦理的相遇》，第 282 页。

6　《女徒镜》，序。

7　李悦兰：《女德宜柔和不宜卑下论》，《女铎报》第一期第七册，1912 年 10 月 1 日。

8　林中泽：《晚明中西性伦理的相遇》，第 296 页。

所以一个妇女，为歌册曲册所害，致到（导致。——笔者注，下同）不正派，不明白，不知古今事，连那厝边（邻居之意）个（的）妇女，亦共伊平平样（一样）。还不只厝边妇女被害，连妇女个仔弟（儿子），秽（沾染）伊大人（指父母，这里单指母亲）个衰（坏）样，亦就平平（一样）衰去。尔想我中国四万万人，除妇女之外，正（才）存到二万万人。只（这）二万万人又为妇女所教衰，算起来，中国人呾做（说是，算是）无人就是了。无怪国家今日障（这么）衰疲，地方今日障腐败，致到被洋人看轻，被洋人糟蹋，被洋人欺负。[1]

社论的作者认为，占人口一半的无知妇女应对邻居、儿女和占人口另一半的男性产生的坏影响负责，甚至将清王朝的衰落归咎于在男权社会中处于弱势地位的妇女身上。可见，即使是提倡兴女学的开明文人仍免不了对女性智力、能力的歧视。

对于中国传统社会男女生活空间的隔离，中国的社会学家费孝通在20世纪40年代写道："不但在大户人家，书香门第，男女有着阃内阃外的隔离，就是在乡村里，夫妇之间感情的淡漠也是日常可见的现象。"他在乡间调查时特别注意过这个问题，根据观察得出："乡下夫妇大多是'用不着多说话的'，'实在没有什么话可说的'。一早起各人忙着各人的事，没有工夫说闲话。出了门，各做各的。妇人家如果不下田，留在家里带孩子。工做完了，男子们也不常留在家里，男子汉如果守着老婆，没出息。有事在外，没事也在外。……回到家，夫妇间合作顺利，各人好好地按着应做的事各做各的。做得好，没事，也没话；合作得不对劲，闹一场，动手动脚，说不上亲热。"[2] 这些观察使费孝通得出西方社会的家和中国乡土社会的家，在感情生活上实在不能相提并论。在中国的乡土社会，"有说有笑，有情有义的是在同性和同年龄的集团中，男的和男的在一起，女的和女的在一起，孩子们又在一起，除了工作和生育事务上，性别和年龄组间

1　《兴女学实在易》，《潮声》第三期，1908 年闰四月初一。
2　费孝通：《乡土中国》，北京：北京大学出版社，1998 年，第 41 页。

保持着很大的距离"[1]。潮汕社会性别隔离的情形亦很明显，有闲间（分丈夫间、姿娘间）这一区隔开来的性别空间。[2] 正是在这种社会环境中，中国人养成在感情上（尤其是两性间）的矜持和保留，不肯像西洋人一般的在表面上流露。[3] 虽然这仅仅是中国人和外国人对爱的表达方式不同而已，但西方传教士夫妇之间情感的直白表露吸引着一些希望改善夫妻感情生活的当地人。

　　首先是夫妻之间称谓的问题。西方夫妇一般直接称对方的名字，或者其他能表达爱意的昵称。而据两位女传道回顾，潮汕当地普通家庭的夫妻很少叫彼此的名字。杜瑞回忆说她丈夫很少叫她的名字，当他想让她做事，只需一指，简单说一句："这个，你。"[4] 丁铃也说："中国（应指潮汕一地）妇女不说'我的丈夫'。如果她们想说得好听些，她们会说'孩子他爹'；或者只简单地说'伊'（他）。"[5] 在教会外部开始就夫妻间的称谓问题展开讨论则要等到1917年。[6]

　　其次是夫妇吃饭的问题。传教士夫妇一同吃饭，而中国社会不乏男女分桌吃饭的现象，一些贫穷人家甚至给男性优先吃饭的权利，为的是在食物有限的情况下维持家庭的主要劳力，女人吃的则是剩饭，或质量较次的

1　费孝通：《乡土中国》，北京：北京大学出版社，1998年，第41页。

2　"丈夫"读音为da$^{(二声)}$bou$^{(一声)}$，潮汕方言"男人"之意。林道远的《闲间》记："多数乡村房子少人口多，必须有一间大房子作为集体宿舍，解决单身汉或小孩子的居住困难。这时，要么是大户人家腾出房来，要么是哪家单身汉的住房比较宽敞，便成了闲间。闲间是男人的天下，有的地方也有'姿娘闲间'。母亲年轻时，晚上常与几位邻里妇人在一单身女子屋里说私密话、唱潮州歌册，歌声飘出小巷，十分动听。那里就是她们的闲间。"参见《潮州日报》2012年8月12日。朱树新的《七夕节话揭阳民俗》则回忆了潮汕姿娘在姿娘间过七夕的旧风俗，参见《揭阳新闻网》，2009年9月26日。

3　费孝通：《乡土中国》，第42页。

4　Aunt Luck, Fielde, *Pagoda Shadows*, p.104.

5　Ibid., p.150.

6　《夫妇称谓私议》，《妇女杂志》第三卷第十二号，1917年；翟兑之：《夫妇称谓商榷》，《妇女杂志》第四卷第六号，1917年。

饭菜。[1] 1904 年出生，就读于英国长老会淑德女校的曾德容回忆她出嫁后在夫家吃饭的情形："那时候非常封建，桌上摆两碗粥，一碗是'妈人粥'（方言，妇女。——杜式敏注），一碗是'爹人粥'，'爹人粥'比较稠，'妈人粥'就稀稀的。——你们看多凄惨，要吃点粥还要分稠和稀。当时整个社会都这样。"[2]

巴色会要求"凡耶稣门生为夫妇者，或在家中，或出外，亦当表明相敬相爱之情"[3]。这对年轻的信徒夫妇来讲无疑很难堪。美国浸信会的女传道也注意到西方和当地夫妇在相处方式上的差异。丁铃回忆"在当地，夫妇两人很少一起在街上走，也不允许被看到两人相随"[4]。明道妇学的舍监吴真宝观察到在汕头的英美男性对西方妇女的殷勤、礼让的态度，她如是说：

（我希望）吾国的男人能以同样相敬的方式对待妇女。我希望在一百年内或者更长的时间，当基督教荡涤我们的心灵，改变我们的行为方式，中国的妻子们能够与她们的丈夫一同外出，一同参加聚会。那些已结婚的夫妇不会因为被别人看到在公共场合一起谈心，是知心朋友而感到羞耻。[5]

女传道丁铃和陆快都践行"基督徒夫妇应当在公共领域展示对彼此的敬爱"这一教诲。在成为信徒后，丁铃和她的丈夫姚宗一起到礼拜堂做礼拜。她牢记《圣经·创世记》所说的，上帝创造了男人和他的妻子以相互陪伴。[6]

---

1   罗伯特指出妇女在男人之后就餐以及吃质量较次的食物被传教士们视为异教行为，而夫妇一起吃饭是夫妻间相互尊重的基督教婚姻的标志。参见 Robert, "The 'Christian Home' as a Cornerstone of Anglo-American Missionary Thought and Practice", p.153; Porterfield, *Mary Lyon and the Mount Holyoke Missionaries*, p.82。斐姑娘也同样在潮州地区推行这一理念。

2   曾德容的口述史，参见杜式敏：《[19] 20 年代的基督教会女校》附录，第 64 页。

3   《巴色圣会规条》，第一百零一条。

4   Fielde, *Pagoda Shadows*, pp.150-151.

5   斐姑娘 1888 年在波士顿一份杂志上发表的文章，参见 Stevens, *Memorial Biography of Adele M. Fielde*, p.120.

6   Fielde, *Pagoda Shadows*, p.150.

来自信教家庭的陆快与同为信徒的丈夫一起吃饭，同行到教堂礼拜。她的这种行为遭到乡人的耻笑。同村的一名妇女诟骂她应该为这种违反当地社会风俗的行为感到羞耻，然而陆快当面回应：

> 婚姻是由上帝所定，我自己的婚姻也由我的家长安排；如果我丈夫和我都为结婚感到害臊，那意味着我们对上帝不够虔诚，对家长也没有尽孝，因为我们蔑视上帝的安排以及家长的决定。

她进一步反诘道：

> 是一个男人与他的妻子和母亲一同在街上走好，还是狎妓同行好？很多男人都以后者为豪，因为那样可以摆阔。当一个人为正确的行为感到羞耻时，距离他（她）为错误的行为感到自豪也不远。[1]

丁铃和陆快都援引基督教以及儒家的伦理观念为自身的行为做辩护。丁铃所理解的夫妻关系是由上帝所结成的平等的伴侣式关系，陆快则将夫妻的结合视为上帝和家长共同的决定。

四、克己奉献

"妻子克己奉献"是由基督教会引入的"基督化家庭"观念的另一内涵。在鼓励当地信徒践行伴侣式夫妻关系时，女传教士们也小心把握尺度，不鼓励妇女在与丈夫的关系中太过独立与自由。[2]金敏（Marjorie King）的

1　Stevens, *Memorial Biography of Adele M. Fielde*, p.121.

2　例如，从曼荷莲女子学院走来的菲德利娅·菲斯克（Fidelia Fiske）就批评聂斯托利派妇女试图控制男性的想法。她规劝这些妇女要更顺从她们的丈夫，参见 Porterfield, *Mary Lyon and the Mount Holyoke Missionaries*, pp.82-83。罗伯特也认为基督教谦卑的美德是妇女的行为规范，妻子对丈夫的顺从要基于爱而不是出于强迫，参见 Robert, "The 'Christian Home' as a Cornerstone of Anglo-American Missionary Thought and Practice", p.152。

研究显示，20世纪初在华的教会学校中，任教的女传教士们并不鼓励女学生走出家庭到社会上工作。这不但明确了妇女对丈夫的从属地位，也强化了她们在男权社会中的传统角色。[1]民国成立后，国内舆论就身为国民的女子是否应当离开家庭到社会上工作进行热烈的讨论。[2]1914年8月1日，《女铎报》刊登了《论妇女投身实业界之弊害》一文，表明了教会人士对此所持的反对意见。该文原刊于美国的《纽约医学报》，是对近二十年来西方的妇女解放运动从卫生和种族学的角度进行反思。文中说道："以妇女而显身于工商界，是否足为男子之助，或为男子树之劲敌，其于经济界之利害若何，均勿置论。而生理学家之力主反对，则自觉有其坚强之理由而颠扑不破者也。盖妇女而不愿生育，或扶养壮健之儿童，则于生理上之职务，已全然放弃，而国家必因此蒙莫大之损害。……总之，工商业或专门职业于女子之有扶养儿女、主持内政之责者决不相宜。"[3]那么，潮汕地区各传教会对于基督化家庭中夫妻间的劳动分工又做了何种规定？

美国浸信会、英国长老会和瑞士巴色会都承认丈夫对妻子的引领作用。在《论婚姻诗》中，美会宣传"夫是妻纲宜敬爱"。英国长老会公例（1907年）也规定："夫为妇纲，犹基督为会纲。"[4]巴色会的万恩鸿（1916年）也认为："男人系（是）女人嘅（的）头，又管理女人。上帝对妇女话（说），汝爱（要）恋慕丈夫，佢（他）又管理汝。"[5]英国长老会也规定"妇从主命，当顺其夫。……救会全体，会服基督。妇凡事服夫，亦宜如是"[6]。美国浸信会和巴色会都强调在家庭中，妻子要做丈夫的助手。《论婚姻诗》说："妻

---

1 Marjorie King, "Exporting Femininity, Not Feminism", pp.117–136.

2 教会外的舆论见《妇女与实业》、《女子职业问题之商榷》两篇文章，《妇女时报》，1913年第九期；《妇女教育宜谋经济独立案》，《妇女杂志》第一卷第二号，1915年；《妇女职业论》，《妇女杂志》第一卷第四号，1915年；西神：《提倡家庭副业说》，《妇女杂志》第三卷第十二号，1917年。

3 《论妇女投身实业界之弊害》（录自《时事新报》，译自《纽约医学报》），《女铎报》第三期第五册，1914年8月1日。

4 《潮惠长老教会公例》，第372条。

5 万恩鸿：《旧约女人有七嘅好样俾今下嘅女人学》，《女徒镜》，第3页。

6 《潮惠长老教会公例》，第372条。

为夫助尽恭虔。"万恩鸿也说："女人生大（长大）就爱（要）出嫁，帮男人嘅（的）手。女人既然嫁男人，该只（这个）男人就系（是）其丈夫。佢就系其丈夫嘅妇女。一生人（一辈子）有福同享，有祸同当。为肉身爱（要）来帮手，为灵魂更过（更加）爱（要）合心来关顾。"[1]这些话反映了维多利亚时代"女性虔诚"（female piety）的观念，那时的福音主义者认为与男性相比，女性拥有更有道德和更顺从的天性，她们看来尤其适合对儿童进行道德教育，在社会剧变的年代能够发挥其凝聚力，将家庭组合在一起。[2]

女传教士们不但宣扬"丈夫引领妻子，作为帮手，妻子应当顺从其夫"这样的观念，而且强调妻子在基督化家庭中应当克己和奉献。在为来华的美国浸信会女传教士露西·莱昂（她是玛丽·莱昂的侄女）的传记作序时，粦为仁将她视为传教士夫人的典范：

> 她们用双手将住家布置成天堂，通过减轻丈夫的忧虑使他快乐，教导孩子，在丈夫忧伤时给予安慰，在他成功时与他同乐，在事业上协助他，为他出谋划策，换句话说，在真正意义上履行一个传教士夫人的传教工作。[3]

传教士的夫人因此被视为基督化家庭的核心，[4]当地信教妇女在家庭中的作用也应当如是。在斐姑娘教导下，女传道陆快用比喻的方式表达她对基督化家庭的看法：

1　万恩鸿：《旧约女人有乜嘅好样俾今下嘅女人学》，《女徒镜》，第 3 页。

2　Robert, "The 'Christian Home' as a Cornerstone of Anglo-American Missionary Thought and Practice", p.137.

3　Lucy T. Lord, Edward Clemens Lord, *Memoir of Mrs. Lucy T. Lord, of the Chinese Baptist Mission*, Philadelphia: American Baptist Publication Society, 1854. 粦为仁作序，转引自 Dana L. Robert, *American Women in Mission*, p.73。

4　Robert, "The 'Christian Home' as a Cornerstone of Anglo-American Missionary Thought and Practice", p.137.

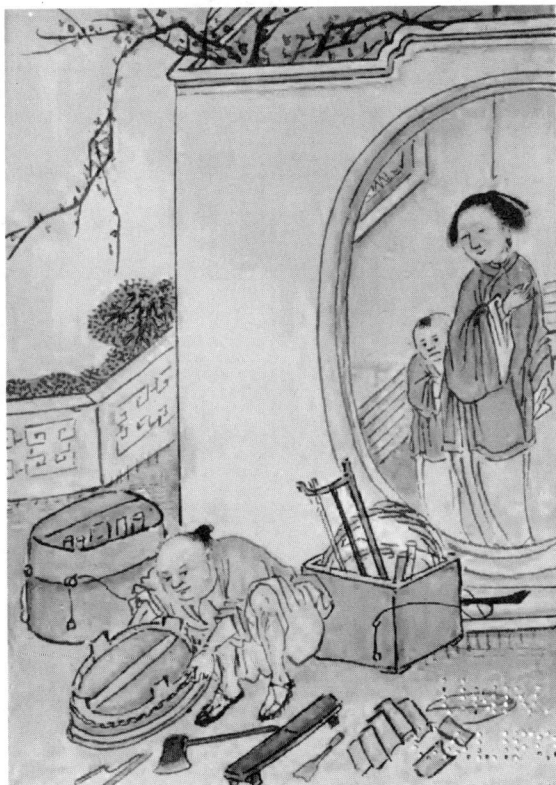

图 25　脚桶箍喻

（引自 Fielde, *Chinese Nights' Entertainment*, 1893）

家庭就像一只脚桶（洗澡盆）[1]；只有各部分都处于适当的位置，才能构成一个整体。铁箍将木板固定在一起，木板同时也撑起铁箍；如果各部分没有发挥各自的功能，整体便会散架。只有每个成员在恰当的位置上坚定、严格地发挥作用，家庭才会完整。妻子和母亲的角色就像脚桶上的铁箍，当她没能在恰当的位置发挥作用，整个家庭就会分崩离析。因此，她应当因其在家庭中所起的重要作用而受到尊重。[2]

1　斐姑娘的记录原文为"tub"，指的是潮州地区日常生活中常见的木制的"脚桶"。陆快自述的时间在 19 世纪 70 年代。

2　Stevens, *Memorial Biography of Adele M. Fielde*, p.121.

陆快这种"脚桶箍"喻实际上是潮汕当地独有的说法。魏秋影和伊琳认为："潮汕人用'脚桶箍'形容姿娘,既亲切又容易理解。言下之意,家中的每一个人就是那每一片木板,只有用姿娘的这个'脚桶箍'箍住,那每一个人合在一起才是一个圆满的家。……另外,脚桶是每天必用之物,姿娘人在家的重要性可想而知。"[1]由此可见,女传道陆快也像在长洲的男传道陈兑那样,根据自己的理解,援用自己的比喻与词汇来解释基督教义,使基督教义得以在中国的语境中被理解。斐姑娘肯定对这一比喻非常熟悉,在她记述潮汕生活的两本书中,脚桶(tub)作为一个主题在文本与图像中多次出现。

　　妻子为家庭克己奉献,让丈夫能全身心在社会上追求事业的成功,这样的性别分工能够追溯到欧洲工业革命时期。那时基督教福音派认为男女在本质上完全不同,在外工作、通过劳动换取收入是男人适合的领域;为挣取工资而竞争的工作领域不适合女性,她们应当立足于家庭。[2]潮汕的三个新教传教会中,美国浸信会最强调妻子对丈夫的自我奉献,这体现在19世纪中叶美国中产阶级的妇女观,即被芭芭拉·韦尔特(Barbara Welter)称为"真正女性气质的培养"(the cult of true womanhood)。它以"虔诚、纯洁、顺从和倾心于家庭"等为女性美德的主要特点。[3]无怪乎晚清在华的美国女传教士并不鼓励教会学校的女学生到社会上工作,而是教导她们要安于父权社会中女性的传统地位。[4]1913年,刊登在《女铎报》上的《夫妇之辩论》一文更是借一位丈夫之口向妻子明确宣示:

　　　　男子治外,女子治内,古今一致。虽现在时世改革,男子还是治外,女子还是治内。今外间一切重要事已由我担当,我已尽本分了;所有家中

1　魏秋影、伊琳编著:《潮汕姿娘》,第76页。

2　Robert, "The 'Christian Home' as a Cornerstone of Anglo-American Missionary Thought and Practice", p.136.

3　Ibid., p.139.

4　King, "Exporting Feminity, Not Feminism", pp.117-136; Robert, "The 'Christian Home' as a Cornerstone of Anglo-American Missionary Thought and Practice", p.155.

各种细小事乃你之本分，你不能尽本分，试问男子要此妻子何用呢？[1]

该刊的主笔之一袁玉英也对此观点持赞同态度。她多次说道：

> 国政者，乃上天赐给男子之礼物也；家政者，乃上天赐给妇女之礼物也……夫一国之政治，男子已担其责任，我女界何不振刷精神，以治家为己任，使中国多数家庭改换一新？[2]
>
> 男女工夫的不同并非今日起的，自由世界以来已经如此。……每个人果然做他当做的事，必能做出顶好的工夫。[3]

这里显然是将做好家庭事务视为妻子的本分。妻子奉献自己，以便让丈夫能全身心投入到事业上，这种基督化家庭中夫妻间的角色分工与儒家伦理对夫妇的角色定位非常相似。但身为妻子的信教妇女为何要以家庭为天地？为何不能走出家庭，走上社会？巴色会的万恩鸿讲出了当时为平民大众广泛接受的观念："因为女人生来就系（是）软弱，自己唔出得头（不能拿主意）来做乜（什么）嘅事。"[4]这种观点在西方也能找到根源。亚里士多德便认为生理差异使女性在体力或智力上弱于男子，因而在家庭中往往是夫唱妇随。[5]万恩鸿进一步强调丈夫能为妻子带来荣耀："丈夫系（如果）还在，妇女就有面（面子）。俗话讲，一日有夫千日贵。丈夫系唔在，妇女就好唔方便。"[6]这种说法仍体现的是"妻以夫贵"的传统观念。

美国浸信会与瑞士巴色会在讨论妇女的美德时依据的是同样的《圣经》经文。1916年，万恩鸿在论述"《旧约》女人有乜嘅好样俾今下嘅女人学"时，根据的是《箴言》第三十一章第10—29节。62年后，在香港的浸信

1　《夫妇之辩论》，《女铎报》第二期第五册，1913年8月1日。
2　袁玉英：《天伦叙乐图》，《女铎报》第一期第五册，1912年8月1日。
3　袁玉英：《快乐家庭（为妻之职分）》，《女铎报》第三期第十二册，1914年8月1日。
4　万恩鸿：《旧约女人有乜嘅好样俾今下嘅女人学》，《女徒镜》，第3页。
5　转引自林中泽：《晚明中西性伦理的相遇》，第298页。
6　万恩鸿：《旧约女人有乜嘅好样俾今下嘅女人学》，《女徒镜》，第3页。

会牧师卢任民也说："箴言书中卅一章十节至卅一节论到贤德妇人的妇道，非常精警，不仅字字珠玑，更可作后世妇女的宝鉴，而且对任何一个时代的妇人都能引起共鸣，就如一杯凉水对一口渴的人是何等的珍贵。"[1]可见，这两个传教会宣扬的妇女美德有长久的生命力。

此外，儒家伦理注重夫妻关系的和谐，也为在华新教与天主传教会所推崇。《真道入门》"夫妇"条特表夫妇应"合宜"，"宜正倡随之名分"，以"望同嗣永生之福"。[2]《论婚姻诗》也说："一体相关同白首，情投意合若胶然。"[3]巴色会甚至通过颁布条规来规范信徒夫妇之间的和谐关系："凡夫妇中，以和睦为贵。故宜互相忍耐，不可暴怒相骂等弊。若无和睦，则牧师或传道师、长老，以慈悲严肃，警醒劝和，如不听从，仍常争斗，则出其圣会可也。"[4]

本章从比较的视角考察了潮汕地区基督宗教婚姻的基本内涵。在西方国家中，新教和天主教的婚姻观念有不少相似之处。当来自美国、英国（主要是苏格兰[5]，也包括英格兰）、瑞士（包括德国）和法国的传教士于19世纪中叶进入潮汕地区时，他们努力在第一、二代信徒中推广基督宗教的婚姻观念，并为当地年轻的教会成员提供一个宗教环境，使这些新的婚姻观念得以实践，并逐渐渗透到信徒的思想观念中。晚清基督宗教婚姻观念的传播，是引发中国社会婚姻观念变革的先声。

然而，在信徒婚姻问题的具体处理上，来华的不同传教会有不同的侧重点。瑞士巴色会、英国长老会和法国天主教会在不同程度上容忍妾的存在：瑞士巴色会和英国长老会对那些信教前便已娶妾的信徒更为宽容，而法国天主教会仅允许妾在全家信主的天主教家庭存在。而在是否与妾分离一事上，瑞士巴色会将决定权给予丈夫，英国长老会则让妾自己决定，而

---

1 《香港浸信教会妇女部六十周年纪念特刊》，香港：香港浸信教会，1978年，第5页。

2 为仁者：《真道入门》，夫妇条。

3 《拜真活神的诗》第九十一首《论婚姻诗》。

4 《巴色圣会规条》，第一百零四条。

5 英国长老会的大多数传教士来自苏格兰。

法国天主教会则将决定权给予正妻。这些不同的态度或可归因于天主教与新教对婚姻的不同理解。虽然这两种宗教都将单偶制（专一性）视为上帝所定的婚姻的核心，但天主教会将婚礼视为七件圣事之一，婚姻在天堂中便已确定，这使得天主教会不允许信徒离婚。而在新教看来，离婚只是一种罪行。这种婚姻伦理上的差异导致天主教非常看重婚姻的永久性，给予正妻对妾的绝对权威。甚至宁愿牺牲婚姻永久性的原则，将妾与丈夫分离，以便顾全专一性的原则。而巴色会和英国长老会却宁可牺牲专一性原则，以维护婚姻的永久性原则。由于巴色会向来以教会管理中的男性权威而闻名，它将是否与妾分离的决定权交与丈夫也在情理之中。英国长老会则更多尊重作为弱势群体的妾一方。不同传教会在具体问题上处理方法的差异，以及背后隐藏的不同传教会长久以来形成的管理体制仍有待进一步探讨。

有学者认为以妇女解放为己任的教会并没能在教务管理上实现两性的平等，这一说法所隐含的期望对教会来说未免是超前的要求。西方女传教士教给当地信教妇女的是一种独特形式的女性主义，而不是女权主义。[1]潮汕地区的新教和天主教传教会虽然仍强调夫妻关系中妇女对丈夫的顺从，但它们确实也为福佬和客家妇女带来初步的解放，即明确她们在家庭中与丈夫相对平等的伴侣式关系。[2]至于进一步在教会管理事务上争取男女平权的时机则尚未成熟。

1   King, "Exporting Femininity, Not Feminism", pp.117–136. Robert, "The 'Christian Home' as a Cornerstone of Anglo–American Missionary Thought and Practice", p.155.
2   鲁珍晞已指出这一点，参见 Lutz and Lutz, *Hakka Chinese Confront Protestant Christianity*, p.184。

第七章 婚姻实践

从 1881 年开始，英国长老会分为大会、中会、堂会等不同级别，定期聚会商讨教务，与会者一般是外国传教士、当地牧师与长老。该会现存的中文会议记事册中（1881 年到 20 世纪 40 年代），就有不少关于重婚、离婚、娶妾（买卖女婢）和买卖小媳（即童养媳）等婚案的讨论。在处理教徒违例婚案的过程中，长老会的婚姻条规也做了三次较大的修改。[1] 由于美国浸信会和巴黎外方传道会都没有留下信徒婚姻的相关讨论，本章主要探讨英国长老会教团内部是如何处理违例的婚姻案例，从而展示基督教婚姻条规的落实情况以及信众的实际接受程度。

在讨论各个婚案的细节之前，有必要对晚清、民国时期的婚律和相关法规做一简单的回顾，以便了解长老会内部婚案发生时的制度背景。刚制定出来的《大清民律草案》因清王朝的覆灭而未能实行，却为《民律亲属

---

[1] 笔者参考了英国长老会出版的《潮惠长老教会公例》（1907 年）、《中华基督教会岭东大会公例》（1934 年）、《中华基督教会岭东大会会章（暂行试用）》（1948 年）三种会规。本地牧师吴国维为 1948 年的会章作序时称："追至一八八一年，岭东大会之前身'潮惠长老大会'成立，即行派员编著……婚丧之礼节……是为'潮惠长老大会公例'草创之始也。"参见《中华基督教会岭东大会会章（暂行试用）》序。虽然草创的婚姻条规不可见，其大部分内容却保留在 1907 年的《潮惠长老教会公例》之中。通过讨论 19 世纪 80 年代的几个婚案，早期婚姻条规的形成和流变过程可以得到还原。

编草案》(1915)和《民国民律草案》(1925)所继承。由于清末民初政权更迭，社会动荡，这三种草案都没能切实执行。因此，《大清律例》的婚律在民间仍有影响，其权威性和约束力得以继续维持，直到1930年南京国民政府颁布实施了新的婚姻法为止。与此同时，在民族主义思潮高涨的20世纪20年代中期，妇女解放运动的浪潮也波及教会内部。[1]英国长老会派专人对公例进行修改，以给予女传教士和信教妇女更多参与教务的权利。[2]从某种意义上说，英国长老会是在中国提倡并践行现代婚姻观念的先驱；在20年代提倡男女平权上，英会也比当时的北京政府有力。但是需要指出，在华基督教会并不是这场妇女运动的倡导者，而是受其影响并做出积极的回应。

1926年1月，国民党二大通过了妇女解放运动决议，计划通过立法确立男女平权，以及结婚和离婚绝对自由的原则。1930年，南京国民政府颁布的新婚姻法得以顺利实行，直到1949年。[3]在此期间，潮惠长老大会于1927年并入中华基督教会全国总会，其名称也随之改成"中华基督教会岭东大会"。当其时，1907年制定的潮惠长老教会公例已经"行用日久，情势迭更，自有另行删订之必要"[4]。因此，汕头区会的曾惠民在1927年10月提请修改1907年公例的请求被岭东大会所接受。修订过程历时六

<hr>

1　王新宇：《民国时期婚姻法近代化研究》，北京：中国法制出版社，2006年，第42—43、46—47页。

2　汕头长老中会记事册，1922年6月13日、1922年10月24日、1924年4月29日；潮惠长老大会记事册，1923年6月19日、1924年5月6日（此章记事册中的日期均为农历，特此声明）。《潮惠长老教会公例》第89条："被举者须为会内洁名成人之男（女）"；第208条："得与大会之人，即大会所属各堂会之牧师与所属各堂会所派之代议长老，及总会与大会同意所特举之人，并总会所派协办之会使，而西国来传圣道兼治教会之牧师长老（女教士经立为长老者），因皆为长老，故应与大会共议会事"；第330条："得与总会之人，即各大会所属之牧师及各代议长老，而西国来传圣道兼治教会者，或牧师或长老（女教士经立为长老者），因皆为长老，故应与总会共议会事。"括号内为修例增订的内容，参与修例者为吴国维、曾席珍和邱家修。

3　王新宇：《民国时期婚姻法近代化研究》，第46页。

4　《中华基督教会岭东大会会章（暂行试用）》序，第15页。

载，新的会规于 1934 年刊行并实施。[1]

尽管 1934 年的公例继承了 1907 年公例的大部分条规，实际上它参照的是《中华基督教会全国总会会章》的制度体系。[2] 到了 20 世纪 40 年代初，岭东大会又开始修订 1934 年公例以"应时代之要求"。教会嘱托郑少怀"参酌现代之内外各正宗教会之会章，与乎本大会过去之规章成案，务求适合思潮，而切实用"[3]。1948 年，新会章刊行，其结构与 1907 年和 1934 年两份公例完全不同。由于信徒在不同时期面临新的婚姻问题，在历次修订过程中，长老会的婚姻条规也几经修改，以适应新的需要。

一、重婚

重婚是长老会传教士们在潮汕地区最先遇到的问题。先要说明，在开始记录婚姻案例的 19 世纪 80 年代，长老会尚未使用"重婚"这一现代概念。《大清律例》中使用的定义是"有妻更娶妻"。尽管《大清律例》给予丈夫娶妾（地位比妻低）的权利，却禁止他迎娶地位与第一位妻子相等的第二位妻子。[4] 在潮汕信徒或教外民众中，男性重婚的问题比较突出，原因主要在于当地的商贸劳工移民传统。在南洋地区挣钱的潮汕男人普遍存在"养二头家"的现象：他们早年在家乡娶妻，过番之后便在南洋娶了当地的土生华人或东南亚女子为妻。在这种情况下，在家乡的妻子不得不接受这一事实，并长期引颈等候丈夫的返乡。一些安守妇道的妻子认为照顾好丈夫是其本分，如果不能长期陪同丈夫外出，伴其左右，她们会为丈夫置妾，让妾替她履行为妻之道，以照顾其夫的饮食起居，排遣其孤独等。《大清律例》的婚律并没有讨论一女嫁二男这种情况，因为这不为儒家伦

1　1934 年公例和 1948 年会章均在序中指出，1907 年的公例在 1928 年开始着手修订。

2　《中华基督教会岭东大会公例》序，汕头圣教书局印，1934 年。

3　《中华基督教会岭东大会会章（暂行试用）》序。

4　《大清律例通考》卷十，《户律婚姻》，妻妾失序条："若有妻更娶妻者。亦杖九十。（后娶之妻）离异（归宗）。"参见马建石、杨育棠主编：《大清律例通考校注》，第445 页。亦参见 Fielde, *A Corner of Cathay*, p.28。

理所容许。在 1907 年的《潮惠长老教会公例》中，"娶有夫之妇"和"嫁有妇之夫"是意指重婚的两个概念，这两种情形都被英会禁止。然而，长老会中文记事册记录在案的重婚案绝大部分是"娶有夫之妇"，即"一女嫁二男"这种情形。

1885 年，潮惠长老大会听取纪多纳牧师（Rev. Donald MacIver）报告：陆丰县河田螺溪堂会（位于现陆河县）的邱阿忠不但"娶有夫之妇，且屡染俗务"。大会接受纪多纳的建议，禀革邱阿忠。[1] 与此同时，林芳向大会禀报揭阳棉湖堂会林田嫂顺姑醮婿之事，请予裁夺。施饶理建议派金护尔（Hur L. Mackenzie）、汲约翰、纪多纳三名外国传教士，连同孙桂峰、彭启峰两位当地长老与该堂之长老会共行查议，以复大会。[2] 1885 年 5 月 6 日，汲约翰等回复大会：顺姑醮婿之事"事关罪重，不可轻易了结"，并专派孙桂峰、彭启峰与该堂长老会同行办理。[3] 五个月之后，汲约翰等复："经与棉湖长老会同行办理林田嫂之事，已禁其晚餐，并劝之归其原夫。彼有许欲设法遵行。"[4] 简略的记录尚不足以还原顺姑当时的处境，但这一案例显示信教妇女试图撇开丈夫嫁给另一个男人。

对这两个案子的裁定清楚表明了潮惠长老会对重婚问题的最初态度，即严厉禁止信徒重婚，以维护基督教婚姻的纯洁性。然而，重婚案例仍层出不穷。1892 年 5 月 4 日，彭松在大会上询问："有前未信道时已娶有夫之妇者，现已信道，可否接之领洗入圣会？并会内人引人以娶有夫之妇者，宜如何办理？"由于当时长老会尚无解决此类案例的方案，官集成建议派纪多纳、安饱德、彭启峰、林芳、孙桂峰、林起详议，以复秋会。纪多纳为正托。[5] 一年之后，纪多纳等向大会呈献制定的相关条例，其内容如下：

1　潮惠长老大会记事册，1885 年 5 月 6 日。

2　同上，1884 年 10 月 15 日。

3　同上，1885 年 5 月 6 日。

4　同上，1885 年 10 月 14 日。

5　同上，1892 年 5 月 4 日。

凡未信道时曾娶有夫之妇，或妇人嫁有妇之夫，以及脱夫另嫁、弃妇另娶，与凡类此等事者，其中关系重大，层折甚多，故各堂会倘遇有此等事端，该长老会务必彻底详察，禀明大会察核主裁。至于会内男女若有犯此等事者，与凡引诱人为此事者，均宜禁隔，并当禀明大会分别办理。[1]

该条例显示潮惠长老大会不欢迎重婚者，不管他们是慕道者还是信徒。对违反规定者的惩罚首先是禁隔其领晚餐。但是长老大会对此类案件的处理并不是一刀切，而是留有余地，根据每个案子的实际情形分别处理。这一策略在下面几个案子中得到贯彻。

1897 年 4 月 21 日，彭启峰等复酌办揭阳枫口堂会黄郑明娶有夫之妇一事。纪多纳举议添派池约翰、黄寿亭、林章造同该堂长老会查办此事。[2]一年后林芳回复，黄郑明之事，该长老会已有查明免革，理由如下：

1. 黄郑明所娶之妇，虽夫未过世而出嫁，但缘该夫为盗，被革出外，永远不能归家。一次被人骗娶，不愿而脱，故其罪较弃夫出嫁者轻，所以娶者其罪亦轻。
2. 黄郑明甚忧其过，而事上帝之心至今有进无退，故可免革之出圣会。

原来黄郑明所娶之妻是一位原本有夫的留守妇女，其夫因犯罪流亡在外，永远不能归家。林芳进一步主张："若黄郑明有前来求受晚餐，枫口长老会查其有真悔改，前进天途，则可接之就主晚餐。"[3]这位妇女第一次婚姻所托非人，以及黄郑明对上帝的虔诚，使得大会决定原谅他所犯的重婚罪，成全其婚姻。

如果是另外一种情况，即远行的原夫可以联系上，那么只有当他已经

1　潮惠长老大会记事册，1893 年 5 月 3 日。亦参见《潮惠长老教会公例》，第 386 条。
2　潮惠长老大会记事册，1897 年 4 月 21 日。
3　同上，1898 年 5 月 4 日。

再娶，一个有夫之妇的再嫁才会被教会允许。1904年3月9日，汲约翰向大会禀问，潮阳陇子堂蔡居弟前娶有夫之妇而被禁隔。蔡居弟虽然知错，但不愿离婚，并且希望能被教会接纳。林芳举议巡视牧师查明其妇之前夫可有再娶，如果是，则可接纳蔡居弟。[1]五个月之后，汲约翰复蔡居弟所娶之妇的前夫未有再娶，故未敢再行接纳。大会接受谢友朋的建议，派训示牧师查明可否接纳，按其事势施行。[2]蔡居弟最终是否被接纳未见记录，但该案的处理则具有重要意义，因为它显示了纪多纳制定的重婚条规以灵活的方式得以执行：尽管信徒犯重婚罪证据确凿，中外牧师在考虑是否再接纳违犯者时仍有商量的余地，考量的标准在于他对信仰是否虔诚笃定。通常违规者会被禁隔，等待长老会的裁决。等候的时间可能历时几个月，甚至长达数年。1885年被裁定犯重婚罪并革出教会的邱阿忠，在接下来的近二十年中仍坚持到教堂参加礼拜，"且屡求再接"成为会友。[3]1900年5月1日，彭启峰举议邱阿忠之事可归巡视牧师办理。[4]此事的记录到此便无下文，但邱阿忠（1885年）和蔡居弟（1904年）两个重婚案的处理办法显示了潮惠长老大会的态度，特别是英国传教士的态度从严厉转为宽容。当1885年邱阿忠重婚事发后，纪多纳立即要求大会将他革出教会；而二十年后，当蔡居弟的重婚罪证据确凿时，大会仍谨慎地认为应根据实际情形做出裁定。

在1881—1907年被记录的11个重婚案，犯重婚罪的都是女方，而不是男方。男性的重婚案只有3个（1912年1个，20世纪30年代初2个）。[5]胡卫清将这种现象解释为信徒妇女在婚后主动弃夫他嫁，并以此作为妇女婚姻自主的证据。[6]在此之外，笔者认为考察教团内部妇女重婚频发

---

1 潮惠长老大会记事册，1904年3月9日。
2 同上，1904年8月26日。
3 同上，1899年5月3日。
4 同上，1900年5月1日。
5 普宁流沙墟朱菊花，1912年10月1日；澄海鸥汀蔡春福，1931年4月28日；潮阳隆江蔡宗光，1933年11月7日。
6 胡卫清：《苦难的模式》，第300页。

的现象还应注意到潮汕商贸劳工的移民传统。自1880年起,越来越多的年轻男性告别家乡和妻子到南洋一带谋生。在大多数情况下,外出谋生的丈夫希望其妻留在家乡侍奉长辈,祭祀祖先,并定期给她们寄回侨批(含有家信和汇款)。但有些男性过番后很少给家里写信,乃至音信全无。他们的妻子从此与丈夫失去联系,茕茕孑立、形影相吊,唯有通过自己的劳动来维持家计。在这种情况下,受传入潮汕的基督教婚姻观念的影响,一些留守妇女不再愿意长期安分地等待在南洋谋生的丈夫,她们或许期望通过加入教会过上更好的生活,包括摆脱让人失望的婚姻纽带。这使得教会内部发生了一系列男信徒娶有夫之妇,即"一女嫁二男"的案例。这种现象在社会流动性较低的内陆地区相对少见,只是在海外移民活动较为盛行的闽粤地区才会频频出现。

与新教教会一样,天主教会也坚持单偶制,反对信徒重婚。然而在特定情况下,它也允许常年独居的已婚妇女重婚,正如江南教区的耶稣会在1865年的《圣配规案》中规定:"通过婚姻的纽带联结的夫妻双方,如果他们都是天主教徒,只要一方尚在,另一方均不能与他人结成有效的婚姻;然而,如果夫妻一方长期缺席,而且被证实已经去世,则另一方可被允许合法再婚。"[1]布茹拉指出,在这种情况下,必须有证人发誓亲眼见证当事人的死亡。[2]

一方面由于新的基督宗教婚姻观念的宣传,另一方面由于女学振兴激发了女性的自我意识,潮汕地区的留守妇女不再愿意长期等待在南洋谋生的丈夫,结果导致了重婚案在近代潮汕长老会教团内部层出不穷。纪多纳1893年制定的重婚条例后来被整合进1907年公例中(第386条),成为界定"违法嫁娶"的专门条例。"重婚"这一现代概念及其相关的处理办法也见诸该会1948年的会章中。尽管新条规认定犯重婚罪者,"堂会理监事会应即依例开除其会籍",但又增加了一点:"倘有其重婚案件,业经法

---

1   *Les Facultés apostoliques et leur commentaire auxquels s'ajoute un guide à l'usage des missionnaires de la province du Kiang-Si*, 转引自 Poujoulat, *Le mariage dans les chrétientés catholiques en Chine: 1860–1940*, p.135。

2   Ibid., p.135.

律解决，而其本人及家属，仍热心爱护教会，则经过相当时期后，堂会监事会得呈请区会，考虑其恢复会籍之请求。"[1]

二、离婚

"婚姻不可分离"这一永久性原则在信徒婚姻中居于重要地位。但在特殊情况下，巴色会仍允许信徒离婚，这在上一章已有论证。那么英国长老会如何处理教团内部的离婚案？1894—1904年，有六宗信徒离婚案的讨论载于长老会记事册中。与"重婚"的概念一样，"离婚"的概念也是后出。在19世纪80年代，长老会用"弃妇另娶"和"脱夫另嫁"指夫、妻单方面的离婚行为。

1894年6月20日，揭阳棉湖堂陈赐另娶之事，经过英国牧师汲约翰协同该堂长老会调查，大会做出如下裁决：[2]

1. 按弃妻他娶，救主明言，实犯淫行，本毋庸置议。惟伊夫妇既分隔八年之久，且屡经公亲劝处，迄无相和，则于常理有所不同。惟陈赐于欲另娶之先，无向其前妇公议辞别，又无报明本堂牧师长老。比本堂牧师长老明言劝止，仍然不遵，径行己意，实属犯法，故宜禁隔。

2. 视陈赐蔡若二人婚姻既经断绝。

3. 宜着陈赐出书与蔡若以表明其姻绝断。

4. 请大会饬陈赐蔡若合立毫无财物交联之约。

5. 请大会切劝二人宜相恕相赦，不可怀恨于心。

林芳举议此决议事关陈赐蔡若二人，宜令纪事将该折抄二张，一付棉湖代议长老示知陈赐，一付巡视牧师（汲约翰）示知蔡若。当汲约翰将此谕交

1 《中华基督教会岭东大会会章（暂行试用）》，第22页。按：最理想的解决办法是男/女信徒与他/她的第二个配偶分离。

2 潮惠长老大会记事册，1894年6月20日。

与蔡若时，她答应遵行，但陈赐却不肯善罢甘休。[1]他不遵大会所断，坚称是被蔡若抛弃在先，另娶在后，并向蔡若索要身价。大会再次裁定陈赐"实犯弃妻他娶之罪"，令棉湖长老会将其革出会外。[2]

该案有三点值得关注：首先，查清肇衅的一方是关键，是陈赐被弃另娶，还是陈弃妻另娶？其次，传统的离婚程序，即丈夫给妻子一纸休书，在长老会内部仍然继续执行。再次，教会引入了由离婚的双方共同立约的新举措，既可保护离婚当事人双方的权益，在当时的情况下，更多是保护女方的权益。然而，陈赐竭力将自己扮成受害者，既不给予蔡若休书，也不与她立无财物交联之约，最后被教会革出。蔡若虽然被其夫抛弃，但由于有了教会的支持，才不至于遭受其夫的无理要挟。

身陷离婚案中的其他男信徒虽不似陈赐一般蛮横无理，却也有视妻子为自己财产、去留任其支配的强势心理。他们理所当然地搬出《大清律例》的"七出"依据来休妻。1902年，揭阳登冈堂会的杨兴盛因妻子有盗窃行为便遽然出妻。[3]两年之后，这一堂会又上演了一场离婚闹剧：王谦书因为其妻洪氏的"淫行"而休妻。在第一个案例中，大会裁定将事主杨兴盛及其父（他支持儿子休妻）禁隔。潮惠长老大会和登冈堂长老会的联合干预达到理想的效果：父子二人"具有深知其非，恳为宽容"，并恳请教会接纳。然而王谦书与洪氏的离婚案却没有成功调解，在进行了细致的调查后，汲约翰向大会做了通报：

1. 细核两造之禀，一控与人有私，查无实据；一控设计陷害，查无是事。

2. 王乍可系谦书故友，久已早夜自由出入其家。谦书及其父母并不之防范。如果该妇有私情，咎由家长不加防范以及有此是，断难独罪该妇。

3. 谦书之父闻有是事，并不尝到家查明，而听其子遽然寄令改嫁，

1 潮惠长老大会记事册，1894年10月3日。
2 同上，1895年10月2日。
3 同上，1902年5月2日。

不俟公然断结，殊为妄行。且至今并无分文供给洪氏衣食。

经过讨论，汲约翰提议："王谦书宜再接纳其妻洪氏，而洪氏亦宜情愿回归夫家，两释前嫌，好合无间，俾得共享家庭之福。至于提及他嫁他娶，实背正道，决不准许。"[1]尽管汲约翰已劝勉王谦书夫妇遵断和好，但男方迟迟不肯答复。[2]直到一年半之后，王谦书才函复大会，称其决不愿遵断再接洪氏。汲约翰认为"其心如此固执，实属藐抗，可责"。但仍请大会饬令王谦书夫妇，告知"两人非是婚姻断绝，宜遵真道以行"。大会认为此事的处理办法到此已经明晰，无须再议，因此将所派人销差。[3]但在一年之后，该案的讨论却因一位女教友（其身份未明）向大会上禀而再度重开。考虑到 20 世纪 20 年代中叶之前，能参与议事的只有男牧师或长老，这位女教友的行动确实颇为大胆。其所上之禀揭露王谦书在上一年十月已娶郭氏为妻。[4]四个月后，安饱德向大会通报调查结果，大会议断两人之婚姻显被王谦书断绝，批准将其革出教会。[5]这个离婚案的结果是：教会失去了一名信徒，而洪氏也因其未被证实的淫行而被其夫抛弃。面对着这样一个"不贞洁"的妻子，王谦书毫不犹豫地援用"七出"将其休弃。这个案例显示，与偷盗相比，淫行对妇女的名声更是致命的打击。

上面两个离婚案都发生在信教夫妇之间，下面的案例将展示潮惠长老总会如何处理一方信教和另一方不信教的夫妇之间的离婚案。1904 年 3 月 9 日，总会收到饶平孚山堂代议一折，内禀黄冈郑青有妻，自始斋戒，不愿同居已长达十七年之久。孚山代议问可否许其分离以及再娶。考虑到"此系由来未经办理之事，且难明事理颇多"，安饱德提议派汲约翰、刘泽荣、官集成、詹承波查察其夫妇事情，考求圣经道理，以复后会。[6]

1　潮惠长老大会记事册，1904 年 8 月 26 日。
2　同上，1905 年 9 月 6 日。
3　同上，1906 年 3 月 25 日。
4　同上，1907 年 4 月 17 日。
5　同上，1907 年 8 月 25 日。
6　同上，1904 年 3 月 9 日。

半年之后，汲约翰将受托诸人所作的努力，以及得不到理想效果等情况详细禀明总会：

> 查其夫妇相离已十七年。去年秋会，役等受差遣之后，詹承波即由孚山特派姐妹多人，屡次劝勉其心，依然固执。迨三月十五日，役等同到黄冈知会。郑青之妻在其母家故，特派人切请之至礼拜堂会面，彼拒不从。虽亲面劝励，其父终难望其回心。至此，宜如使徒所云，不信者若离，则听其离。[1] 论郑青信道以来，有尽分切求和好，至今仍遵会使劝诲。

考虑到这对夫妻的关系陷于僵局已达十七年之久，尽管郑青努力寻求和解，本堂牧师、长老、传道先生并男女教友也尽其所能劝勉郑青之妻，却仍无转圜之机。汲约翰因此提议郑青可"如《圣经》所言，听其离，实无可嫌。论及可否再娶，《圣经》俱无明文。但已尽分劝勉，似乎宜准"。因此汲约翰令纪事写信劝导郑青之妻，作最后的努力：限期三个月，若她仍不愿归家，则准郑青再娶。[2]

八个月之后，当最后一举不见成效时，总会开始讨论郑青再娶一事。但由于《圣经》对此俱无明文，因此，总会参考《大清律例》，裁断郑青宜"自初次劝妻归家起算，已满三周年后，可向总会求给准其婚姻算为断绝之据，并通知其妻，而后方可另娶他人"。汲约翰认为郑青之事自上报大会处理以来，宜待之期已满。因此，总会批准汕头长老大会行其所议，并令纪事发准其算为婚姻断绝之据（类似于离婚证。——引者注），交郑青收执。[3]

1894—1904 年，由潮惠长老大会处理的 6 个离婚案中，1 个达致和解，2 个以和平离婚告终，有 3 个案子的男事主因不服教会裁决而被革出

1　参见《哥林多前书》7:15。

2　潮惠长老大会记事册，1904 年 8 月 26 日。

3　同上，1905 年 5 月 3 日。巴色会有相似的规定，参见《巴色圣会规条》，第九十一条："若未信道者，断不愿与信者同居，则信者不为法所拘。但要俟候日久，方可再得嫁娶。"

教会。这说明长老大会和乡村堂会的介入并不总能达到理想的结果。在潮汕社会中成长起来的第一、二代男信徒更倾向于以儒家伦理来衡量他们妻子的行为。当出现婚姻危机时，他们仍然诉诸《大清律例》所规定的七个理由来休妻。这条律法很容易被不诚实的丈夫所滥用，不管其妻是否真正犯错。而在这六个案例中，女方均沉默无言，这使得后来者很难了解她们内心的活动。不可否认的是，各级长老会的介入给予了女方更多的支持，有些妇女甚至敢于将婚姻纠葛直接向大会陈情。与男信徒相比，女信徒似乎更能服从大会的决议，郑青之妻是个例外，但她并非浸会中人。

从 20 世纪 20 年代开始，特别是在妇女解放运动高涨的 1926 年之后，不论教会内外，离婚的现象越来越常见。[1]吴至信在 1930 年做了一份婚姻调查报告，显示北平民众的离婚率从 1917 年至 1933 年呈持续增长的趋势，尽管其数字低于南方的上海、汉口、广州和杭州诸城市。[2]1928—1934 年，关于离婚问题的讨论也频繁见诸长老会的会议记事册中。1932年 4 月 26 日，汲多玛（Thomas Gibson，汲约翰之子）提议教会讨论离婚问题。[3]这年秋季，教会对于离婚问题之提案，多人论说后仍不能达成一致，林之纯举议留待下次会议再进行讨论。[4]八个月后，担任汕头区会主席的华河力（H. F. Wallace）呈请大会核议离婚问题案。[5]经多人讨论后，罗慕真举议委托修改条规委办任杜力（T. W. Douglas James）考虑修改离婚条规，俾得确定公布施行。几天之后，任杜力对解决离婚问题一事形成三点看法：

1. 因年来离婚已成为教会重要问题，信徒大都莫知所从。

2. 因岭东大会虽有严禁离婚之例，而实际上颇难执行。

1　王新宇：《民国时期婚姻法近代化研究》，第 46 页。

2　吴至信：《最近十六年之北平离婚案》，载李文海、夏明芳、黄兴涛编：《民国时期社会调查丛编·婚姻家庭卷》，福州：福建教育出版社，2005 年，第 382 页。

3　汕头长老中会记事册，1932 年 4 月 26 日。

4　同上，1932 年 9 月 6 日。

5　同上，1933 年 4 月 25 日。

3．因各大会对于此案恐未有一律办法。[1]

任杜力因此呈请总会详加考虑，切实指示，以便遵行。经过多次讨论后，该会制定了如下处理离婚问题的条规：

根据婚姻神圣及一夫一妇相守终身之原则，所以男女于结婚之前，有审慎选择配偶之自由。结婚之后不能自由离异。倘有领餐友发生离异问题，其级议会务必详查办理，或呈区会察核主裁。[2]

该条规列入 1934 年岭东大会公例婚姻条规的第八条，也是最后一条，而这一条规的重要性在 1948 年的会章中得到进一步强化。

三、娶妾

妾制为《大清律例》所允许，在 20 世纪 20 年代的妇女解放运动中却遭受激烈抨击。社会学家潘光旦在 1927 年就中国人的婚姻观念所作的社会调查显示，受访者中有 70% 的人接受单偶制，赞成废除妾制。[3]1930 年，南京国民政府颁布的婚姻法条文却申明："关于妾制问题，毋庸规定。因为妾制已经废除，既然法律不承认这种婚姻形态的存在，对于事实上尚存在的，其地位如何，不需要以法典或单行法加以规定。"[4]王新宇认为，当时相关的法律条文"无论是刑法、婚姻法还是继承法，实际上都为妾制预留了合法空间"[5]。1902—1933 年，潮汕地区的长老会教团内部出现了一连串

1　岭东长老大会记事册，1933 年 5 月 3 日。
2　《中华基督教会岭东大会公例》第八条，第 28 页。
3　潘光旦：《中国之家庭问题》，载李文海、夏明芳、黄兴涛编：《民国时期社会调查丛编·婚姻家庭卷》，第 287 页。受访者共 317 人，来自不同行业，年龄为 14—57 岁，其中二三十岁的占大部分。他们当中 77% 来自江苏和浙江两省，以男性为主，仅有 44 人为女性。同上，第 268—271 页。
4　王新宇：《民国时期婚姻法近代化研究》，第 54 页。
5　同上，第 101 页。

男信徒娶妾的案例，而同一时期，这种情况却很少在中国各地的法国天主教会内部发生。对此布茹拉给出了一种解释："天主教徒大部分较为贫穷，属于中国的劳动阶层，因此除了妻子外，他们没有赡养妾的经济能力。"[1] 这一解释暗示着与天主教徒相比，中国的新教徒来自更高的社会阶层。具体到潮汕地区的天主教会，这一解读仍需要讨论。因为 20 世纪 10 年代澄海的樟林港便有富裕家庭皈依基督教，但在法会的教务报告中并无信徒违反教义娶妾的记录。

虽然登记在英国长老会记事册中的第一个娶妾案例发生在 1902 年，但这种现象并非此年才有。教会通过讨论形成了处理该问题的相关条规，即所谓的"条例七则"[2]。1902 年 1 月 29 日，汕头长老会向大会征询是否接纳有妾的陈雨亭领洗进教。汕头堂的长老细述陈雨亭"于未信道之先，尝有娶妾，且今不得相离。但查其心实有信主，余无可阻"。依例禀请大会训示。汲约翰举议宜准汕头长老会之禀，"许其接之领洗，并嘱其于行洗礼之先，将所定之条例七则（见附录五）读与众听"。大会准其请。[3] 该案的事主陈雨亭是当时汕头埠的一名富商，入教后的第二年，他便资助英国长老会在汕头修建了第一所妇女医院——雨亭医院。[4] 1906 年，他又与英教士会合作，提供一半的经费在汕头修建英华中学。该校是当时英国长老会在潮汕地区教育系统的最高学府。[5]

1902—1904 年，记事册中共记录了 3 桩纳妾案例。由于三位男事主均在入教前便已娶妾，他们都被教会所接纳，成为信徒。1912—1933 年又有 11 个案例发生。1914 年 4 月 28 日，官集成向汕头长老中会提交一禀，就饶平洪洲邹亚鹄违法多娶一事恳请训示。林芳认为邹亚鹄所行实属背道，但其人今既外出，故宜涂抹其名，以洁圣会。中会接纳了林芳的提

---

1   Poujoulat, *Le mariage dans les chrétientés catholiques en Chine: 1860-1940*, p.103.
2   "条例七则"的详细规定见附录五。
3   潮惠长老大会记事册，1902 年 1 月 29 日。
4   陈泽霖：《基督教长老会在潮汕》，第 439 页。
5   同上。

议。[1]根据 1907 年公例第 137 条："如长老会细查所犯实而有据，当按其罪之轻重以治之：一、苦劝；二、禁隔；三、革出会外。"邹亚鹊的缺席使得前两种处理办法无以实行，长老会只得将他革出教会。

此案发生时，原籍江南罗塘的曾善余早因多取一妇被禁隔。[2]1915 年，彭泽黎向大会报告他去年仍前来请求再接，应该如何待之？林芳举议"限二个月久，该人当释此妇自由，不然则禀革之出圣会"[3]。一年后，蔡融复、曾善余将后妻释为无夫自由之妇，且该妇"同志为道，喜愿相离"。林芳举议"曾善余既释之自由，则该妇为夫之束缚（原文如此），倘无别阻碍，则可接之入圣会"。大会准其所议。[4]这是会议记事册中所载长老会成功劝离丈夫与妾的首个案例。这个案子说明，即使信徒娶妾的事实确凿，他也不会被立即革出会外，这有违 1907 年公例第 388 条"必当革出圣会"的坚决态度。牧师和长老们并没有将曾善余立即革出，而是对其进行规劝，并成功使他诚心悔改，与妾分离。可见英国长老会争取、珍惜每个信徒的苦心，在接纳信徒入教和将信徒革出教会二事上，英国长老会都非常谨慎。正如公例第 138 条规定的："倘长老会察知会中有人虽尝犯罪，而果知过认非，则宜乘机劝诫，冀其克谨厥后。若得其悔改，或可了结，不必仍责。"1920 年 10 月 5 号，兰大卫（David Sutherland）向汕头中会报告吴道周娶妾一事。虽然中会准革吴道周，而兰大卫述明良心以为不能施行，因此请求中会裁夺。经多人论说后，林受天举议可将此人之事禀问大会。[5]次年 6 月 21 日的大会上，同样还是林受天举议应饬汕头中会将吴道周照案革出，大会批准。[6]就连英国传教士都认为革出吴道周于良心上不忍，

1　汕头长老中会记事册，1914 年 4 月 28 日。
2　他的籍贯是江南罗塘。"江南"是江苏、安徽和浙江三省的旧称。在 20 世纪初，由于经济上的联系，特别是抽纱业兴起之后，这几个省与潮州地区的劳工流动日益频繁。曾善余很可能随着这一劳工移民网络到潮州地区谋生并定居下来。
3　潮惠长老大会记事册，1915 年 5 月 4 日。
4　同上，1916 年 5 月 3 日。
5　汕头长老中会记事册，1920 年 10 月 5 日。
6　潮惠长老大会记事册，1921 年 6 月 21 日。

而本地长老林受天却促成大会将其革出。[1]

尚有一个特殊的例子：1923 年 10 月 2 日，奕湖长老会禀称该堂教友谢亮之妻妄将其女嫁与有妇之夫，违犯公例 386 条（即引诱人为此事），请中会主裁。侯乙初举议派吴国维、林为重协同该长老会查办。[2] 七个月后，吴国维经协同该长老会调查后，决定禁谢亮之妻晚餐，中会纳准。[3]

这些案例的处理过程显示，潮惠长老会一般对入教前便已娶妾的信徒比较宽容，但对入教后娶妾的信徒却严厉得多。此外，教会通常避免将信徒革出教会这一最下之策，而越来越多有妾之人入教似乎也暗示社会的富裕阶层逐渐加入到教会中来。

由于教会对娶妾的信徒一般都予以劝诫，给其悔改机会，因此 1907 年公例"七则"中的第 388 条"必当革出圣会"已无存在的必要。除这一条外，其他六条都被整合进 1934 年的公例中，置于"违法婚姻"的范畴之下，紧随"重婚"条规之后。而在 1948 年的会章中，这"六则"全被删去。可能是经过教会人士的提倡和政府的立法，妾制在当时教团内部已不再是一个严重的问题。

严格来说，买卖女婢不属于婚姻实践的范畴。但是在传统社会，富裕家庭中总不乏女婢的身影。而家中的男女主人，如老爷、少爷或太太们，也会在她们当中物色合适人选为妾。因此，这里附带讨论一下女婢的问题。在被父母出让给他人以换取财物这一点上，买卖女婢与买卖小媳则颇为相似。

女婢一般出生于贫苦的家庭，当其六七岁时便被家人卖到富有之家帮忙做家务，或陪伴在太太或小姐左右。作为弱势群体，婢女容易遭到男女

1　这一案例的讨论也见英国长老会英文的会议记录 "The Lingdong Synod, 1921", Library of the School of Oriental and African Studies, University of London, The Presbyterian Church of England Archives, Foreign Mission Committee, microfiche no.653. 转引自 Joseph Tse-Hei Lee, "Preaching (传 chuan), Worshipping (拜 bai), and Believing (信 xin): Recasting the Conversionary Process in South China", Leiden: Brill, 2011。

2　汕头长老中会记事册，1923 年 10 月 2 日。

3　同上，1924 年 4 月 29 日。

主人的虐待。1879 年，香港英国殖民政府首席大法官（或称主审法官）施默爵士（John Smale）发表反对蓄婢言论，引起社会对婢女（在广府地区称为"妹仔"）问题的关注。

在晚清的潮汕地区，女婢遭到主人的虐待时有发生。女传道丁铃的大女儿姚顺观的遭遇便是一例。如前所述，身为信徒的丁铃因为贫穷，将大女儿顺观卖给潮阳县城一位官太太当女婢。后者打算好好"调教"顺观，以便将她卖给某个富人为妾。[1] 在顺观服侍女主人的一年半中，不时遭其毒打，不给饭吃。饿极了，顺观便捡丢弃在水沟中的果皮充饥。这个狠毒的官太太甚至用烧红的铁钳烫顺观，而且选择那些不易被别人发现的部位。[2] 就在顺观即将被转手卖掉时，丁铃得知女儿的不幸遭遇，因而向浸信会求助，最终将顺观营救出来。[3]1904 年，《岭东日报·潮嘉新闻》报道一个六七岁的小女婢因被她的女主人（是家中的妾）毒打，逃出家门，不敢回家。[4]1905 年，常熟出版的《女子世界》发表了《虐婢论》，作者因读美国主张废奴的名著《黑奴吁天录》，有感而发，为中国遭虐待的婢女申诉。[5] 女婢因不堪忍受主人的折磨出逃的消息也时见报端。民国成立后，国内的开明人士始有废婢之说。[6] 也许受到国内舆论的影响，汕头长老中会才将买卖女婢的问题列入议程公开进行讨论。

1915 年 9 月 14 日，林芳提议禁止教会中人买女婢之事，并派人作详细规条，以复后会。中会当下便派林芳、刘泽荣、林重三、蔡芝、许修翎、黄寿亭、侯乙初负责该事。[7] 七个月之后，林芳等回复中会女婢条规数则：

1. 买女为婢，背救主爱人之心，失人自由权，易生虐待，易生诱惑，

1　Fielde, *Pagoda Shadows*, p.151.

2　Ibid., pp.151–152.

3　Ibid., p.152.

4　《岭东日报》，光绪三十年（1904 年）五月初十日。

5　《虐婢论》，《女子世界》，1905 年第一期。

6　《废婢议》，《妇女时报》，1914 年第九期。

7　潮惠长老大会记事册，1915 年 9 月 14 日。

易致嫌疑。

2．典女子为工作，与买女为婢事虽稍异，而理则相同，亦宜一律禁止。

3．凡信徒家中已买有婢者，各长老会、司事会当设法助之，释其自由。

4．中会宜饬知各堂会，不可再有买女为婢、典女为工人。如故犯者，当行谴责。[1]

中会接纳林受天的建议，八天后将此事呈禀大会。列席大会的邱家修举议在大会通过禁买典女子女婢之事前，宜将其函札汕头、五经富两中会复议。[2]在当年秋天举行的中会上，林芳表明了反对买典女子女婢的态度，举议禀复大会施禁。[3]但在次年春会的讨论过程中，五经富中会却回复道："该条辞意不明，尚冀示悉。"经过几天的讨论，五经富中会的代表终于答复："禁典买女子女婢事，当即严禁。"至此，在禁止买典女子女婢一事上，英国长老会辖下的汕头、五经富两个中会终于达成一致意见。[4]

当此之时，国内其他地区的基督教会均开始认真对待基督教家庭的婢仆问题。上海的教会杂志《女铎报》专门发表了《论虐待婢仆》和《孩童对于佣人之待遇》两篇文章，倡议善待婢仆，却无禁止买卖婢仆之议。[5]而在香港，1879年反对蓄婢的论战在1917年重开。站在反对蓄婢立场上的，除了香港的英国人外，还有英国本土相关的个人和组织加入。潮汕与香港之间频繁而稳定的商贸、劳工、宗教、新闻传播网络似乎将香港解放女婢的新观点和新举措带回到潮汕地区。然而，女婢条规最终为两中会所批准要等到1918年9月。[6]经过四年的反复辩论，买卖女婢的问题在长老会教团内部终于有了定论。而在教会外，解放婢女言论的出现则是在1919年

1　潮惠长老大会记事册，1916年4月25日。

2　同上，1916年5月3日。

3　汕头长老中会记事册，1916年9月19日。

4　潮惠长老大会记事册，1917年5月1日。

5　须养粹：《论虐待婢仆》、袁玉英：《孩童对于佣人之待遇》，同见《女铎报》第六期第五册，1917年8月1日。

6　1918年9月24日："五经富中会复禁典买女子女婢事，当即严禁。林芳举纳所复，并饬两中会照行，大会准。林芳举此条照行，中会准。"

的五四运动之后。在妇女解放舆论的影响下，1920年在《妇女杂志》刊出了《解放婢女议》。[1]

克里斯·怀特（Chris White）的研究展示了20世纪20年代香港反对蓄婢的运动如何在厦门的教会中产生影响，使得越来越多的中国人加入到反对蓄婢的行列中。[2]厦门英国长老会的重要人物许春草在1930年创立了"中国婢女救拔团"，为被解救的受虐待婢女提供收容之所。[3]虽然在汕头也有中国婢女救拔团在运作，但是由于材料的缺乏，笔者无法详细重构英国长老会在潮汕地区为解放女婢所做的努力，也无实际案例展示长老会这一条规实际的执行情况。然而有一点是明确的，那就是这一条规并没有纳入1934年岭东大会公例。这一情况是否意味着在1918年秋天该条规实施之后，买卖女婢的问题便在教团内部得到有效的解决，尚难判断。

四、小媳

潮惠长老会所讨论的"小媳"就是指"童养媳"。美国浸信会的斐姑娘这样描述潮汕的童养风俗："在贫穷人家，刚出生的女儿被送走的现象并不少见。一位母亲可以将不同宗族的女婴领回家，用自己的乳汁哺育，并在多年以后将她许配给自己的儿子。许多家庭都至少有一个小媳，她们在未来丈夫的家中被抚养成人。"[4]斐姑娘认为这种现象可归因于对繁衍男性后代普遍而强烈的愿望。父母往往做出很大的牺牲，以确保儿子能找到妻

1　佩书：《解放的妇女与妇女的解放》、魏冰心：《婢仆篇》，同见《妇女杂志》第五卷第十一期，1919年；胡怀璨：《解放婢女议》，《妇女杂志》第六卷第一期，1920年。

2　Chris White, "Rescuing Chinese Slave Girls in Republican Xiamen", The 5th International Young Scholars' Symposium on "Christianity and Chinese Society and Culture", December 6–8, 2010.

3　从1930年开办到1941年因日军入侵而关闭，超过200名婢女在此救拔团中寻求庇护。Ibid., p.20.

4　Fielde, *A Corner of Cathay*, pp.34–35.

子。[1] 从她的观察中可以看到，女孩并非没有价值。实际的情况是，对一个家庭来说，儿子和儿媳比自己的女儿更重要。在追求延续男方家族血脉的过程中，女儿完全是局外人，不能起到任何实际作用。而且在普通人家，女儿人数越多，可供培养儿子的资源就越少。因此，一般的家庭都认为女儿人数越少越好，或争取能尽早地将女儿嫁出去。在乡村地区，遭弃溺的往往是女婴；而贫穷人家常为了生存，会将女儿卖掉以换取救饥之粮。[2] 同样，那些男丁兴旺的贫穷人家也倾向于将自己的儿子卖给无嗣的人家当谊（通"义"）子。收养人一般都将谊子视为己出，以延续其宗族的香火。

布茹拉也关注在华天主教家庭中"童养"的现象。这些女孩一般是5—10岁，由于自己家庭贫穷而早早订婚，被送到未来的公婆家中抚养。[3] 童养的风俗遭到法国天主教传教士猛烈抨击。而在潮汕地区的长老会教团中，19世纪80年代初便有对小媳问题的讨论，比重婚和妾制的讨论都要早。最初对该问题的讨论并不是为了禁止买卖小媳，当时教会的关注点在于基督化家庭中的非血缘后代能否受洗。

1885年5月6日，施饶理向潮惠长老大会举议："信徒买小媳虽属无益，然亦可施之以洗。惟买男子，则其事或出于怜人，或由于继嗣，可否接之领洗？各堂长老会自当详细分别。"汲约翰等就此问题制定的条规如下：

凡卖己儿为他人之子，并卖幼女为他人小媳，乃失其父母之爱情，并废教养之正分，实属非宜之例。且买纳他人之幼女为小媳，亦属不宜，希吾会中人改变此等例俗。但吾信主之家既有他家之子女归为嗣息，须当接

1　Fielde, *A Corner of Cathay,* p.34.

2　据有国际声誉的插图画家和明信片设计者詹姆斯·麦克马伦（James McMullan）回忆，他的祖父母马茂兰夫妇于19世纪80年代到达中国山东地区。当时他们目睹"为了控制过多的人口，官府下令捕杀每户人家中诞生的第二个女婴"，参见 http://jamesmcmullan.com/frame_brbiog.htm，浏览日期：2011年1月27日。这一说法明显过于夸张。然而晚清时期，溺杀女婴的做法在全国确实颇为常见。

3　Poujoulat, *Le mariage dans les chrétientés catholiques en Chine: 1860–1940,* pp.51, 173.

之领洗。[1]

该条规得到金护尔的支持。根据新教各宗派关于洗礼（浸礼）的神学思想（如"契约"的神学理念，covenant theology），上帝救赎的承诺将通过信教者的血缘代代相传。那么对于信教者的非血缘后代，情况又当如何？这在很多保守的新教宗派中引起长期的争论。汲约翰不愿意为收养的子女受洗，以及他对养小媳风俗的反对，正是以这一神学思想为依据。汲约翰拟定的条规被 1907 年的公例所采纳，位列第 48 条。

虽然长老会记事册中并没有记录养小媳的具体案例，但该条规妥协的态度，以及根据实际情况灵活处理的办法，却暗示有不少乡村堂会为小媳施洗。而法国天主教传教士对此问题的态度却完全相反。他们认为，定娃娃亲和童养的风俗都扼杀了男女双方终身侍奉上帝的可能性。因为将女孩送到男方家这一接送行为已暗含结婚之义。神甫埃尔芒（Pére Hermand）声称这些风俗将阻碍当事人成为神职人员：

> 这个孩子有一天将考虑成为神职人员，但他无法下定决心，因为他的人生已被限定，他知道自己已经订婚。之后，当他成长到了十六、十七或十八岁，聆听到了度宗教生活的内心召唤，但为时已晚：他已经结婚。那些总批评我们没有训练足够的当地神甫的人，应当了解这一情况，懂得中国人的心理。[2]

不只是批评，法国传教士也努力解除童养的婚约，相关案例在中国的天主教会中有所记载。[3]很明显，英国长老会比法国天主教会更容忍小媳在基督化家庭中的存在。

1916 年 9 月 19 日，胡向荣代表惠州各教会就养小媳并嫁娶之聘金问

1　潮惠长老大会记事册，1885 年 5 月 6 日。

2　Père Hermand, "Au district", *Relatoins de Chine*, Volume XI, Octobre 1933, p.556. Poujoulat, *Le mariage dans les chrétientés catholiques en Chine: 1860–1940*, p.199.

3　分别发生在直隶南部（1910 年）、江苏省（1933 年）和浙江省（1936 年）。Ibid., p.239.

题向汕头长老中会请求指示。[1]这一举动揭示了小媳在基督化家庭中的存在以及长老会对此的宽容态度，否则养小媳的聘金问题不会呈到中会进行讨论。而作为妇女解放运动的成果之一，北京政府大理院在1922年通过了"父母为未成年子女所定婚约，对于不同意之子女，不能强其履行"这一判例。[2]尽管该判例承认定娃娃亲的法律效力，它却给予已成年的当事男女双方决定是否结婚的权利。而英国长老会却迈出了更大一步。1923年6月19日，五经富中会认为"买卖幼女为童养媳极为非礼，男女早婚亦属大害，应请大会订立专例，从严禁止"。围绕童养媳的问题，与会各方展开激烈的争论：彭松反对厉行禁止这一风俗，认为"大会既有专例可依，依例施行"；刘泽荣则认为"宜饬修改条规者立例，禁止童养媳领洗"；汲多玛则建议"宜托教育委办酌议，如何设特别方法劝勉会友，以改此弊"。争论陷入僵局，会正不得不采取投票的方式解决争端。赞成汲多玛的提议者较多，大会于是采纳其提议。[3]

虽然彭松和刘泽荣观念不同，但实际上二人均不愿在教团内部厉行禁止买卖小媳的行为，因为刘偷换概念，将五经富会"从严禁止买卖幼女为童养媳"的建议变换为"禁止童养媳领洗"。他们二人的态度暗示养小媳在长老会教团中颇为常见。在次年的大会上，教育委办蔡融等就童养媳问题议复四则，林芳提议着该委办再行斟酌回复。[4]1925年5月5日，新上任的教育委办孙渭文等复养小媳事，提请大会将公例第四十八条"既"字上添加"未闻道时"四字，即"吾信主之家，未闻道时，既有他家之子女归为嗣息，须当接之领洗"，并将几经斟酌的条规呈给大会：

1．买卖幼女为小媳，对于子女婚姻，其流弊殊多。信主之家，宜切实劝止。

1　潮惠长老大会记事册，1916年9月19日。
2　上字第1009号大理院判例，民国十一年（1922年）。参见王新宇：《民国时期婚姻法近代化研究》，第155页。
3　潮惠长老大会记事册，1923年6月19日。
4　同上，1924年5月6日。

2．闻道之后，犹养小媳，其家长虽可领洗，惟不得代其小媳立洗礼之约。

3．小媳成人时，与所假定之夫愿成婚姻，则宣于主前，公行正式结婚典礼。

4．小媳与所假定之夫不愿成婚，则为家长者当善视为小女，慎重择配会内之人，勿置有所嫌议。[1]

自此，从 1885 年到 1925 年，英国长老会对基督化家庭养小媳现象的宽容一直延续。但从 1925 年起，对那些信教后才养小媳的家庭，长老会根据"契约"的神学理念，不再为这些小媳施洗。他们也试图劝诫基督化家庭不再盲从这一风俗。与北京政府的判例一样，这些小媳被给予了决定自己婚姻的权利。长老会唯一的要求是，如果她希望嫁给其他人，这个对象必须是教团内部的信徒。

本章对上报到英国长老会最高权力机构的婚案进行了类型分析，说明相关条规是中外神职人员在处理各式婚案的过程中逐渐确立起来的。[2] 条规并非一成不变，而是根据教徒婚姻在不同时期遇到的新情况，不断进行调整。为了使读者更好地理解长老会的婚姻条规在潮汕社会中的影响，现对潮汕英国长老会教团内部婚案发生的地点和频率做一个简要的归纳。

1885 年前后，在陆丰县的河田和揭阳县的棉湖各发生了一宗重婚案，前者位于客家地区，后者发生于福佬族群之中。[3] 1894 年，棉湖又发生了一个离婚案。[4] 一旦某地发生信徒的婚姻纠葛，教会便快速进行干预。基督教婚姻观念在乡村的传播以及与传统婚律的抵触自然会在乡民心中留下深刻的印象，一个明显的现象是，当某地发生了第一宗婚案后，其他的案例便接踵而来，一发不可收拾。例如在揭阳枫口接连发生了重婚和

1　潮惠长老大会记事册，1925 年 5 月 5 日。

2　事实上发生的婚案肯定比上报的多。

3　林田嫂顺姑（1884 年）、邱阿忠（1885 年）。

4　陈赐（1894 年）。

纳妾的案子；[1] 同县的登冈连续发生离婚案。[2] 在 1902—1905 年，汕头埠只发生了两桩婚案，一是纳妾，一是离婚；[3] 而揭阳县城也有纳妾和重婚两桩案件上报。[4]

在 1898—1914 年，饶平县沿海地区发生了不少婚案。[5] 这是因为以盐灶为中心的澄饶边界地区是英国长老会传教的重要区域，新的基督教婚姻观念得以在此传播，影响了当地信徒的观念和行为。从 1915 年开始，大部分的婚案发生在汕头及其周边地区。[6] 这些婚姻观念也逐渐传播到潮惠边界，在 1926 年和 1933 年，惠来县分别发生了纳妾和重婚的案件。[7]

对中国信徒婚姻实践的讨论亦散见于在华外国传教士的正式报告和私人信函中，而潮汕地区的英国长老会完整保存下来的会议记事册也方便研究者追溯这些新观念如何传播并践行到信徒的实际婚姻生活中，这一过程也不可避免地与传统的婚姻观念发生冲突。此外，与美国浸信会和法国天主教会相比，英国长老会更灵活地接纳一些传统的婚姻实践，比如纳妾、养小媳等。在特定的情况下，重婚的行为也会被容忍。

以情景化的视角进行研究，或更有助于解开在长老会教团内部不断发生重婚案的这一谜团。"一女嫁二男"的重婚案的多发，应部分归结于当地已婚男性到南洋谋生的传统。一些留守的年轻女侨眷容易被伴侣式的基督教婚姻所吸引。虽然从另一个角度看来，确实可以将这些重婚案定性为信徒妇女为追求婚姻自主，在信教后主动弃夫他嫁，但也不应忽略男性过番传统对留守女性造成的痛苦，并由此使其产生向教会求助的意愿。

在离婚案的处理中，长老会引入了由男女双方共同立约的行为准则。

1　黄郑明（1897 年）、江龙汉（1902 年）。

2　杨兴盛（1902 年）、王谦书（1904 年）。

3　陈雨亭（1902 年）、杨鉴澄（1904 年）。

4　谢为（1904 年）、魏惜花（1905 年）。

5　共有七个案例：吴滑（1898 年）、林瑞喜（1899 年）、陈元孝（1903 年）、郑青（1904 年）、黄完（1906 年）、余悦真之妻刘氏（1912 年）、邹亚鹄（1914 年）。

6　共有六个案例：曾善余（1915 年）、游敬侯（1916 年）、许隅一（1920 年）、吴道周（1920 年）、林志吾（1920 年）、蔡春福（1931 年）。

7　陈友（1926 年）、蔡宗光（1933 年）。

这既是对双方权益的维护，更是为女方提供了一种保障。1874年的巴色会条规破天荒地给予女性提出离婚的主动权，这对传统男权社会无疑是一种挑战。但另一方面，英国长老会教团内部对离婚案例的处理表明，女性仍然是弱势一方。成长于传统社会中的第一、二代男信徒还是倾向于以儒家伦理来衡量和约束妻子的行为。当出现婚姻危机时，他们仍然诉诸《大清律例》的"七出"来休妻。而身陷离婚境地的女方的意愿诉求却被记录所忽略，不过长老会的介入至少给予了女方有限的支持。正是在这种态度下，更有女性直接向长老大会陈情，而不是默默承受不公的待遇。

与晚清和民国政府相比，外国传教会在引入新的婚姻观念和婚律上可以说走在前面，而这些实际发生的婚案更进一步突出了不同传教会在性别观念上的差异。养小媳、过继嗣子的风俗同样遭到英国长老会传教士和法国传教士们的批评，但是他们却有着不同的出发点。英国长老会信奉与上帝立约，血亲儿孙世代受洗信教的神学观念，因此不太愿意接受非血亲的童养媳与谊子入教。而法国天主教传教士则认为童养和定娃娃亲的风俗扼杀了男女童发展成为神甫和贞女（修女）的前景，因此解除男女童的婚约就成为法国教士在乡村巡回布道时的任务之一。

随着时间的发展，英国长老会的婚姻条规也几经改订，以解决新形势下遇到的新问题。由于重婚在潮汕社会始终是一个重要的问题，因而其相关条规在1907、1934年和1948年的三个会规中始终占据着重要的地位。纳妾的案例在20世纪的前三十年经常出现，但由于教会有比较明确的处理办法，30年代中期以后，纳妾的案例在长老会记事册中销声匿迹。而从30年代开始，受社会大环境的影响，信徒中间离婚的现象越来越普遍，也促使长老会的婚姻条规再度修订。与英国长老会相比，美国浸信会在婚姻条规和婚案方面的资料相对缺乏，很难讨论该会信徒婚姻制度的演变。所幸浸信会的中文教习吴雨三写给女儿的一百多封家信保存下来，使笔者得以重构一位受传统习俗和基督教信仰双重影响的父亲如何在婚姻、家庭等方面教导其虔诚奉教的女儿。

第八章　吴雨三的教女经 [1]

　　吴雨三在 1917—1934 年间担任美国浸信会汕头礐石总部学校的国文教席。在这段岁月里，他与家乡揭阳桂岭的小女儿吴韵香一直保持书信往来，既安排家事，又在学习、工作与生活上给予诸多的教导。现存的 110 封书信，时间约为 1923—1932 年这十年之间，信中承载着珍贵的历史信息，向读者展示了民国时期一位年长的、受雇于教会学校的国文教师如何在当地社会风俗和基督信仰的双重影响下，为遭遇婚姻困境的女儿指点出路。同时也可看到，基督教会虽然给予潮汕女子受教育的机会，但在婚姻和职业的选择上，她们仍受所属教派规章、地方传统习俗和家长意见的多重束缚。

一、人物生平

　　吴雨三（图 26），名汝霖，以字行世，偶署禹珊，1866 年出生于揭邑磐溪都（今广东省揭东县桂岭镇双山村）。幼年家贫，其父吴邦士在邻乡新亨墟以写灯笼为生，吴雨三即随父于店中帮写灯笼，与书画结缘。稍长，勤读书

1　本章曾以《岭东浸会吴雨三的教女经》为题，刊载在《广东社会科学》2013 年第
　　1 期上，收入本书时做了一些改动，特此说明。

图 26 吴雨三像
（摘自《吴雨三、吴泽庵书画集》）

史，期入仕途。光绪十六年（1890年）考取秀才，自此执教于潮汕各地。五年后，至潮郡金山书院师从岭东教育改革家温仲和，一年后返样。光绪二十九年（1903年）参加乡试落榜，自此无心仕途，从教终老，曾执教于揭邑榕江书院。1917年，美国浸信会聘其担任礐石中学（男校）、正光中学（女校）的国文教席，并教刚到潮汕地区的美国浸信会男女传教士学习中文。

吴雨三一生从事教育工作，也期望更多乡人能就学读书。在他的影响下，比他年轻十八岁的弟弟吴泽庵（字沛霖）也勤读诗书。兄弟二人于 1911 年与乡耆在故里双山创办"守约学校"；1924 年，又一起参加了岭东著名的诗文社"壶社"，所交诗友遍布海内外。[1] 吴氏兄弟感情笃深，常在诗文书画上相互砥砺，雨三善画兰，泽庵尚绘梅。雨三于 1917 年居礐石，庐名"在涧"；三年后，泽庵也随其兄而至，居于"潜楼"。受礐石浓厚的宗教氛围影响，吴雨三不久即加入美国浸信会，成为一名虔诚的信徒，时年五十余岁。

在居礐石之前，吴雨三与夫人何淑芳生有一男四女，吴韵香是最小的女儿。韵香为字，名琴清，生于 1907 年，自小就与邻村龙岭乡的卢通苞订婚。[2] 通苞的父亲卢和仁是一名药材商，长年侨居暹罗。韵香 11 岁时随

1　1924 年 5 月 29 日（本章所引书信日期皆为农历）雨三给韵香的信中写道："刻下我与细叔与一最有学问朋友组织一班文会，会员北至江北直隶，南至实叻、吕宋，专欲与各人弟子会课改文。现已通信各处，约每二月作诗文一次，年抄选口刊刻分送各家子弟，已有人担负刻书经费。入会者不取分文。"此文会即为壶社，社长为澄海籍文人蔡卓勋（字竹铭）。

2　吴雨三在信中多称其为芸香，盖"韵"与"芸"在潮语中发音相同。

父迁居礐石，就读于正光女学，受浸入教。毕业后返乡与通苞成婚，在龙岭乡教书。在父亲和叔父的影响下，韵香也擅长书法，以米芾为宗。[1]韵香后来习医，尤精妇科。1934年，吴雨三因病在礐石去世。[2]而韵香以她的学识和信仰帮助乡亲，直到2001年以94岁高龄去世。

二、教中职务

汕头开埠之初，美国浸信会先是在妈屿岛立足，1864年才买下礐石岛上的山地"小礐石"，营建该会在岭东的传教总部。以此为中心，美国浸信会在潮汕各县建立各级堂点，揭阳一县的教务尤为蓬勃，成为美国浸信会和英国长老会宣教的必争之地。基督教于1875年从揭阳月城传入桂岭乡。1898年，最初信教的刘姓村民（应即刘省）联合双山村的吴林兴、客洞村的陈停建立了桂岭教堂。"当时先由刘省赠地一方，继由西人目为霖牧师及教友绅士等，捐资建成。"[3]吴雨三一家虽非双山村最早信教者，但族人吴林兴信教和桂岭堂的建立无疑给村民带来了新的影响。

在吴雨三居礐石的20世纪20年代，汕头经济蓬勃发展，成为广东省仅次于广州的第二大城市。与汕头市区隔海相望的礐石岛上，美国浸会的教务、教育、医疗事业也进入稳定发展阶段，教会产业星罗棋布。礐石中学（男校）在山坡上，不远处有耶士摩神道学院、正光女学和明道妇学。靠近海滨处还有女子师范、益世医院和礐石小学。

礐石的神道学院因其创建者耶士摩牧师（Rev. William Ashmore）而得名。它于1907年重建，专门培养潮汕籍牧师，但几经兴废。[4]1918年，校董会决定重办神道学。除美国传教士耶琳（William Ashmore Jr.，即耶

1　吴晓峰：《泽庵诗》（未刊稿），附录4："人物简介"，吴韵香条。

2　参考吴晓峰见示的《吴雨三简介》。

3　《岭东嘉音：岭东浸信会历史特刊》，第30页。

4　根据2012年10月12日的考察，耶士摩天道学堂即今天礐石的天安养老院，院里的祈祷大厅便是原天道学堂的小教堂，祭台墙上"天道学堂"的碑刻及落款至今保存完好。

士摩的儿子）和汪维馨（Rev. G. H. Waters）牧师外，"加聘罗逸材、吴雨三、陈复衡等任教席，课程略事提高"。这是吴雨三正式担任教会学校的教职。1922 年，由于教员减少，神道学院再度停办，改而在礐石中学开设神道学科，以接收神道学院的教员与学生。学生们"除神学功课外，兼修角中课程"[1]。1925 年，岭东教会发起了本色运动，浸信会内部有恢复天道学堂的倡议。直至 1928 年秋，才重新开办神道学院，聘定罗锡嘏、师雅各为院长。[2]吴雨三便因这样的机构调整，先后在神道学院、礐石中学担任国文教席。此外，当正光女学和明道妇学的国文教师出差时，他也要在女学和妇学教国文，帮忙批改文章。如吴雨三在 1924 年十月初七日的家信中提到："近来因郭川榕先生往暹未回，……改女学一分文，使颇忙。惟见陈幻侬等文卷多佳，心亦不厌也。（并闻）刻方在改第二次，每次四十左右篇。"同时，他也教新来的美国传教士学习汉字和潮语。1929年 5 月 18 日开始，他趁学校放假，为新到的磊落牧师（Rev. George W. Lewis）的女儿讲三国，每天早上讲两个小时。吴雨三以为"借此以谈中国及西方事，亦一快也"。

在吴雨三执教礐石的十多年间，礐石小学、中学、正光女学、明道妇学和神道学院这几所学校都在八月中开学，圣诞节前结束第一学期的教学；第二学期在来年的一月中旬开始，结束于五月上中旬。这样周而复始的教学周期只有在 1926 年非基督教运动盛行期间被打断。当时吴雨三在家信中写道："此间校办中学、小学、女学，皆因风潮放假，妇学见势所趋，亦于初二日提前放假。……现在妇学前途，谅必续办，其余尚在未可知之列。中学则捣乱尚无止象，打倒基督教之声日杂耳鼓，教会景象虽不至因此而消灭，然打击亦不少也。"[3]

吴雨三前半生辗转在潮汕各地乡塾、官校教书，经济上颇为拮据。38

1　《角石神道学院》，《岭东浸信会七十周年纪念大会特刊》，第 29 页。"角中"即礐中，"礐"与"角"二字在潮汕话中同音，因"礐"字笔画较繁，浸会内外文献常以"角"字取而代之。

2　《角石神道学院》，《岭东浸信会七十周年纪念大会特刊》，第 29 页。

3　与韵香书，约 1926 年。

岁那年乡试不第的打击，使他彻底放弃了仕进之念，以馆课、读书、作画遣怀。在他心中，礐石是晚年归隐山林的理想乐土。他为其庐室起名"在涧"，除了地点确实在小礐石山涧外，更寄托了他"空谷幽兰"的避世心态。他的弟弟泽庵也在1920年随兄居礐石，名其楼曰"潜楼"，同样有隐居的意味。当时小礐石的居民多是从内地乡村来浸会总部学习并定居的信众。信徒之间互助互爱，除了虔诚地侍奉上帝外，还能从传教士身上学习新知识和新的谋生技能，如传道、教书、行医、抽纱等，收入颇为丰厚；病了有浸会益世医院的西医救治，这一派乌托邦的景象让吴雨三对基督教产生了向往之心。他在写给江南文士高吹万的信中（约1923年）有这样一段夫子自道："自到礐石任事后，见世界之大，有四之三奉耶教，心窃窃疑之。及接其人，见诚信谦让，多与常人不同，心更奇焉。乃立志研究其道。久之，诚有如令甥所谓'立言较易，行之匪艰者'。于是，遂虔心奉之，俾身心无滋罪戾。而从前一切不遂意事，俱付之东流，惟冀于社会上作些善事，以补罪愆而已。"[1]

吴雨三虽然只是一介文士，但其学识为他赢得教会的器重。为准备1930年美国浸会传入岭东七十周年纪念，1924年岭东浸信会便奠基兴建中西合璧、古典恢宏的礐石新堂。同时，编撰七十年会史的计划也提上日程。吴雨三恰好在那时当选为九名执行委办之一，教会中西教牧无疑看重他的学养，委之以统筹撰史的职责。吴雨三于是"通函各堂会，至再之三，其中详悉答复者固不少，间有邮递四五次，仅录数言以应付，甚有并一字而亦无者，委办等既已笔秃唇焦，亦惟付之以无可如何之列而已！"[2]1932年6月发行的《岭东浸信会七十周年纪念大会特刊》，是该会的第一本中文史书，分插图、祝词、记事、会史、传史、征信、付出七部分，其中犹以插图、记事、会史、传史的史料价值最高。另一份刊物《岭东嘉音：岭东浸信会历史特刊》在1936年12月20日出版，当时吴雨三已经不在人世，但这两份刊物都刊登了吴雨三的两篇文章作为序。《岭东嘉音：岭东浸信会历史特刊》

1　吴雨三：《与高吹万书》，载1923年末《国学丛选》第十五、十六集。
2　《岭东浸信会七十周年纪念大会特刊》，吴雨三序。

首页刊载了吴雨三（署名"角石在涧庐"）撰写的一篇圣诞文，清楚表露了他希望通过基督教的传播变革中国的观点："中国素守旧礼，未念新恩。基督救一国，转而救万邦，再转而救犹太与夷邦。经书所载，转瞬将应。禧年大会，不久成功。夫齐一变，至于鲁。鲁一变，至于道。光绪一变，民国再变。离道不远，只一间耳。倘早晚会心，大行改教，中西合辙，四极联镳。登云程，而趋金阙，指顾间事。跂予望之，曷胜馨香祷祝之至。"[1]

虽然吴雨三写给韵香的一百多封家信涉及的基本上都是家庭琐事，但他的诚心奉教体现在信末"上帝临汝"、"上帝佑尔"、"上主福佑"、"上主佑安"、"主佑"这样的祝语中。在吴邦士这一支的后代中，吴雨三是第一位信教者。他注意对韵香信仰的培养，并希望能带领自己的子孙后代一同信教。他问韵香："近日对于主道感想何如？尔兄将来或亦欲办教会事业，我家人妇子须预备全是一路为佳。"[2]

三、男女有别的家教

吴雨三在 1923—1932 年给女儿写信时，他与夫人何淑芳居于礐石在涧庐，而吴韵香则刚完成正光女学的学业，回到家乡揭阳桂岭双山乡待嫁。两地之间虽有榕江相连，但雨三教学繁忙，文士之间的应酬也颇多，一年中或韵香赴礐，或雨三返乡，父女只能见上一两面。幸好有火轮船穿梭期间，于是慈父的护雏之心便化成翩翩鸿雁，托长年往返家乡与汕头之间的亲朋好友送到韵香手里。

吴雨三生有一子四女。他认为男儿应驰骋四方，女子应主中馈，并以此教育其子女。对其长子吴让美，雨三希望他离开家乡到汕头发展。当让美误听人言，向别人借贷改建家乡老屋时，雨三痛心疾首："家内起屋，心甚不满，因现在财竭而务此不急之务，真是可叹！人生在世，宜出幽谷，迁乔木，能者谋出汕，方是有志。若困守家园，而与诸闭塞者日事谈

1　《岭东嘉音：岭东浸信会历史特刊》，《圣诞文》。
2　与韵香书，1928 年 1 月 5 日。

风水、讲命理，（与）污秽龌龊者，同罗一牢，真是令吾心伤！而生银所为之，尤是使人愁闷。我家本以诗书过活，父前因欠人数目，然城（原文如此）坐困，今颇免此，而又以所遭，致于如此，夜多不寐。欲建新居以谋快乐，实非所望。尔兄不察，而入诸人之局，大可寒心！"[1]

韵香虽在儿女中排行最小，但她"素号伟勇"，颇有男儿气概，深得其父之心。[2]然而吴雨三并不希望韵香外出谋生，从其反对韵香使用"纵骅"一名可以看出："来书署名纵骅，我意颇不赞成。我女既名芸香，实亦植物之一，苟能开花，即微物亦可，何不名之曰'吴之华'？阿娥（即泽庵之女，韵香的堂妹联娥）既有与你同志，何不名之曰'吴重华'？比之如驿马四海奔驰，不尤愈乎！阿娥或改名'莪香'，昔人有父死，作《蓼莪》诗，见《诗经》云：'蓼蓼者莪，匪莪伊蒿。哀哀父母，生我劬劳'，能令晋朝王褒读之而坠泪者。'莪'亦小草，能花，亦自可人。"[3]

男子"宜出幽谷，迁乔木"，女子却不能"如驿马四海奔驰"，应当像娴静质朴的小花。在他看来，读书看报的目的是要达到"妇女日进道德，男子日增智识"，对女子来说，有德比有知识更为重要，这就是雨三男女有别的教育理念。[4]因此，在韵香的婚姻与职业上，雨三的意见都是根据这一教育理念而来。

卢通苞与吴韵香同庚，均出生于1907年，二人自小便有婚约。韵香从正光女学毕业后，一心想在益世医院继续学医。但由于婚期将近，吴雨三让她暂且在家学织布等业，等待"天父如何指点"。[5]婚礼在1923年11月20日举行，韵香在雨三的影响下信教，而通苞没有信教。[6]因此，他们的婚礼没有在礜石的礼拜堂举行，而是中西婚礼的折中，摒弃了当地传统

1　与韵香书，1929 年 12 月 27 日。

2　同上，1929 年 3 月 19 日。

3　同上，1929 年 10 月 12 日。联娥之父、雨三之弟泽庵于 1925 年去世，雨三建议联娥改名"莪香"，颇合《蓼莪》诗哀父之旨。

4　与韵香书，1924 年 1 月 12 日。

5　与通苞书，1923 年 10 月 1 日。

6　吴晓峰先生告知，卢通苞一辈子没有信教。

婚礼中吹拉弹唱、闹洞房等"陋习"。对于婚礼，韵香"主张俭约，勿令人知"，男方家长事先已从暹罗寄钱回来整修婚房，吴雨三分别与韵香、亲家公卢和仁约定"十七早车来角，十八在角礼拜，十九早轮回家，二十父与尔同到汝家（指韵香夫家）"，"届时不必叫轿，我亲带女到家，三日后归宁，即可往来如一家"[1]。

成婚前，通苞与韵香的侄儿、吴雨三的男孙吴植添在礐石小学读书。婚后，通苞继续在礐的学业。因学校的饭菜较差，他每天与植添同往准岳丈雨三的在涧庐吃饭。通苞是在雨三的关注中成长，雨三对其应有相当了解。通苞的学识不如韵香，学习也不肯用功，给岳丈的信写得很潦草。由于不会断句，他甚至读不通岳丈写的家信。他依靠父亲丰厚的家当，整天游手好闲，吸鸦片饮酒度日，其父卢和仁也对其种种恶习深恶痛绝。[2]雨三对他更是恨铁不成钢，连他走路时摇晃的身姿也看不惯。[3]然而，就是这样一位"准女婿"、"准夫婿"，雨三、韵香父女为何还能接受？这不能不提到《大清律例》和岭东浸信会的婚姻理念。

《大清律例》男女婚姻律文规定："若许嫁女已报婚书及有私约（谓先已知夫身残疾、老幼、庶养之类）而辄悔者，（女家主婚人）答五十。（其女归本夫。）虽无婚书，但曾受聘财者，亦是。"第四条例文规定："凡女家悔盟另许，男家不告官司强抢者，照强娶律减二等。其告官断归前夫而女家与后夫夺回者，照强抢律杖一百、徒三年。"[4]19世纪中后期刊刻的浸会《拜真活神的诗》第九十一首《论婚姻诗》也规定："已成婚约当钦守，失却恩情便有愆。"通苞与韵香自小有婚约，前者家境也算殷实，孰料长大后成了浪荡过日的纨绔子弟，这是雨三所始料不及的。但受朝廷律例和浸会婚律的双重制约，雨三和韵香只能认命，寄希望成婚后的通苞能改过自新。

吴雨三在写给韵香的信中常常询问，"苞现在任何事"，以至于讨论适

1　与韵香书，1923年11月2日。

2　与通苞书，约1923年2月27日。

3　同上，1923年10月1日。

4　《大清律例通考》卷十，《户律婚姻》，男女婚姻律文、例文。参见马建石、杨育棠主编：《大清律例通考校注》，第443—444页。

合他的职业成了一个不变的主题。[1] 雨三为通苞设想过作田（耕地）、镶牙（当牙医）、照相、饲猪、教书等职业，但最终无一能成。从社会身份和利润上讲，镶牙和教书都比作田、饲猪好。他在信中这样谈到通苞的前途："人格二字须当顾紧，工夫小小可以荣身，胜似闲游过日多多。不知你辈有想到否？作田恐非其任也，现时镶牙多兼照相，不知能做到否？医书亦可看。"（图 27）[2] 雨三也直接写信劝通苞："镶牙事，我闻暹京有一广州人姓潘者，年可得金二四万铢，曾为一西人镶金齿，得银三千铢，平时非百铢不镶一牙，则其术精故也。尔读书既不精矣，……不专心，将来必无成，必至为人笑。我欲劝尔……（勿）自误又误人为佳。"[3]

婚后的吴韵香有出乡教书之志，但吴雨三却劝她接受龙岭乡卢氏宗祠（即其夫所属的宗祠）的教职，希望韵香能带动通苞共同教书："苞即可在祠房收拾一间居住。日间即可读书帮教，不至如浮萍漂荡，一无定踪。彼之素行，尔亦知之。如能使之相励学问，将来自不致为人轻视。刻下伊且被人轻视，实然不错。"[4] 雨三也将自己的教书经验教给韵香和通苞："付去《初等文范》一部，苞可用工，看熟自可帮助教书。现在须学得一个'通'字，将来在社会自不为人轻视。尔最怕人轻视。近日细叔（指吴泽庵）尚劝尔兄（指妻兄吴让美）学作文，预备为文雅之士，何况尔十九岁之少年乎？万勿自弃为嘱！能作助教为佳，勿想作取利，想作为地方谋公益自可。"[5]

对于岳丈为他设计的职业路线，卢通苞均不能践行，他自然能够感受到岳丈对他的不满和众人鄙夷的目光。1925 年 7 月，通苞曾到砻石看望岳丈，吴雨三虽然高兴，但仍忍不住当面发泄对他的不满。这种难堪使得通苞借口"搭午车，不食而去"，岳丈与女婿的不和进一步加深。[6] 雨三不是不想疼小女婿，他都将自己放在三益会生利的股份分给通苞，劝他要"刻

1　与韵香书，约 1924 年 3 月 10 日。
2　同上。
3　与通苞书，约 1923 年 2 月 27 日。
4　与韵香书，1924 年 5 月 29 日。
5　与通苞、韵香了女书，1925 年 3 月 14 日。
6　与韵香书，约 1925 年 7 月 19 日。

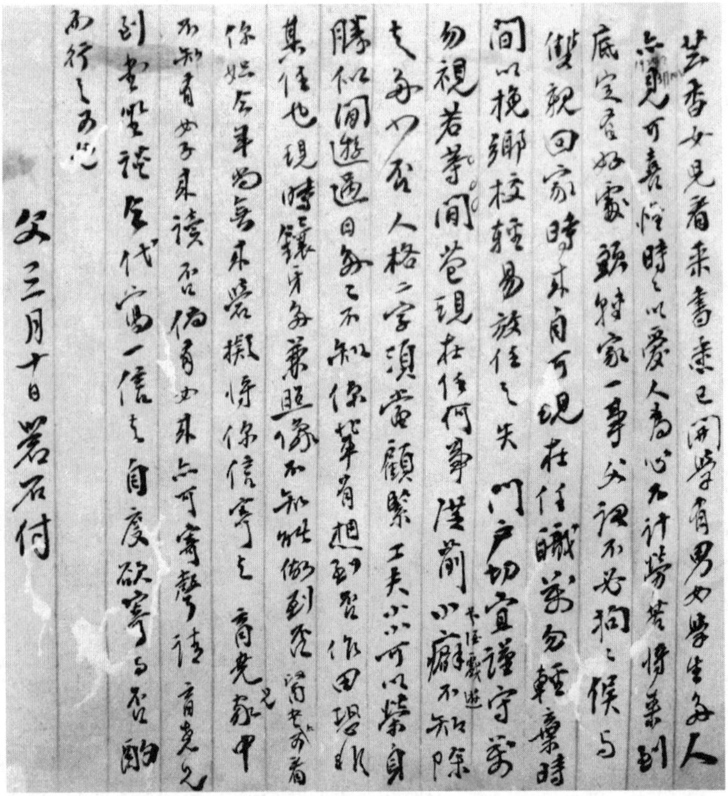

图27　家书（一）

内容如下：芸香女儿：看来书悉已开学，有男女学生多人，亦见可喜。惟时时以爱人为心，不计劳苦，将来到底定有好处。头转家一事，父谓不必拘拘，候与双亲回家来时自可。现在任职，万勿轻弃时间，以挽乡校轻易放任之失。门户切宜谨守，万勿视若等闲。苟现在任何事，从前小癖好酒戏游不知除去多少否？人格二字须当顾紧，工夫小小可以荣身，胜似闲游过日多多。不知你辈有想到否？作田恐非其任也，现时镶牙多兼照相，不知能做到否？医书亦可看。你姐今年尚无来磡，拟将你信寄去。育尧兄家中不知有女子来读否？倘有女来，亦可寄声请育尧兄到堂坐谈。今代写一信去，自度欲寄与否，酌而行之可也。

父三月十日磡石付（约1924年）

苦久居，勿染外事，将来自有好日"。[1] 但来自岳丈的压力，加上自觉不如妻子的自卑，以及与妻兄一家因收铺租产生矛盾，通苞终于在 1926 年 3 月 12 日抛下韵香出洋，到暹罗找自己的父母，寻求出路。

四、"有夫子便有系累"

从 18 世纪中期开始，以暹罗为主要目的地的潮汕人口迁徙逐渐成为一股风潮。民国初，卢通苞的父母便随着这一传统的移民路线到了暹罗，经营药材生意。

卢通苞从 1925 年就萌发了出洋的念头，以追随其父母。虽说男儿志在四方，但由于当时的海路交通仍存有很大的风险，出洋也意味着妻儿骨肉的分离：男人去后几年一回，或在南洋重新娶妻，养"二头家"，或干脆杳无音信，使家乡的妻子守活寡，这些情况都屡见不鲜。因此，吴雨三并不支持至亲骨肉出洋。以其弟吴泽庵为例，1905 年，泽庵因母殁，未能见上临终一面而感死生之无常，遂自我放逐于新加坡。[2] 他的出洋让雨三痛心疾首，以为此生再难一见。雨三不希望自己心爱的女儿也茕茕独居，因此反对通苞出洋，要求女儿多加挽留。对于心早已飞到暹罗的通苞，韵香实在难以强留，最终答应了通苞的要求。

由于堂上公婆、丈夫都在暹罗，留下韵香一人在桂岭村龙岭乡，守着一间商铺收租度日，吴雨三和夫人只能提醒女儿："惟现在家务一己自理，事事须当检点，门户火烛尤宜小心，身体如有小恙，须当调理，至为切要！""父母家君儿婿俱在外，自己须当自重为要。排骨猪肉须知买去食，门户切要谨守，无伴切宜叫人相伴，不可自己独睡，至为切要！"[3]

到了暹罗的卢通苞很少写信给韵香，对于惮忌的岳丈更不在话下，只在需要礐石小学的文凭时，才写信给吴雨三。因此，雨三在信中常问韵

1　与通苞书，约 1925 年 11 月。

2　吴晓峰：《泽庵诗》（未刊稿），附录 3. "吴雨三、吴泽庵编年事辑"，1905 年条。

3　与韵香书，1926 年 4 月 3 日，1927 年夏。

香："暹中尔翁姑及通苞近信何如？"[1]"通苞不知有信回否？"[2]通苞偶尔来信或寄钱回家，便让韵香和雨三高兴不已。信中偶见雨三苦中作乐之句："通苞有信，知系作桃梗，虽漂浮，尚有踪迹，不作土偶，与泥俱化，亦自可喜（'桃梗土偶'事见《庄子》）。"[3]"每叹阿苞失信，但能时寄款来，亦自可……却愁恨。"[4]"通苞来银，并知不走入何有之乡，甚喜！"[5]父亲的这些话能在多大程度上安慰女儿，尚未可知。韵香一封家书署名"怨生"引起雨三的关注，他回信道："惟看尔信末叙（署）名怨生，知系暹罗信息不佳故，吾女乃发此恨。父以为人生数十年，惟能不为孔方兄所困，即自可以清心。何为郁郁自苦如是。此时在乡中……可称为小康之家。何患苞之行为不足口乎。"[6]

1928年正月初五，出洋将近两年的卢通苞终于有了回乡的消息，这让吴雨三和韵香振奋不已。雨三兴冲冲地在信中写道："已通囊伯嘱伊到汕头来角一谈，或可借作荡子回头之鉴戒。"[7]并劝韵香不要外出教书，留在乡下祠堂教书："自己祠堂教家乡子弟，亦与在外不同。有则教多，无则教少，事事得以自由。况看前信，通苞不久欲回，在家可以管理一切，利虽少实不少。亲意如将来家事加厚，能在家教义务更佳，何必区区计较书金耶！"[8]然而不到两个星期，便证实通苞回乡的消息只是一个虚谎。不知出于何因，通苞打消了回乡的计划。在此后的两个多月，韵香都处于出离的愤怒当中："来信悉，对远人颇生愤色，父母心亦焦迫。"[9]雨三与夫人生怕女儿在给通苞的信中说出什么过激言语，提醒她："当另计画（划），万

1　与韵香书，约 1928 年 3 月 8 日。
2　同上，1929 年 9 月 14 日。
3　同上，约 1927 年 1 月 24 日。
4　同上，1929 年 3 月 10 日。
5　同上，1928 年 1 月。
6　同上，1927 年 10 月 27 日。
7　同上，1928 年 1 月 5 日。
8　同上。
9　同上，1928 年 3 月 23 日。

勿使人生厌恶之心，至为切要！”[1]要女儿忍耐，不去挑战丈夫的权威。并劝导韵香：“女须持开阔心胸。暹中人既无念着家，亦自可勿去知伊，使他在外更事，方知在家好也！”[2]“现在汝真免挂。苞非愚戆者，能飞去自能飞来。即稍迟回，汝宜度外置之，当知自为保重，至为切要！”[3]

这一等又是一年。1929年的春天，又传来卢通苞回乡的消息。吴雨三信中写道：“通苞不日必到，尔可安心安为，将来自有大好之日。”[4]然而两旬过去了，通苞还是无影无迹。雨三这回竟拿出西方女子的独身主义来劝解韵香，这一理念已超出传统“夫唱妇随”的婚姻理想：“试看泰合家女子，人人有才，亦得好婿，可知拜上帝与世人之不同。即如我女来说，现在颇能自立。三餐可勿太俭，阿某（指通苞）如有来，则可与人一样，但是愁苦必多。以我为汝代想，今宜想作伊（他）慢慢来，我乃免受各等痛苦。世界高等之女子，每欲提倡独身主义，法国犹多。因有夫子便有系累，究不如自身为佳也！我女素号伟勇，万勿与世之偓促（龌龊）者同一律，将来结果尤佳。……再者，教会子女比外界都好。”[5]

韵香似乎对信仰和婚姻都产生了怀疑。面对韵香的质疑，吴雨三首先肯定教会教育让女儿经济上得以自立，多次声言教会中的子女比教会外的好，并以教友泰合家的女儿又有才华又嫁得好郎君为例。他不支持女儿放弃这段婚姻寻找新的出路，离婚后再婚，重视名声的雨三不能接受。只有用西方女子的独身主义来激励女儿：“因有夫子便有系累，究不如自身为佳也。”[6]

吴雨三之所以让韵香维持这段婚姻，是因为在潮汕乡村中，长年翘首企盼丈夫回乡的女人不在少数。雨三信中就提到了右宜婶这个可怜的妇人：“右宜叔如此，真阿姑所料不到，本约今年欲归，而爽约若此，所寄

1 与韵香书，1928年2月24日。
2 同上，约1928年3月8日。
3 同上，1928年3月23日。
4 同上，1929年2月29日。
5 同上，1929年3月19日。
6 同上。

又如此，岂彼之所逆料者。"[1] 在安慰女儿的同时，雨三也写信给远在暹罗的亲家公，"嘱伊父全家收回，或单遣苞回"，但能否实现，他也完全没有把握。[2] 三个月又过去了，卢通苞仍然没有音信。韵香这回坐不住了，她想出洋去找丈夫，但又被雨三劝住了。他要求韵香"在家须静心教读，通苞有父母安为，自可勿睬他"[3]。到1929年底，韵香最焦躁不安的时候大概已经过去。雨三认为是时候向女婿讨个说法，便趁二女婿许士翘赴曼谷新民学校教书之机，托他给通苞带去一封措辞平静而冷淡的短信："苞婿览口：许丈士翘现为暹京新民学校教员，尔如欲知乡中情事，可到此校坐谈。"[4]

大概是岳丈的不动声色让卢通苞愧疚，或是连襟的劝诫更容易入耳，许士翘出色地完成了使命，通苞不久就回到韵香身边。因为从这封信之后到1932年5月5日，中间出现了将近一年半的空白。大概韵香忙于照顾丈夫与家翁、做家务，更重要的是她怀孕了，闲不下来给父亲写信；而吴雨三看到通苞回来，相信这对小儿女能好好地过日子，也就放了心。1932年，韵香家添了宝宝，雨三在信中兴奋地说："孙儿能晓人意，极喜！将来回家至尔家弄孙，当一快也！"[5] 他同时也反对韵香出外工作，这样嘱咐道："家中各事虽苦，但现今既有翁在家，断不能出门任责（职），将致老人于何地？刻下苞既能作荔支（枝）生意，暂且在家安为，看将来如何，再作打算。"[6]

在现存的110封家信中，关于韵香与通苞婚姻状况的线索到此为止。只知道他俩除了生下二男外（卢位昆，1932年生；卢位凡，1937年生），还收养了一个男孩卢炎木。炎木字位贵，原系通苞的外甥。因韵香为虔诚的基督教徒，通苞怕日后无人拜祭祖先，特收养其为子以尽孝。可见卢通苞虽然在教会学校接受教育，有吴雨三这样的文士信徒为岳丈，有韵

1　与韵香书，约1927年1月24日。

2　同上，1929年4月16日。

3　同上，1929年8月9日。

4　与通苞书，1930年1月10日。

5　与韵香书，1932年5月5日。

6　同上。

香这样的女信徒为妻，却始终没有在思想上接纳基督教。笔者从吴晓峰先生（韵香之侄孙）处了解到，通苞后来带次子卢位昆去暹罗，并在当地另娶一女，从此再未返乡。韵香则一直守活寡，在家乡教会学校教书，后来她还自学并精通妇科。建国后，韵香跟小儿子卢位凡去南昌定居，20世纪80年代初又移居广州。据卢位凡说，晚年的韵香不问世事，一心传教。韵香也曾给吴晓峰先生写了几封信，都是叫他去教堂听福音之类的话。吴雨三给韵香的信，原来是她自己收藏的。去江西时，她委托大儿媳妇（即炎木的太太）代为收藏。在韵香九十岁生日时，亲友齐聚广州，为其祝寿。炎木的太太便托吴晓峰先生将这些书信带去广州，送给韵香作为生日礼物，这110封信是由卢位凡整理的。不知道白发苍苍的韵香再看到这些信件时，其内心又会涌现出怎样的一种人生况味？

1934年，吴雨三病逝，韵香最终听从了父亲的劝慰，与身在暹罗的卢通苞保持着夫妻名分，以自己的一生实践了浸会"已成婚约当钦守，失却恩情便有愆"的信条。这段往事或许能让人感受到近代潮汕第一、二代信徒在新文化与旧道德、宗教与世俗夹缝中的一种情感挣扎。

吴雨三和吴韵香通过教会接触到西方各种新知和观念。他也听说过西方女子所持的独身主义，却苦劝女儿维持一段让人遗憾的婚姻。雨三对新文化运动之后的男女关系的看法可总结为：对自己严苛，对他人宽容。这种矛盾充分体现在1924年十月初七日写给韵香的家信中："父常闻男女同学，流弊颇多。贵校（揭阳真光中学）与男校虽同一门，究有分别，必不与世俗一例，尚冀为师者省察！"（图28）督促女儿注意男女学生之间的交往。但笔锋一转，在谈到浸会的普益社爆出男女信徒未婚同居的丑闻时，身为九个执行委办之一的雨三竟认为此事有可原之点，将《三字经》改易两字谓"养不嫁，父之过，择小严，帅之惰"，指出过错在父与师，力排众议，顶住了普益社社长师雅各牧师和其他八名委办的压力。1926年，为了响应政府的倡议，浸信会内部有磐石中学和正光女学合办的提议。雨三对此又颇不以为然，只是认识到这是社会发展的大势所趋，唯有默默接受。

吴雨三对女儿的教导还是重在如何维系与丈夫、公婆和娘家亲属的关系上，职业可以为了家庭而牺牲。而韵香则是潮汕女性的一个缩影：好学识、能持家，最重要的是：性格温顺，能尊重男性的权威。可见，近代教会对潮汕女子的教育增加了她们的知识，使她们能凭借知识谋生，在经济上得以自立。但受教育只是实现教会女性经济和人格独立的前提条件，而不是一种必然结果。在教会规章、地方习俗和家长意见的三重制约下，要在近代潮汕信徒家庭乃至教会内部实现男女平等仍为时尚早，因为潮汕教会中的女性大多无意也不敢对这三者的权威提出挑战。

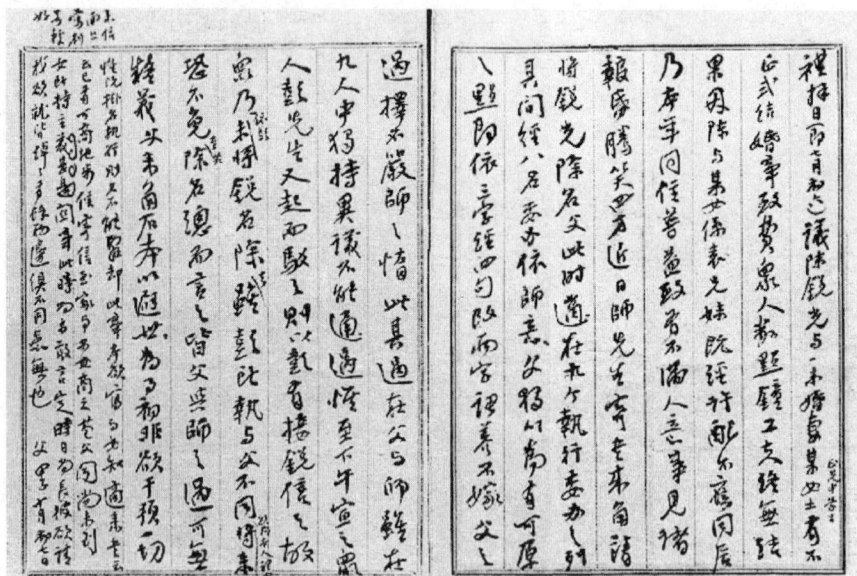

图 28　家书（二）

内容如下：礼拜日（即七月初六）议陈锐光与一未婚妻某女士正光中学生有不正式结婚事，致费众人数点钟工夫，终无结果。因陈与某女系表兄妹，既经许配，不应同居，乃本年同住普益（即位于镇邦街的浸信会普益社），致有不满人意事见诸报纸，腾笑四方。近日师先生（美国传教士师雅各）寄书来角请将锐光除名。父此时适在九个执行委办之列，其间经八名委办依师意，父独以为有可原之点，即依《三字经》四句改两字谓"养不嫁，父之过，择不严，师之惰"，此其过在父与师。虽在九人中独持异议，不能通过。惟于下午宣之众人，彭先生（当地牧师彭松）又起而驳之，则以彭有接锐信之故，众乃依彭，未将锐名除去，虽彭所执与父不同，欲问本人理由不允，将来恐不免至于除名。总而言之，皆父与师之过，可无疑议。父来角石本以避世为事，初非欲干预一切，惟既挂名执行，则又不能辞却，此事本欲写与女知，适来书云云已有可商地步，候寄信至家与尔母商之。苟女闻尚未到，女所持主义甚是。关事此时尚未敢定议，时日尚长。彼欲请，我欲就，皆绰绰有余，两边俱不用患无也。来信面上写别号较好！父甲子（1924 年）十月初七日

第九章　教内观抽纱

　　宗教团体并不单纯为了信仰，其中亦有利于国计民生的技术资源，这一观点早已由蔡鸿生先生指出。他考察了宋代至清代尼姑群体的生产活动，发现有莲花纱、宝阶罗（尼罗）和姑绒这三大纺织工艺出自尼姑之手。[1]而近代来华的西方传教士同样在教团内部组织信徒从事生产活动，如园艺、缝纫、钩针，制作蜡烛、编制草席和藤椅等，穷苦的信徒因得以一技谋生。19世纪下半叶，抽纱工艺由西方传教士传入中国沿海地区，如山东的烟台和青岛，以及宁波和常熟等地。本章以潮汕抽纱业为例，展示晚清由传教士引入的这门西洋工艺在当地信教妇女中间逐步推广的过程。

　　潮汕抽纱工艺的工种包括抽纱、十字绣、擂花、补布、钩针（即勾花）和传统的潮绣等。除了潮绣外，其他工种均由西方女传教士在19世纪80年代传入潮汕地区。与传统潮绣相比，将一部分纱线抽出，形成通透的视觉效果，这是西方的针线工艺中最独特的部分，当地人因此在20年代正式用"抽纱"对译"drawn-thread work"一词，用以统称上述各种西方

　　1　蔡鸿生：《尼姑谭》，广州：中山大学出版社，1996年，第170—173页。

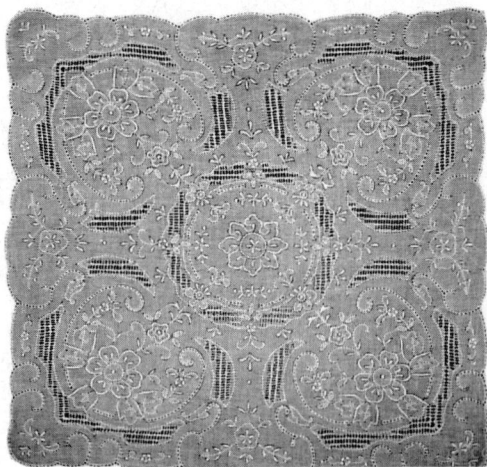

图 29　抽纱手帕（潮汕，当代）

针线工艺，而民间则称之为"番花"。[1] 又因为抽纱手帕在 30 年代是最大宗的产品，因此以抽纱工艺为生被称为"做手布"；抽纱厂亦称"手布厂"。[2] 抽纱工艺在西方被归为"白纱刺绣"（whitework embroidery）这一类型，潮汕人称之为"白花绣"，因为它多用白纱线在白纱布上做十字绣、蕾花等加工（图 29）。"白花绣"传入潮汕后，受到传统潮绣斑斓色彩的影响，在用色上也突破了以白纱为主的色调，色彩更加斑斓悦目。

吊诡的是，作为抽纱工艺的引入者与积极推广者，活跃于潮汕的美国浸信会、英国长老会和巴黎外方传道会均对教会与抽纱业的关系三缄其口；而学者李金强的研究和其他史料显示，香港不少的潮汕基督教徒，不论男女，都以抽纱为业。[3] 本章试图描绘以美国浸信会和巴黎外方传道会为一方，以英国长老会为另一方的两派各自采用的抽纱经营策略，勾勒抽纱业对潮

1　亦简称 drawn work (Lida Scott Ashmore)，亦称 lace and needle work (Theodore Herman)。参见 Lida Scott Ashmore, *The South China Mission of the American Baptist Foreign Mission Society*; Theodore Herman, "Cultural Factors in the Location of the Swatow Lace and Needlework Industry"。

2　1934—1941 年是潮汕抽纱业的鼎盛时期，当时手帕的出口量占总出口量的 70%，参见《潮汕抽纱发展史和基本情况》，第 8 页。

3　李金强：《同乡、同业、同信仰——以"旅港潮人中华基督教会"为个案的研究 1923—1938》；李金强等：《福源潮汕泽香江》。

汕地区教会内部产生的经济与社会影响。

一、抽纱的起源

多数学者认同西方女传教士为潮汕抽纱工艺的传入者。但由谁传入，在何时传入，却莫衷一是。赫尔曼、陈卓凡和李金强指出莱爱力夫人（即娜姑娘）有首传之功。[1] 对 19 世纪末美国的"殖民地复兴运动"稍作回顾，或可解开这一谜团。

与抽纱工艺相关的这场复兴运动以 1876 年费城的国际博览会百年大会为起点，终于"一战"的爆发（一些人将它的下限推延到 20 世纪 30 年代）。在这场运动中，与同时代一些美国女性为争取投票权和进入职场而抗争不同，"做针线活的女性被视为家庭至上的典范，因为这门手艺使人联想到看似更简单和更高贵的美国往事，体现了殖民地时代重视家庭、深居简出的生活"[2]。该博览会举办后，欧美越来越多的人将抽纱视为一种艺术品，有别于工业化时代快速、批量生产出来的标准化商品。加拿大籍的娜姑娘 1877 年便来到潮汕地区，她或许尚未体验到抽纱在兴起于美国费城的"殖民地复兴运动"中的重要意义。娜姑娘可能亦擅抽纱技艺，但到达位于礐石的美国浸信会总部后，繁忙的教学与训练女传道的工作使她无暇传授抽纱技艺。

相比之下，稍晚几年来汕头的耶琳夫人更能切身感受到殖民地复兴运动在美国本土的影响。她于 1880 年 1 月 29 日随丈夫耶琳牧师到达礐石，在 1885 年娜姑娘嫁给英国长老会的莱爱力医生之前，耶琳夫人与娜姑娘在礐石有六年共事的时间。曾在汕头开设抽纱厂的外商马禄孚先

1　Herman, "Cultural Factors in the Location of the Swatow Lace and Needlework Industry", note 12；陈卓凡：《潮汕抽纱业的起源及其概略》；李金强等：《福源潮汕泽香江》。

2　Beverly Gordon, "Spinning Wheels, Samplers, and the Modern Priscilla: The Images and Paradoxes of Colonial Revival Needlework", *Winterthur Portfolio* 33:2/3, p.164.

生认为，是莱爱力夫人最先在汕头传授墨西哥抽纱（Mexican drawn-work，当地人称为"美希哥"）技艺。但莱爱力夫人的家乡远在英属加拿大的新斯科舍（Nova Scotia），该省位于该国版图的东南角，距墨西哥很远，她大概不会熟悉这种墨西哥独有的工种。而耶琳夫人来自加利福尼亚州的圣安娜（Santa Ana），此地与墨西哥边境仅有 150 千米。因此，极有可能是耶琳夫人在共事期间将墨西哥抽纱工艺教给娜姑娘，后者嫁到英会后，作为传教士夫人有更多的闲暇时间，便将这一技艺传授给英会的女信徒。最开始学做抽纱的是在莱爱力家帮佣的林赛玉，以及她在淑德女学就读的两个女儿徐淑静和徐淑英。耶琳夫人本人证实："我将抽纱工艺引入到我们教会（浸信会），莱爱力夫人稍早已在英国长老会开始传授此技。"[1] 这或许是指抽纱技艺传播到英美教会属下潮汕女信徒群体的时间，而流行于西方女传教士圈子的时间则更早，应在耶琳夫人与娜姑娘共事的 1880—1885 年。耶琳夫人的这段陈述亦有可能是为了推卸责任，以避开母会对其涉入商贸活动的指责，因此指认莱爱力夫人早于她在教团内部教授抽纱技艺。

缝纫手工在西方教会的女子教育中占有一席之地。其教育思想源于创办美国曼荷莲女子学院的校长玛丽·莱昂的三"H"方针（heart 心灵、head 智力和 hand 手艺）。训练女学生的动手能力被纳入教学当中，包括自己缝制服装、种菜、洗衣以及其他能锻炼自立能力的工作。在美国的语境中，家政训练被视为女性自立的基础。[2]

玛丽·莱昂的这一观念被美国多所女子学校所模仿，并随着美国传教士的到来传入中国。潮汕的美国浸信会女传教士不少是在这样的理念中成长起来。在暹罗和香港的潮州人中传教的粦为仁在 1845—1846 年回美国休假时，曾到曼荷莲女子学院演说。该校有不少学生，如玛丽·莱

1　问卷 "Information desired for our record" 中第六个问题，参见 ABHS: biographical file–William Ashmore, Jr.–folder William Ashmore, Jr., Lida Scott (Lyons)，笔者从李期耀处见到这则史料。

2　Robert, *American Women in Mission*, p.93.

昂的侄女露西·莱昂（Lucy Lyon），受到嘉为仁的鼓舞而来华工作。[1]
毕业于此校的还有德本康（Matilda Calder Thurston）和费慕礼（Alice Browne Frame），她们在20世纪初分别担任南京金陵女校的第一任校长和北平燕京大学的执行校长。[2]通过她们，曼荷莲女子学院的办学模式和理念也被带到中国。这两所大学是民国期间数一数二的女子教会大学。从曼荷莲女子学院的教学理念和美国其他传教会的实践看，教中国信教妇女学做缝纫主要出于三个目的：一是鼓励妇女的自立能力；二是提高基督化家庭的经济条件；三是培养妇女的社会服务意识。[3]19世纪80年代内地会的传教士马茂兰夫妇在山东省青岛的孤儿院中开展这样的教育。[4]巴色会一位客家男传道陈天乐在1916年也指出妇女"唔得闲（没有空）传道，就做女工，帮助信徒中嘅孤儿寡妇，来感动人，也话得系（算得上）传道了"[5]。当20世纪三四十年代天主教吴苏辣修女会的日多达修女（Gertrude Leclair）在潮州主持天主教抽纱工厂时，也持同样的观点。[6]巴色会和法国天主教会在观点和实践上的趋同极有可能因各传教会在粤东地区的密切互动所致。当然学习缝纫、抽纱技艺对教外妇女也颇

1　露西·莱昂于1847年4月28日与她的丈夫爱德华·克莱门斯·洛德（Edward Clemens Lord）到达香港，后者是美国浸信会真神堂（American Baptist Missionary Union）的一位传教士。他们6月在宁波安顿下来，1854年露西·莱昂因病去世。嘉为仁为她的传记 *Memoir of Mrs. Lucy T. Lord, of the Chinese Baptist Mission* 一书写了序。转引自 Robert, *American Women in Mission,* p.73。爱德华与嘉为仁的小传，均见 Wylie, *Memorials of Protestant Missionaries to the Chinese*, pp.86, 163。

2　Robert, *American Women in Mission*, p.98.

3　法国天主教会也出于同样的经济目的："为一个日益贫困的国家提供一些经济帮助。"参见 Mahoney, *Swatow: Ursulines in China*, p.210。

4　青岛也是一个丝绸、花边和刺绣产区。英国圣公会的马茂兰夫妇到当地传教，为了拯救被抛弃的孩子而建立孤儿院，他们兴办了一间学校教孤儿制作花边和刺绣，作为谋生的技艺。参见网页 http://jamesmcmullan.com/frame_brbiog.htm，浏览日期：2011年1月27日。

5　"所以今日，好多女界爱当家，唔得闲传道，就做女工，帮助信徒中嘅孤儿寡妇，来感动人，也话得系传道了。"陈天乐：《耶稣道理样边在女界中发明》，《女徒镜》，第12页。

6　Mahoney, *Swatow: Ursulines in China*, p.232.

具吸引力，在教授技艺的同时，也"为教导妇女基督教义创造机会"。[1]

对于中国女性来说，"精于女工"本就是传统社会对妇女的要求，列"四德"之一，是衡量贤妻的重要标准。而流行于潮州府的潮绣则为西方抽纱的传入提供了良好的土壤。潮州府城自康乾时期起便是潮绣的生产中心，当地出了不少男绣工和绣女。当西方的抽纱工艺引入之后，"成千上万的妇女和女孩能够快速、精确地操作这些技艺"[2]。正是在教会女子教育理念、当地的社会风俗、手工刺绣传统和大量农村闲置女劳力的存在等因素的共同作用下，西方女传教士得以成功将抽纱引入潮汕地区，并逐渐形成规模生产。

美国浸信会的耶琳夫人、英国长老会的莱爱力夫人、天主教神甫和修女（沙尔德圣保禄与吴苏辣两个修女会）都将抽纱成品寄到外国出售，但她们在经营抽纱上采取了不同的策略：早在19世纪90年代，耶琳夫人便投资抽纱生产，将出售所得用于教会建设。美国浸信会的抽纱业经营则牢牢掌握在教会手中，教会禁止当地浸信会男信徒从事营利性的抽纱业。这个政策后来也为天主教会所仿效。英国长老会则允许其男信徒以抽纱业为生，并组织长老会的女信徒从事生产，教会则不出面经营。

二、教会集中管理

1885年，耶琳夫人从娜姑娘手中接管美国浸信会的妇女教育工作。她是一位颇有商业头脑的女传教士，随着教友人数的自然增长和教务的发展，她倡议在乡村堂会办日间学校，并开始收取学费。正光女学学生的增加使得校舍不敷使用，"在与其他传教士商议后，……（耶琳夫人）向母会申请一笔数额只有1000美金的经费用于建筑新校舍，并答应提供销售抽纱成品所得的600墨西哥银元。抽纱产品的制作正是由她引进到教会成员当中，……每一份抽纱产品都被付给足额的价钱"[3]。新的女学校舍

1　Mahoney, *Swatow: Ursulines in China*, p.210.

2　Herman, "Cultural Factors in the Location of the Swatow Lace and Needlework Industry", p.122.

3　Ashmore, *The South China Mission of the American Baptist Foreign Mission Society*, p.112.

在 1899 年建成，[1]总共花费 3658 美元，全部从耶琳夫人销售抽纱的收入中出，没有用到母会提供的 1000 美元，后来便退还给母会。[2]耶琳夫人的叙述揭示了两点：第一，"抽纱"这种西方针线工艺是由她引入到美国浸信会教团中；第二，抽纱成品是通过传教士的个人关系送到美国销售，母会并无参与其中。

耶琳夫人成功的经营策略为巴黎外方传道会所效仿。1903 年，当梅神甫（Mérel）被派驻汕头管理账房时，潮汕地区尚未升格为一个宗座代牧区。杜士比神甫（图 30）负责为法会在潮汕地区工作的弟兄收发邮件和包裹。杜神甫预见汕头教区将从广州教区中独立出来，于是便着手筹措资金，促使汕头教区早日成立。筹资的第一个办法便是为当地信天主教的妇女修建抽纱工场，成品经香港出口到外国。第二个办法便是写信给欧洲和美国的捐献者，告知潮汕会务发展所需，以争取外国教会的捐献。杜士比的信中常常附上印有潮汕地区风景的明信片和照片，以及潮绣的小香囊、方巾等。[3]1910 年，两位法国沙尔德圣保禄女修会的修女应法国外方传道会汕头主教之邀，从香港来到汕头。她们在此开设了一间孤儿院和一所小学。由于缺少经费，她们于 1913 年便离开了。在停留的短短几年间，组织妇女与孤儿院幼童做抽纱也是她们的主要工作（图 31、图 32）。1913年，杜士比走访了教团内部一个名为"利摩日"的抽纱工场，其实就在佩尼科（Pénicaud）太太家中，聚会的有 16 名当地妇女。[4]由于长久以来都没有神甫巡视，杜士比的到来使她们特别开心。她们决定要更经常到工场来，当下决定每个月要开一次例会，负责的拉夏佩尔（La Chapelle）小姐届时将向每个人发去一张邀请单。至少每年四次，即在四大节日后的半个

---

1   这栋楼在 1899 年建成，当时耶琳夫妇回国度假，他们很可能在亲戚和其他美国商人中间推销潮汕抽纱制品。

2   Ashmore, *The South China Mission of the American Baptist Foreign Mission Society*, p.112.

3   Antoine Douspis, *Notice biographique*, MEP 档案。

4   佩尼科神甫（Jean-Baptiste Pénicaud）1900 年底曾任汕头天主教会财务主管，他的家乡正是法国的手工业中心利摩日。虽然他于 1902 年底即调到广西的灵山工作，但汕头天主教会负责利摩日抽纱工场的佩尼科太太或与他同属一个家族。

图30 杜士比神甫（摄于约1910年）

摘自 International Mission Photography Archieve, USC Digital Library。
杜神甫于1898年离开法国到达广州，曾被派往粤东的天主教村赤
步学习潮汕方言。1903年，他被派驻汕头，负责巴黎外方传道会
传教士之间的通信联络工作，如收发包裹、邮件等。他是潮汕天主
教团抽纱生产的倡导者。在1903—1907年，他为天主教女信徒建
了抽纱工场，制成品被送到香港出售。现存汕头天主教会的旧明
信片和老照片多出于其手，目的是寄到外国兄弟教会，为汕头教
区筹集经费，以便从广州教区中独立出来。经他手建成的有汕头
外方传道会财务管理处、圣若瑟小学、孤儿院等。

月，专门在工场举行弥撒。[1] 看
到这些妇女们的手工，杜士比
非常高兴，他承认直到现在他
还没有见到可以与之相媲美的
绣品，他祈求上帝看顾和祝福
"利摩日"抽纱工场的女工们。[2]

同时，潮州府城的守贞姑
罗氏也在天主教会的孤儿院中
组织生产。1914年，邺神甫在
潮州的孤儿院中看到"孤女学
习缝纫、织布、染布、制作假
花、刺绣，等等"[3]。另一位守贞
姑林氏指导抽纱工场和文化课，
"她向孤儿院年纪稍长的女孩展
示所有各种抽纱技艺，并手把
手教她们"[4]。

最初传入潮汕的抽纱工种
颇为有限。《潮汕抽纱发展史和
基本情况》记载，1900—1914
年，潮汕抽纱主要的工种是团
花、水波痕、老大藤及很小部
分的扎目、哥罗纱（crochet，
即用钩针编织）花边。而制作的产品主要是台布、垫布，原材料主要是来

图31 潮州府城天主教孤儿做针线活

摘自 Gervaix, "Pour le Prix Montyon", *Les Missions
Catholiques*,1916, p.136。在杜士比神甫到汕头之前，
他曾负责管理广州圣心教堂的孤儿院。他很关心
有学习潜力的儿童，教他们拉丁语。其他的儿童
则教给一些谋生的技艺，如当裁缝、鞋匠，制作
椅子、念珠、祭坛的大蜡烛等。在潮汕，缝纫、
抽纱等技艺自然也引入教会办的孤儿院中。图中
四名儿童在做针线活，除了最右边的儿童外，其
他三位的发型均显示为男童，但其中两名的衣着
却是女装，或许是孤儿院准备的男装不足之故。

---

1   天主教的四大节日亦称四大瞻礼，分别是圣诞节（12月25日）、复活节（春分月
     圆后第一个星期日）、圣神降临节（复活节后第五十日）、圣母蒙召升天节（8月
     15日）。

2   *Une visite à l'ouvroir de Limoges*, LETTRE DE M. DOUSPIS, 1913.

3   Gervaix, "Pour le Prix Montyon", *Les Missions Catholiques*, 1916, p.136.

4   Ibid..

Mission Catholique. - SWATOW (Chine). - Premières Orphelines de la Mission

Collection A. Douspis

图32 沙尔德圣保禄修女会组织孤儿制作抽纱（摄于约1910—1913年）

杜士比的收藏。这是他建造的汕头孤儿院，照片中的儿童是巴黎外方传道会在当地收养的第一批孤儿。除了两名圣保禄修女外，还有一名西方女性（居中），或许便是杜神甫书信中提到的负责"利摩日"抽纱工场的佩尼科太太或拉夏佩尔小姐。此外，还有负责孤儿院日常事务的四名当地妇女。她们和孤儿们一起展示手中的白纱抽纱手帕、枕巾和桌布。前排右数第二、第三名儿童因为剃了头，似乎为男童。他（她）们小小年纪便在孤儿院中学习这门手艺。

自广府地区的新会和揭阳本地产的夏布。[1]

耶琳夫人投资抽纱生产的事很快遭到美国教会同行的质疑和失实报道。尽管耶琳夫人没有明说批评者风头所指，但"这是她个人的商业投资，而且每一份（从当地妇女那里收购的）抽纱成品都付给了足额的价钱"，这一自我辩护透露出传教士从事营利事业的合法性遭到质疑，对当地信徒的盘剥则受到更严厉的批判。[2]天主教吴苏辣会的修女在半个世纪后的20世纪40年代也面临同样的指责。[3]日多达修女管理天主教抽纱工场被一些人视为在吴苏辣会的职能范围之外。另一种批评的声音则指向抽纱对在校

1　《潮汕抽纱发展史和基本情况》，第7页。

2　正光女学的历史也两度强调耶琳夫人"出己资"修建两栋教学楼，见《岭东浸信会七十周年纪念大会特刊》，第35页。

3　Mahoney, *Swatow: Ursulines in China*, p.232.

女生学业和健康的负面影响。在反对者看来，挣钱的欲望将使她们无心向学，而抽纱这样的细致活对她们的视力伤害也很大。耶琳夫人反驳说，她正是出于保护女学生视力的考虑，才严禁正光女学的学生参与抽纱制作。[1]如果她的话属实，那么在美浸会的总部碞石，从事抽纱的便是在明道妇学中就读的妇女。在妇学接受女传道培训的潮汕女性多是贫穷的寡妇或丈夫在南洋的留守妇女。有些人入教前从事的职业为教会所禁止，比如充当巫医（庄莲花）或制作、销售纸钱（陈萍）等。[2]通过制作抽纱，妇学的学生每月能挣10美元，这是其男同胞收入的3—5倍。[3]除了妇学的学生，耶琳夫人也将同会的传教士夫人组织起来，向她们传授抽纱技艺（图33）。抽纱货物在美国售出之后，教会才将工钱发给抽纱女工，通常报酬要滞后数月才能领到。[4]抽纱工艺使美国浸会教团获益颇丰。1899年，耶琳夫人用销售抽纱产品所得的钱修建的第一栋女学教学楼完工。此后，随着学生人数的增加，这栋楼的教室又不敷使用，耶琳夫人又在两位美国亲戚的帮助下，着手修建第二栋教学楼，于1911年落成。[5]

然而，做抽纱的丰厚收入也吸引着正光女学的年轻学生加入到妇学学生的行列。1904年，当卫每拉（Myra Weld）接替耶琳夫人担任女学校长时，她取消耶琳夫人的禁令，允许女学学生做抽纱，条件是学生要捐出一部分收入，用来资助1906年成立的正光女学宣道会。卫每拉教导女学生要"实行

1　Ashmore, *The South China Mission of the American Baptist Foreign Mission Society*, p.112.

2　庄莲花，女传道黄宝容之母，信教前是村中的一位巫婆；女传道陈萍信教前在潮阳贵屿以制作纸钱供他人求神拜佛为生。详情见第五章"女传道"。

3　《潮汕抽纱发展史和基本情况》，第3—4页。

4　对黄志仁先生的访谈。

5　耶琳夫人二度建教学楼，并以其母之名阿比盖尔·哈特·斯科特（Abigail Hart Scott）命名纪念楼，参见 Ashmore, *The South China Mission of the American Baptist Foreign Mission Society*, p.112。另外，《岭东浸信会七十周年纪念大会特刊》也有记载，参见该刊第35页。吴立乐、纪德也提到耶琳夫人为两栋纪念楼提供建筑经费，参见吴立乐：《浸会在华布道百年史略》，第49页；Giedt, "Early Mission History of the Swatow Region through down to the Present for the American Baptist Mission", p.17；陈卓凡与李金强也有论及，参见陈卓凡：《潮汕抽纱业的起源及其概略》，第329页；参见李金强等：《福源潮汕泽香江》，第50页。

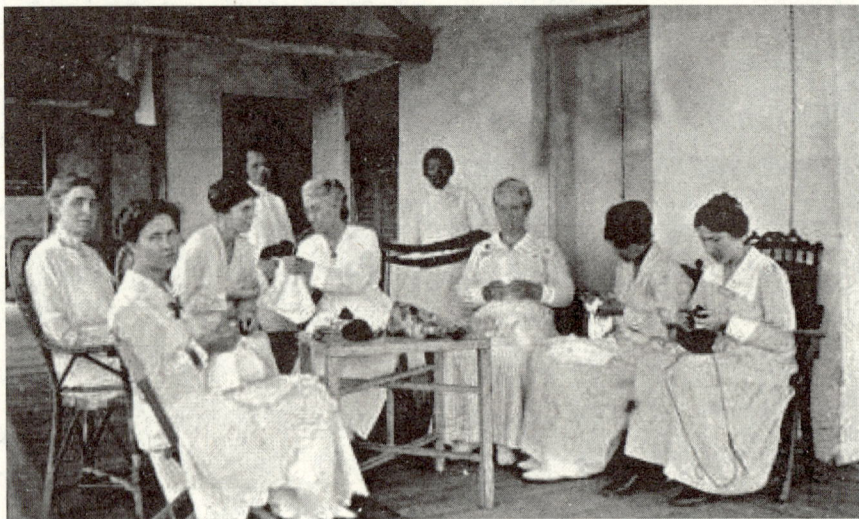

图 33　耶琳夫人（居中者）传授抽纱技艺

照片的拍摄时间不详，地点当在礐石浸信会总部。耶琳夫人（居中者）教她的同事做抽纱，她们手中可辨认的工艺包括白纱抽纱手帕、毛线编织（居最右者）。背景处的两名当地女仆，其中一名手中便引着一圈深颜色的毛线。

公道、安守本分"，而制作抽纱确实符合潮汕女子的"本分"。在她的培训下，女学生们"圭璧自守、不染恶习、成绩斐然"。经年后，抽纱收入足以雇用两名女传道陈景澄和张景馨到潮阳柳冈、饶平海山、潮安归湖这三个布道站开办圣经学校，教导当地妇女基督教义，并提高其识字能力。[1]

正光女学宣道会开创了组建当地妇女宣道会的先河。明道妇学的教师张景馨与宋罗文、荼福恩（Edith G. Traver）随后组建礐石礼拜堂的妇女宣道会。[2] 该堂的女信众大多来自潮汕各地的乡村，她们从家乡到明道妇学接受训练后，便在此定居，在礐石形成了一个由各地乡民构成的移民社区。[3] 随后，各地的堂会也纷纷成立自己的妇女宣道会，置于美国女传教士

1　《卫每拉传记》，参见《岭东浸信会七十周年纪念大会特刊》传史之部，第 13 页。
2　《妇女宣道会发达史》，同上，第 33 页。
3　礐石是 1860 年汕头开埠后由美国浸信会、其他外国商人和外交官员逐渐开发出来的一个社区，后来内地的教友也不断到此定居，是一个移民聚落。在这些移民中，来自揭阳白塔的洪姓宗族成员所占比例较大，当地最老的一条街称"洪厝街"。

的统一指导下。这些宣道会的组建以浸信会妇女的抽纱事业为后盾。1911年，卫每拉校长因病去世，她组建的女学宣道会便由宋罗文姑娘（Melvina Sollman）接管。1912年，丘美华（M. E. Cruff）受母会派遣担任女学校长一职。[1]1912年夏天，女学宣道会派一名女传道到汕头市郊的金砂乡布道。20世纪20年代，丘美华、孙安美（参见图24）和潮汕籍舍监贝馥如共同管理女学，大力支持女学宣道会的活动。[2]

浸信会的妇女宣道会发展迅速。1912—1932年，礐石堂的妇女宣道会每年都雇一名女传道到外地的布道站传教。1928年，在师雅各牧师的太太江景梅的积极倡导下，汕头和崎碌两个堂会联合组建妇女宣道会，会员人数超过80人，她们的捐献足以供两名女传道外出布道。潮州城中堂（1906年建堂，下同）、揭阳县城堂（1865年）、潮阳隆井堂（1868年）、澄海南门堂（1909年）全都组建了自己的妇女宣道会，闻风而起的还有揭阳炮台堂（1878年）、饶平黄冈堂（1893年）、潮阳古溪堂（1885年）、柳冈堂（1897年）和澄海莲阳堂（1916年）。[3]

尽管撰写《妇女宣道会发达史》的佚名作者只提到"正光女学女宣道会既告成立，乃提倡手工，积蓄金钱"，并没有点明"手工"何所指，"金钱"何所用。[4]实际上礐石、汕头和崎碌各堂会所属的妇女宣道会，其经费也来自女教友做抽纱的收入。同一时期抽纱业在汕头的蓬勃发展能从侧面印证这一事实。"一战"期间，外国抽纱商人开始在汕头开设工厂。约在1925年，几所规模较大的外资抽纱洋行（参见附录六）和数十间中小型华资抽纱商行在汕头市郊的崎碌建成，与英国长老会和美国浸信会的汕头、崎碌和礐石几个教堂相去不远。正如杨坚平所说，"抽纱工人遍布崎碌地

---

1 "卫女士已逝世（1911年），学校（正光女学）乏长，遂暂停办。翌年，美国宣道会派丘美华继任为校长，贝馥如、陈伟昆两女士相继为学监……"参见《岭东浸信会七十周年纪念大会特刊》，第35页。

2 《岭东浸信会七十周年纪念大会特刊》，第33页。

3 同上，第34页。

4 同上，第33页。

图 34 "在妇学中自谋生计"（美国浸信会，礐石，约 1911—1920 年）
摘自 International Mission Photography Archive, USC Digital Library。
工种有刺绣、抽纱、做流苏、做珠袋、钩针编织等。

区"。[1] 可以想见，浸信会礐石、崎碌和汕头堂有不少女教友也以抽纱为生，并捐出部分收入资助其所属堂会的女宣道会外出开展宣教工作。

随着时间的推移，新的抽纱工种不断引进。耶琳夫人选择了一张照片展示潮汕信教妇女做针线活的情形（图 34）。根据耶琳夫人的说明，这些针线活包括刺绣、穿珠、做流苏、做珠袋、钩针编织。[2] 第一种属于传统潮绣的范畴，而最后一种则是典型的西方工艺。1924 年，身在揭阳云路镇龙岭乡的吴韵香接到父亲吴雨三寄自礐石的信，言及："玉香姐上日来庐坐谈，言如有到礐石，可在伊家居住，学抽纱工夫，不患不能成功也！"[3] 可见当时美会总部礐石仍然是信徒学习抽纱的主要去处，抽纱工艺在浸信会教团内部的传播尚未遍及各地方堂点。

美国浸信会和巴黎外方传道会没有改变"教会垄断"的抽纱经营管理

1　杨坚平：《潮绣抽纱》，第 70 页。

2　Ashmore, *The South China Mission of the American Baptist Foreign Mission Society*, p.94.

3　与韵香书，约 1924 年。

策略，均将抽纱工场的组织和管理置于教会的控制之下。耶琳夫人是浸信会抽纱生产与贸易的首位管理者。她于 1916 年退休，其职位很可能由林振声填补。林振声是美国浸信会的教友，早年留学美国。20 世纪 10 年代末归国后，他亦集资经营抽纱商行。[1] 他在此时开始其抽纱事业与耶琳夫人的退休应不是巧合。林很可能是受美国浸信会之托接手管理教会的抽纱事业，或受耶琳夫人个人嘱托继续她的"私人投资"。在经营抽纱的同时，林也在汕头镇邦街浸信会的普益社工作。[2] 考虑到民国时期，汕头抽纱同业公会的众多会员中，只有一人毕业于美国浸信会的礜光中学，而从英国长老会开办的小学、高中毕业的抽纱商人却有 17 人之多（参见附录七），似乎美会曾严禁男学生进入抽纱行业。[3] 这一假设得到浸信会系统出身的黄志仁先生的支持。他说浸信会要求男学生毕业后从政，致力提升社会福祉，不要追求个人财富。因此，建国后的五六十年代，潮汕地区的地方官员中有不少是前浸信会的男教友。[4]

1922—1949 年，天主教会经营抽纱工场的历史比美国浸信会更有迹可寻。1922 年 7 月底，三位加拿大吴苏辣修女到达汕头。她们惊讶地发现抽纱是此地"西方传教士普遍经营的事业"。[5] 在宁波的传教士们也将当地信教妇女所做的抽纱、刺绣等产品送回国内销售，赚取相当丰厚的收入。这些情况在传教士们的私人信件中时有提及。[6] 主教实茂芳将在汕头和潮州府的抽纱工场交给吴苏辣修女们管理。[7] 那一年灾难性的"八二风灾"过后不久，玫瑰姑娘便到揭阳县城做"商业考察"，看"是否能收购一些抽纱

---

1   陈卓凡：《潮汕抽纱业的起源及其概略》，第 329 页。

2   《岭东浸信会七十周年纪念大会特刊》，第 18 页。

3   汕头市档案馆(以下简称"汕档")12—9—351：《汕头抽纱业工业同业会会员名册》，
     1948 年。

4   对黄志仁先生的访谈。

5   Mahoney, *Swatow: Ursulines in China*, pp.71–73.

6   2011 年 1 月 21 日，澳洲学者扬·韦尔奇（Ian Welch）告知，相关材料有待进一
     步发掘。

7   Adolphe Rayssac, *Notice biographique,* MEP 档案。

产品到美国销售"。[1]如果这个计划能成功开展，那么她代表的天主教会将能赚取成本的5%—7.5%作为佣金。然而，当揭阳当地的抽纱商人见到玫瑰姑娘是个"白人"时，便将价格抬高，收购的计划最后不了了之。

由于与远在加拿大史坦斯岱（Standstead）的母会通讯不便，在与母会和吴苏辣罗马联合会（Roman Union）商议后，汕头吴苏辣修女会自1923年始，归后者所属的荷属东印度爪哇副省（the vice-province of Java in the Dutch Indies）管理。该省是由荷兰的蒂尔东克（Tildonk，现位于比利时境内）吴苏辣修女会在1856年成立的。[2]从那时候起，派到汕头吴苏辣会工作的外国修女便来自世界各地。这一行政机构的调整并没有影响到天主教会的抽纱事业。在潮州府城，训练孤儿院中的女孩做抽纱的事业继续进行。1924年，负责当地贞女培训工作的十字架姑娘为贫穷的妇女开设了一间抽纱工场。她写信给位于加拿大史坦斯岱的吴苏辣母会报告："尽管我们很穷，我们仍很乐意帮助其他阶层的人：那些寻工无果的妇女。我们很乐意为这些可怜的妇女盖一间工场，否则她们将会因绝望而自杀。"[3]1929年底，主教实茂芳向巴黎母会报告，潮州府的抽纱工场接纳了200名妇女。1932年，地方军阀混战导致潮汕社会动荡，在玛丽·德卢尔德（Marie de Lourdes）修女的建议下，潮州府年龄较大的孤女被转移到客家地区的河婆，吴苏辣修女会六年前便在此建立了一个工作站，这些女孩在此地的抽纱工场又继续接受抽纱手艺的培训和制作。[4]

1949年以前，派到汕头来的修女不少是做抽纱的能手，如意大利籍的修女玛丽亚·路易莎·杰明娜蒂（Maria Luisa Geminati）。在到汕头之前，她已在曼谷的天主教会中工作了四年，当地有很多潮州移民，有些人也转信天主教。1931年，这位意大利修女与同样在汕头工作了四年的匈牙利修女库尼贡德·巴伊切扎（Kunigunde Bajczar）互调，到汕头来主持

1　Mahoney, *Swatow: Ursulines in China*, p.73.
2　Ibid., pp.23, 43.
3　Ibid., p.75.
4　Ibid., p.150.

天主教会的抽纱工场。[1]潮汕天主教女信徒所制作的抽纱产品是通过三位加拿大修女的私人关系，由一家抽纱公司代理，从上海转运到加拿大的史坦斯岱和美国的波士顿销售。

1934—1941年是潮汕地区抽纱业的鼎盛时期，特别是1939—1941年。究其原因，乃是日本入侵华北使得抽纱业生产重心南移所致。山东烟台是华北地区最早的和最大的抽纱生产中心。日本入侵华北使该地的抽纱生产被迫中断。虽然在1939年6月，汕头也遭日军入侵而沦陷，但外资抽纱洋行仍获准继续经营。[2]因此，在山东的外商转而到汕头这一抽纱生产中心订货，从而导致1939—1941年潮汕地区抽纱产量和出口量急剧增长。日本军队入侵东南亚导致潮汕与南洋地区的交通和通信中断，很多华侨家庭因收不到南洋地区亲人的汇款，生计日渐窘迫。[3]普通人家的父母也无力让儿女入学接受教育，越来越多的妇女和儿童加入制作抽纱的行列，以贴补家用。根据潮州府的吴苏辣修女报告，她们无法继续开办文化课。相反，她们将抽纱工场扩充，在工场做工的妇女从1929年的200人增加到1939年的750人。[4]一年之后，吴苏辣修女不得不关闭天主教学校，孤儿院也因汕头与潮州府之间的铁路被毁而无法接收从汕头送来的孤儿。然而，在抽纱工场做工的妇女却是前一年的三倍，她们都是为了挣点微薄的收入。[5]修女于吴苏乐·布洛（Ursule Blot）在1941年向罗马母会报告，仅有两名修女负责工场，管理大批抽纱女工的工作变得更加艰难。战争导致了生活和生产物资短缺，修女克洛蒂尔德·霍洛韦（Clotilde Holloway）在1940年春天报告说："在这儿，成群的人在挨饿，市面上无米可卖。其他东西也渐渐用完，比如抽纱用的

1　Mahoney, *Swatow: Ursulines in China*, p.128.

2　陈卓凡:《潮汕抽纱业的起源及其概略》，第334页。

3　蔡鸿生先生告知，那些自己没有谋生手段、要依赖侨汇生存的侨眷中的很多人甚至会在紧张年饿死。

4　Mahoney, *Swatow: Ursulines in China*, p.210.

5　Ibid., p.211.

针，在这儿无法买到。"[1] 因此，兴盛一时的抽纱工业开始逐渐衰落。1941年12月，太平洋战争爆发，日本军队很快进驻上海租界。这使得开设在租界内的大部分抽纱进出口公司被迫关闭，而主要依赖上海出口的潮汕抽纱业生产也因此被迫中断。[2]

1945年8月，随着"二战"结束，潮汕抽纱业也开始复兴。修女日多达重新指导妇女做抽纱，这是最为他人称道的工作。当她得知抽纱女工在"很糟糕的条件下"工作、"遭到连奴隶都不如的对待"时，日多达努力"为妇女争取到更好的工资和工作条件"。[3] 马奥尼的这句话暗示了抽纱工场的所有权此时似乎已不在天主教会手中。李绪珍修女回忆，当她于1946年进入汕头晨星女中读书时，并没有听说天主教会有经营抽纱工场之举。考虑到曾经有人批评日多达修女，认为经营抽纱并不在吴苏辣会的职能范围内，很可能在"二战"后，天主教会便将抽纱工场承包给私人经营，修女或者仅负责技术指导工作。汕头抽纱业同业公会的会员名单中，有一个抽纱商号名"光泰"，地址坐落于汕头天主堂一巷，1947年5月开业，这个商号也许与天主教会有一定联系。[4]

三、信徒自主经营

抽纱工艺在英国长老会教团内部的传播与生产是另一番景象。身为寡妇及两个女儿的母亲，来自澄海盐灶乡的长老会信徒林赛玉最先是在莱爱力夫妇（图35）家帮佣。据卢继定说，她是做潮绣的能手。在与莱爱力夫人的朝夕相处中，林赛玉从她那里学到西式的针线技艺，比如墨西哥针法（Mexican，俗称"美希哥"，）和钩针编织技术（crochet，俗称"哥罗纱"

1　Mahoney, *Swatow: Ursulines in China*, p.212.

2　石干、刘咏兰:《历史的褒奖——潮人抽纱行业与印花手帕业掠影》，第182页。

3　Mahoney, *Swatow: Ursulines in China*, pp.231-232.

4　汕档12—9—351:《汕头抽纱业工业同业会会员名册》，1948年。

图 35　莱爱力夫妇

摘自 James Johnston, *China and Formosa,* 1897。莱爱力与娜姑娘结缘于英国长老会印书馆鸿雪轩。1883—1884 年，美国浸信会的娜姑娘在此印书馆帮助老耶士摩校对一本汕头语法书（*Swatow Grammar Book*），并监督刊印的过程。英国长老会的医学传教士莱爱力医生刚好也在印书馆帮助校对黎力基和卓为廉共同完成的潮州方言字典（*English-Chinese vocabulary of the vernacular of spoken language of Swatow*）中的医学词汇。莱、娜二人相爱，并在 1885 年结成连理。

或"通花"），很快便熟练掌握。[1]1894 年，林赛玉的两个女儿徐淑静和徐淑英在汕头淑德女校读书。她们从母亲和莱爱力夫人那里学习针线技艺，做针线活挣得的钱用于缴学费。[2]莱爱力夫人也将这门技艺教给会内其他妇女，使她们在经济上得以自立。1895 年，来自汕头附近内新乡的李得惜受洗，时年 32 岁。她也与徐氏两姐妹一起受教于莱爱力夫人。林赛玉也将

1　"1896 年福音医院英籍医生'莱爱力'同其妻来汕头时，途经日本，在日本学到一些抽纱技术，并购备样品；抵汕后，再行传授；由此抽纱工作比较充实，除团花、美希哥、水波痕等工种外，还补充了扎目、哥罗纱花边（钩针花边），打定花边（梭仔边）等"，参见《潮汕抽纱发展史和基本情况》，第 1 页。

2　Herman, "Cultural Factors in the Location of the Swatow Lace and Needlework Industry", p. 125. 这女孩很可能是徐淑静或徐淑英。

此技艺教给她的邻居祝婶。[1] 在世纪之交，英会内部只有二十来名妇女做抽纱，并以汕头淑德女校为中心。[2]

英国长老会没有像美会的耶琳夫人那样"禁止"女学生做抽纱。相反，手工课被列入淑德女校的课程之中，以训练学生的动手能力。四名前校友——曾德容（约在 1917 年入校，下同）、笑姨（1924 年）、谢雪璋（1925年）、林氏（1933 年）——仍记得学校非常重视手工课，教给女学生各种针线活，包括绣花、十字绣、抽纱，"每个人按照（学校规定的）样式自己做，大家做衣服都很在行"[3]。很快，内地乡村的妇女和女孩也到汕头来学抽纱技艺。一些回家并将技艺传开，一些则留下来，并劝说她们的家人到汕头加入她们的行列。[4] 这种人口流动最初是发生在基督教教团内部。淑德女校的学生毕业后，有的当老师，有的嫁给当地牧师、辅助丈夫传道。她们所到之处，便将抽纱技艺传授给乡村布道站的妇女，如澄海的盐灶、潮州府城、揭阳的五经富，从这几个中心再向附近的村落传播。[5] 抽纱技艺在1900 年前后的传播也带动了长老会新布道站的建立，比如惠来的靖海、揭阳的炮台、广美和渔湖乡等。[6] 黄树德在 15 岁时随同其母在广美堂受洗，母子俩正是在此堂学习抽纱技艺。黄后来移居香港，以经营抽纱为生。[7] 正

1　卢继定：《汕头抽纱史上重要的普通人》。"祝婶"很可能是"足婶"，李得惜的另外一个名字，因为她的丈夫名"足"。在潮汕方言中，该字与"祝"字同音。见汕档 12—11—18：长老会汕头堂名录，第 18 号，李得惜的受洗信息。

2　《潮汕抽纱发展史和基本情况》，第 3 页。

3　曾德容擅长十字绣，她说"我们还有家政课，学习手工，例如绣花，（我们）学的是十二（字）绣，我还绣过'木兰从军'；我（后来）剪裁（裳裤的能力）很强。"参见杜式敏：《[19] 20 年代的基督教会女校》，第 59、88—89 页。

4　Herman, "Cultural Factors in the Location of the Swatow Lace and Needlework Industry", p.126. 亦参见李金强等：《福源潮汕泽香江》，第 50 页。

5　陈卓凡：《潮汕抽纱业的起源及其概略》，第 334 页。

6　潮惠长老大会记事册，1915 年 9 月 14 日："划归学区，即揭邑、棉湖、枫口、登冈、顶埠、广美、大窖、流沙、龙港、新寮、炮台、新亨、东寮、竹桥、京冈、灶浦、陂头、玉溪、龟背、果陇、鲤湖、蔡口，共二十二堂。"

7　黄树德和黄仲山都来自揭阳广美堂，两人都是香港的基督教抽纱商人。参见李金强：《同乡、同业、同信仰》。

如陈卓凡所指出的，"凡是基督教徒较为集中的地带，亦是抽纱加工的重点地区"[1]。

美会和法会将抽纱经营权控制在教会管理之下，而英会却不以教会的名义参与抽纱生产与销售，转而允许其信徒经营以积累财富，"藏富于民"。这也使得长老会教团内部出现不少大抽纱商。他们慷慨捐款回馈教会，使得英会自立的经济基础更加牢固。在民国潮汕发生的历次地震、台风等自然灾害的救济中，英会均比美会和法会得到更多的商业捐款。英会的自由经营策略真正使抽纱技艺在潮汕地区迅速传播，并推动了抽纱业的迅猛发展。在与技艺娴熟的抽纱女工的配合下，长老会男信徒在潮汕抽纱业的起步阶段扮演了重要的角色，他们与女信徒的分工大致如下：

外销的抽纱产品基本上由年轻女子制作，而购买者多为在汕头的外国人，如水手、商人、潮海关和各洋行的外国雇员等。由于传统性别观念的制约，年轻的妇女不能受雇于洋人在汕头开办的抽纱工场，更遑论推销抽纱产品。因此，抽纱产品的销售工作只能由男性承担。每当外国洋船在汕头港湾中泊定，便被各式舢板团团围住。不少小贩沿着绳索登上洋船，向船上的乘客和水手兜售当地特产、各种日用品和一些传统绣品等。这些小贩将商品装在竹囊中，背在背上，他们也因此被称为"背囊仔"。曾以剃头为生的翁财源和长老会教友徐子祥据说是第一批以销售抽纱产品为生的背囊仔。[2] 然而，另一位背囊仔林佳合的故事更能清楚展示男性商贩和抽纱女工在汕头抽纱业起步阶段的劳动分工。[3] 林佳合是林赛玉的盐灶老乡，两人都是长老会教友。林佳合从传教士那里学到了一些英语口语，便在1902年前后到汕头埠当背囊仔。在推销商品的同时，林佳合发现抽纱产品在外国人中间很受欢迎。他于是联系林赛玉，后者当时因莱爱力夫妇回英国休假而回到盐灶家中。林佳合向林赛玉订制了一批抽纱产品，并将它们带到汕头埠出售。其他背囊仔纷纷效仿，向附近村庄的抽纱女工收购成

---

1   陈卓凡：《潮汕抽纱业的起源及其概略》，第334页。

2   《潮汕抽纱发展史和基本情况》，第2页。

3   卢继定：《汕头抽纱史上重要的普通人》。

品，无疑促进了抽纱在汕头周边地区的生产。

在积累了足够的资本之后，背囊仔翁财源和徐子祥便成立了自己的公司。在1903—1907年，四家华资抽纱公司先后在汕头开办，分别是"翁财源"、"汕头公司"、"华章公司"和"振潮公司"。其中徐子祥和另一位抽纱商人林俊良都是长老会信徒。[1]那时候，汕头尚无专门从事抽纱贸易的外资洋行。蔡汉源、徐子祥和林俊良随着传统的商贸网络到香港销售抽纱产品，并在那里扎下根。有的抽纱商人则选择去上海，因为当时沪港两个城市聚集着大批的西方人，拥有无限商机。

与此同时，抽纱工艺也从汕头向周边城镇和乡村传播。丁惠龙是将这门技艺引入潮州府的重要人物。[2]他出生在府城西门外的陈桥村，而西门恰好是传统潮绣的制作中心。丁惠龙最初是一位潮绣商人，为了向西方顾客推销潮绣绣品，他经常往返于府城和汕头之间。后来他在汕头与英国长老会的传教士有了密切接触，从他们那里学习英语，并成为一名信徒。林赛玉当时也在汕头，他们因此相识。凭借其才智和口才，丁惠龙颇得林赛玉的赏识。丁从林那里学到各种抽纱技艺，加上他之前销售潮绣绣品的经验和英语会话能力，他不久便被一间抽纱洋行雇用，负责从洋行领取制作抽纱所需的白布、彩线等原料，将它们发放给潮州城

---

1 蔡汉源、林俊良和徐子祥的小传如下：

蔡汉源（？—1953），开设"汕头抽纱公司"，并曾于汕头组织基督教青年会。

林俊良（？—1952），汕头崎碌堂（伯特利堂前身）执事。青年时期于汕头从事抽纱业，并往来上海、香港营商，偕蔡汉源、黄浩等筹组汕头青年会。晚年任尖沙咀堂顾问，至1952年离世。

徐子祥（？—1963），生于富户，亦为抽纱业者，其弟为汕头贝理神学院首位华人院长徐腾辉牧师，妹夫为陈泽霖，皆为汕头教会的要员。先后担任汕头堂长老、执事等职，为汕头教会核心人物。20世纪20年代由于非基运动，汕头堂会分裂，部分长执要求自立，攻击堂牧郭景云，最终分裂产生要求独立的汕头新中华基督教会。而徐子祥于其时拥护堂牧郭景云的活动中扮演重要角色。

林俊良、徐子祥原于汕头教会担任要职，二人辗转南迁香港，遂以其长才协助旅港潮人基督教会发展，于"惨淡经营，不遗余力"中，使"会务突飞猛进"。转引自李金强：《同乡、同业、同信仰》。

2 卢继定：《潮州对潮汕抽纱事业的贡献》，《潮州日报》，2009年11月25日。

布梳巷的绣工加工。他也向林赛玉寻求帮助，让林对这些绣工进行技术指导。这批绣工将西方的抽纱工艺与传统的潮绣工艺相结合，创造出独具风格的产品。丁惠龙又将产品回收，送到位于汕头的公司作最后的加工，由公司出口到美国和欧洲。丁惠龙不仅担任一家公司的放工员，而是为数家公司工作。随着订购量的增加，府城布梳巷的绣工人手有限，丁惠龙便将原材料派发到附近乡村的妇女手中。虽然这些妇女的手工技艺不如府城的绣工灵巧，需要派技术人员对她们进行指导。因是之故，她们的劳力也更加便宜。这便是后来在抽纱业中非常流行的"放工制"（putting-out system）的开端。

林赛玉、林佳合和丁惠龙之间的关系清楚地展示了抽纱行业的性别分工：作为女性和抽纱制作能手，林赛玉负责将抽纱技艺教给女工；小商贩林佳合将抽纱成品分销给外国人，而放工员丁惠龙与汕头的抽纱商号密切合作，将抽纱原材料发放给农村妇女进行加工，并负责收回成品。林赛玉进一步与丁惠龙合作，在潮州府城内开了第一间抽纱商号"丁发合号"。尽管林赛玉、林佳合和丁惠龙与基督教传教士多少有些联系，但他们都没有在教会学校受过正规教育，语言能力的局限阻碍了他们直接与洋商签订大宗贸易的订单。而从 1910 年起，英国长老会开办的聿怀中学和淑德女学的毕业生纷纷加入到抽纱行业中来（参见附录七），语言能力与教友之间的互助确保了抽纱产品外销途径的畅通，进而促成潮汕抽纱业的全面勃兴。

直至建国前，长老会教友侯乙初和张固纯仍是汕头抽纱业同业公会的主席和常务理事，二人同时也分任英国长老会汕头堂的牧师和长老。[1] 侯乙初 1867 年生于揭阳的凤江镇，成年以后娶了曾就读于淑德女学的杨锦德为妻。她在学校中练就了一手娴熟的抽纱技艺，婚后便以此为业，补贴家用。1910 年之后，侯乙初被按立为牧师，负责牧养长老会汕头堂信众，同时也负责汕头中会诸多重要事务，比如信徒的婚姻、移民信徒的教籍，

---

[1]　汕档 12—9—415: 1929 年 1 月 5 日的汕头抽纱公会文件显示，汕头抽纱公会常务委员是侯乙初、张固纯、赵资光。

并促成中会收回所属各堂的小女学的管辖权，对长老会的管辖区域进行划分，修改长老会公例等。张固纯 1871 年出生于汕头，1887 年 11 月 11 日由施饶理施洗入教。[1]20 世纪 10 年代，他当选为汕头堂长老，负责鼓励布道、主管会籍名册、小学束修、传道收银及分发、牧师束修、修堂等事宜。[2]侯乙初和张固纯是教会中的同事，同时也是汕头抽纱同业公会的常务委员。他们合作起草文件，要求政府降低抽纱原材料的进口税、废除苛刻的海关花边检验则例，以保障汕头抽纱商的合法权益。

张固纯于 1929—1949 年担任汕头抽纱同业公会的主席。抽纱业界的这一重要身份使他当之无愧地兼任长老会汕头堂司库之职。那些身为长老会教友的抽纱商都慷慨向教会捐献，以回馈教会，支持教会的发展。[3]1929—1931 年，当长老会所属的教会学校聿怀中学被政府要求立案时，由教友经营的协成、汕头和益汉三家抽纱公司出面为该校担保，在他们的共同努力下，中学得以在教育部成功立案。[4]蔡汉源、徐子祥、林俊良、黄浩等也曾任汕头堂的长老或执事。后来他们都将生意扩展到香港（黄浩到北京）并定居下来，出资修建教堂，供到港谋生的潮汕人礼拜与聚会之用，最终形成了"同乡、同业、同信仰"这一潮汕抽纱信徒

1　张固纯之母于 1900 年 4 月 1 日由王烈及牧师施洗。她住在崎碌，该地在 20 世纪 20 年代抽纱商行林立。她很可能以抽纱为生，与其他人子继母业的情形相同，张固纯也以经营抽纱为生。更多相似的例子可在长老会内部找到，参见黄树德小传："十五岁与母亲一同受洗于广美村礼拜堂，其母于教会习得抽纱手艺。黄氏因而从事抽纱业。1920 年于香港弥敦道创办'复荣公司'（Fook Weng & Co.），致富后奉献甚多，历任值理多届。"参见李金强：《同乡、同业、同信仰》。

2　参见汕头区会记事册，1929 年 4 月 22 日、1931 年 8 月 2 日、1932 年 6 月 26 日、1934 年 8 月 26 日、1948 年 5 月 9 日、1948 年 7 月 15 日。

3　参见胡卫清对教会经济方面的研究：《国家与教会——汕头基督教教会的自立与分离》，《第五届潮学国际研讨会论文集》，2005 年；氏著：《苦难与信仰》，第五章"天路与商道：海外潮人与潮汕教会"。

4　侯乙初参议的教务，参见汕头中会记事册，1929 年 4 月 30 日、1930 年 12 月 16 日、1931 年 9 月 1 日；关于张固纯教中职务，同前，1931 年 4 月 28 日。

的群体。[1]

在西方国家，抽纱被视为妇女理家应有的手艺，是营造美好的"基督化家庭"的重要技能。19世纪下半叶，这门手艺由西方传教士传入中国沿海地区。具体到潮汕地区，该手艺则是由英美教会在19世纪80年代传入。面临国内同行对传教士从事营利性质事业的质疑，美会、法会和英会分成两派，分别采用了教会集中管理与信徒自主经营两种策略经营抽纱。由于各会的官方文件对教会与抽纱业的关系三缄其口，目前尚不能就此课题开展细致的量化分析。其中英会不以教会的名义参与抽纱生产与销售，转而允许其信徒经营抽纱，积累财富。这种"藏富于民"的策略既使英会免于母国宗教界的指责，也使潮汕的长老会教团内部涌现出一批大抽纱商。他们慷慨捐款反馈教会，使得英会自立的经济基础更加牢固。

1　"其时发起重组教会，获得蔡汉源、黄树德、黄仲山、孙佳广、陈润生、柯宏楠、吴宠荣、林兆禧八位支持。八人多业抽纱。"参见李金强：《同乡、同业、同信仰》。

第十章　教外观抽纱

　　由教会传入的抽纱技艺后来在教会外广为流传，对 20 世纪潮汕地区的经济图景和社会生活产生过深远的影响。而在短短百年间，抽纱也褪去其舶来品的本色，成为潮汕社会独有的"非物质文化遗产"。1949 年之前，潮汕抽纱业发展的大致脉络如下：1886—1900 年，西方女传教士将抽纱手艺教给当地信教妇女作为谋生的手段。[1] 在这段时期内，抽纱成品由传教士寄回母国销售。1900—1914 年，抽纱业开始发展，工厂陆续在汕头建立，大部分由当地长老会信徒投资。[2] 其背景是清末民初的政权更替，导致当地社会动荡，人们生活日渐窘迫，迫使不少女性从事抽纱以增加家庭收入。在"一战"期间，欧洲成为战场，西方抽纱商人将他们的投资从欧洲转向中国，中国妇女取代欧洲妇女成为抽纱产品的主要生产者，而美国也逐渐取代欧洲成为潮汕抽纱产品的主要销售市场。在商业贸易的基础上，抽纱工艺迅速在潮汕地区传播。1920 年前后，西方商人开始陆续到汕头投资办厂。他们通过各自的买办，实行放工制来组织生产：让放工员将布料和纱线等原材料发放到乡村妇女手中，并将成品带回汕头，再从汕头经

1　Herman, "Cultural Factors in the Location of the Swatow Lace and Needlework Industry", p.122.

2　《潮汕抽纱发展史和基本情况》，第 2—3 页。

上海和香港出口到国外。[1]1919—1934 年，抽纱业进一步发展，外商的投资在 1925 年前后不断增加。[2]1934—1941 年是潮汕抽纱业的黄金时期。[3]而 1941 年底太平洋战争的爆发，使得抽纱业的发展中断，疲敝的状况一直持续到 1945 年日本宣布投降为止。从 1946 年开始，潮汕的抽纱业有所恢复。[4]至新中国成立，抽纱业的经营环境再次发生较大的变化。本章将从教外的视角，考察抽纱技艺的推广对潮汕地区的社会经济与民众生活产生的影响。

一、技艺推广

民国初年，关于妇女能否走进职场的问题曾在教会内外引起热议。尽管各方意见不一，他们却一致认为刺绣、缝纫、烹调和教育是适合女子从事的工作。[5]虽然早在 1904 年，刺绣业发达的江苏常熟一带便有人在《女子世界》杂志上撰稿论刺绣之害。这位署名"尚声"的作者将刺绣与缠足对妇女身心的危害等量齐观，叹息道："哀哉！我中国二万万女同胞之罪障何千重万叠而无尽期哉！有缠足之困苦，复有此刺绣之磨难。缠足极筋骨之害，刺绣有性命之虞；缠足发于逼迫，刺绣沦于淹滞。缠足刺绣二者，实无有异致，为害亦无有重轻。"[6]他认为女子长时间从事刺绣工作会损害眼睛，长期久坐又会损害身体，并且浪费光阴。但很多女子却自觉地受此役而不自知，"尚声"将这归结于风俗所迫、父母所传、亲友所诱、心性所惑四个社会根源。

1　潮州地区抽纱业的发展在"一战"期间因战争而中断，参见《潮汕抽纱发展史和基本情况》，第 3 页。陈卓凡也持此说，参见《潮汕抽纱业的起源及其概略》，第 334 页。

2　《潮汕抽纱发展史和基本情况》，第 3 页。

3　陈卓凡说在 1936—1941 年，参见《潮汕抽纱业的起源及其概略》，第 334 页。

4　《潮汕抽纱发展史和基本情况》，第 2—3、11 页。

5　《女学宜注重缝纫烹调》、《女子工艺不可废绣论》，同见《妇女杂志》第一卷第四号，1915 年。

6　尚声：《论刺绣之害》，《女子世界》，1904 年第六期。

清末新政提出兴办女学之后，一些受过教育的女子便开始在全国各地兴办手工传习所。[1]在潮汕地区，教会外一些受过教育的女子也在自己开办的学校中教授刺绣，如揭阳县城的陈宝莲（1878—1934年）。她于1905年"创闺秀女学于城西昭武第，授以幼学、四书及绘画、刺绣。……先后受聘于潮阳、普宁及县境各地女塾，致力于女子教育，终身独处"[2]。1912年，陈舒志女士在崎碌创办了私立坤纲女子学校。由于当时的风气未开，女性办学校格外困难。陈舒志常"亲自动手教学生绣花，又举办展览会，将精美的绣品出售或赠送，争取社会人士的支持，并以展览出售绣品的收入补充学校经费"[3]。嘉应懿德女学堂的初级科和高级科便教"女红"一科，内分裁工、缝工、机织工、刺绣工、造花工。[4]

民国成立后，这些女工传习所、女红会在全国各地更是层出不穷，不少学校添设手工专修科。[5]教会内外的女性杂志都用相当的篇幅登载这些手工培训机构的招生简章，并连载裁缝科讲义供女读者学习。[6]这些民间兴办的手工培训机构引起当时北京政府教育部的重视。1918年，天津女子工艺传习所董事陈梁等因为女子手工实业成效昭著，具呈教育

1　《论中国今日亟宜普设手工女学校／传习所》，《女子世界》，1905年第六期。

2　孙寒冰主编：《广东省揭阳县榕城镇志》，榕城镇地方志编纂办公室，1990年，第652页。

3　"陈舒志女士，原名耀书，是19世纪中后期香港潮商硕彦陈开泰（他是郭士立汉会的信徒和男传道，其入教的故事见第二章）的幼女，1880年农历九月十九日生于潮州市沙溪镇仁里村。……首开家乡女子入学读书的先例，放缠足，易时装，负笈省城，进入广州女子初级师范学堂（广东省广州女子师范学校前身）读书。"转引自陈启川：《潮汕第一位女校长》，载政协潮州市委员会文史编辑组编：《潮州文史资料》第15辑，1995年。

4　《嘉应懿德女学堂简明章程》，《岭东日报》，宣统元年（1909年）正月十八日。

5　《约友发起女红会书》，《妇女杂志》第一卷第五期（1915年）；《添设手工专修科》第六卷第五期（1917年8月1日）。

6　《振坤女子裁缝学校招女生徒》，《女铎报》第二期第一册，1913年4月1日；《裁缝科讲义》，《妇女时报》，1913年第十至十二期；《介绍女子必用第一机器（缝纫机器）》，《女铎报》第一期第九册，1912月12月1日；《缝纫机原始》，同前，第十一册，1913年2月1日。

部，拟请通饬各直省女校手工科，附授花边、抽丝（即抽纱）二项，以挽利权而裕民生。他简要地介绍了山东一带抽纱业的工种、从业人员和销售状况：

> 查女子特别工艺，畅销于欧洲各国者，其种类为花边、为抽丝、为发网、为绣花、为鲁山绸，暨各种西洋手工，其他不具论。即以花边、抽丝、发网、绣花四项言之，类皆成本轻而获利巨。窃尝调查山东烟台等处，妇女经营此等手工生活者，不下三十余万人。以之运销欧美各国，犹有供不应求之势。

因此，陈梁等人向部员建议，"先就京中女师范校内，附授花边、抽丝二项科目，并通令各省一律仿办。经费既无须另筹，办理较易著成效。传习既久，则女子皆为有职业之人"。教育部采纳了此建议，于是咨请各省公署转饬各女校遵照将花边、抽丝列为附授科目。[1]

在政府支持下，抽纱工艺便在全国教会外的女学校中广为传习，潮汕地区也不例外。然而，抽纱工艺之所以在潮汕城乡女性中间广为传播，"放工制"的作用不可小觑。"一战"期间，欧洲成为战场，西方商人只好将抽纱的制作转到不受战争影响的亚、非与中美洲一带。他们最初的设想是在汕头设厂，雇用女工到工厂全职工作，以便直接管理。但由于招收不到能外出工作的年轻女性，该计划无法实施。赫尔曼对这种情形作出解释：一是妇女更喜欢在家中，以自己的速度而非程序化的方式工作，因而不喜欢工厂中处于监管之下的规范化作业；二是男亲属也倾向于让女性在家工作，这样她们就不会在一个离家很远的社区中与陌生人有亲密接触，特别是陌生男人；三是抽纱由内地农村妇女及女儿在家制作，其劳力远比在汕头工厂中的劳力便宜。因此，与"理性的"工业生产计划相比，潮汕的抽纱产品大部分是在汕头以外的农村地区加工而成，其中惠来县靖海这

1　《教育部注意女校手工》，《女铎报》第七卷第八册，1918年11月1日。

个抽纱加工中心离汕头的直线距离有 50 千米之遥。[1]

1920 年，纽约的美乐洋行（Mallouk Brothers）在汕头设立外资抽纱洋行，该行雇用了一名瑞士籍图案设计师设计新式花样，并引进意大利的抽纱新技术。在原料方面，来自山东的柞绸和爱尔兰的细洋纱也取代南海和揭阳产的夏布。[2]继踵美乐洋行来汕的有新昌洋行（Roese Brothers，美国俄亥俄州阿什维尔）、乔治洋行（George）、双隆洋行（Shalom & Co.，美国纽约）、倍利洋行（Jabara & Bros.，美国堪萨斯州威奇托）、柯宝洋行（Kohlberg，美国纽约基斯科山）及马禄孚洋行（Maloof，美国俄亥俄州哥伦布）。据《潮汕抽纱发展史和基本情况》记载，这些洋行的主人多为拥有美国国籍的犹太人或叙利亚人。[3]欧洲商人虽人数不如美国，但也在汕头设立了自己的行号，如德记洋行（Bradley & Co.，英国诺丁汉）、美最时洋行（Melchers，德国不来梅）。各国洋行（见附录六）在汕头的设立，将潮汕地区纳入了世界经济体系之中，这便是抽纱业在潮汕地区形成规模生产时的国际环境。在抽纱洋行中任职的买办通常毕业于长老会的英华中学或聿怀中学，有些人甚至在英国和美国接受了高等教育。[4]以长老会教友张廷鉴为例，他既是美国柯宝洋行的买办，同时也是崎碌福音幼稚园、女子国民学校的校长。该学校的经费是由张与汕头其他慈善会一起捐助。[5]与张相似，马禄孚洋行的买办戴威廉也是长老会教友，毕业于英华中学。[6]

---

1 Herman, "Cultural Factors in the Location of the Swatow Lace and Needlework Industry", p.126.

2 "工种又增加了意大利式扎目及对丝等"，参见《潮汕抽纱发展史和基本情况》，第 1 页。

3 "这些洋行的老板大部分是美籍犹太人或叙利亚人，精明圆滑，资力雄厚"，同上，第 3 页。在汕档 1948 年汕头抽纱业同业公会会友名录中，有一位名为达鲁祺 (M.R. Dahrouge) 的经理。荷兰莱顿大学宗教系的柏海伦教授告诉笔者，此名看似有法国渊源的阿拉伯名。

4 陈卓凡：《潮汕抽纱业的起源及其概略》，第 329 页。

5 马育航：《民国十年变——汕头近况之一斑》，1921 年，第 33 页。

6 "汕头市的张廷鉴、戴威廉，都是学英文后成为第一等洋商买办的"，参见陈泽霖：《基督教长老会在潮汕》，第 440 页。

二、地区网络

美、法会和英会采用不同的抽纱经营策略造成了不同的社会影响。其"教会集中管理"的经营策略使得抽纱仅在教团内部的主要布道站流传。而英会让男女信徒自由从事抽纱业，却使抽纱技艺传遍了英国长老会教团大大小小的布道站：先是在澄海的盐灶乡；接着到揭阳，以炮台为中心；然后传到潮阳，以灶浦为中心。很快，这些布道站周边的教外妇女也掌握了这门技术，一个成体系的抽纱业生产网络在潮汕地区逐渐形成，并以汕头作为原料入口和成品出口中心。

一件抽纱产品包含不同的工种。正所谓"术业有专攻"，一人难以掌握所有的抽纱技术。于是，西方工业化大生产时代的流水线生产模式便应用到抽纱生产上，潮汕各地逐渐形成了技术分工。一首潮州歌谣简明地总结了这种情形："潮安长垫绣，揭阳会十字花，澄海人人会蕾花，潮阳雕窗上出名，关埠擅长苧葛布，盐灶拿手哥罗纱。"[1]在1934—1941年潮汕抽纱业的鼎盛时期，保守估计，约有五十万人从事抽纱生产，而当时潮汕地区的人口仅有七百余万。[2]由于不少男性出洋谋生，暂且假定其中的四百万是妇女，那么潮汕地区每八个女性当中便有一人以抽纱为业，其中大部分是农村地区的女性。[3]在地区技术分工的基础上，20世纪30年代形成了一

---

1 杨坚平：《潮绣抽纱》，第78—79页。其中垫绣与织苧葛布属传统女红，而十字花（cross−stitch）、蕾花（worm stitch）、雕窗（drawn−thread work）、哥罗纱（crochet，即通花）都是传教士传入的西式女红。

2 吴立乐：《浸会在华布道白年史略》，第54页。

3 抽纱工中也有少数男性。在20世纪70年代末做过抽纱的肖姐告知，当时大约有一成的抽纱工是男的。对肖姐的访谈，2011年1月30日。这在潮汕当地并不是很奇特的现象，因为潮州府潮绣最好的绣工大多为男性。历史上诸如官服、潮剧的戏服等的刺绣工作都不能假妇人之手做，必须由男绣工担任。当抽纱技艺最初传到府城西门的布梳巷时，开始做抽纱的多数也是男绣工，只是随着时间的推移，妇女逐渐成为做抽纱的主力。参见《潮汕抽纱发展史和基本情况》，第5页。

个抽纱生产流程网络。[1] 以一方女式手帕的生产流程为例，潮汕各地之间的技术分工、加工流程大致如下（图 36）。

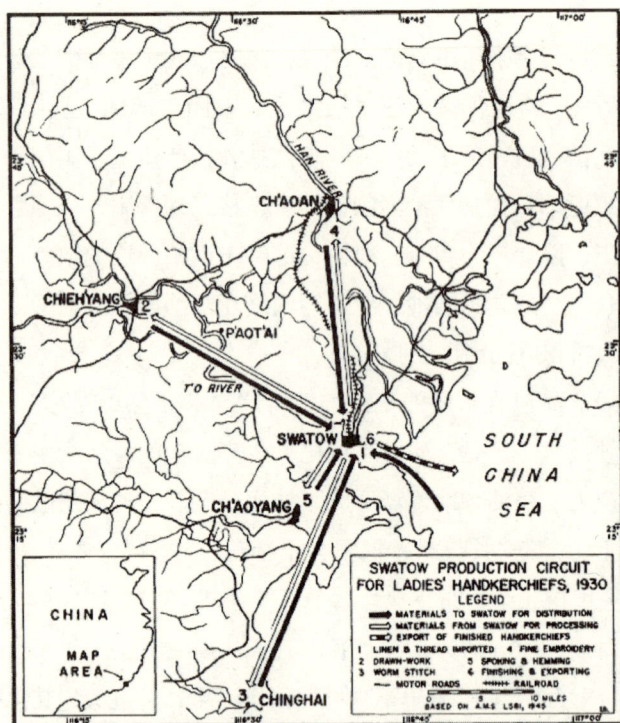

图 36　抽纱的制作流程（1930 年）

摘自 Theodore Herman, "Cultural Factors in the Location of the Swatow Lace and Needlework Industry". 右下角的图例说明如下：黑色箭头表示运到汕头分发的原材料及半成品，白色箭头表示从汕头运出到加工地的半成品，黑白相间的箭头则表示出口的制成品。数字 1—6 分别表示如下工序：1. 进口的布料和纱线，2. 抽出经纬线（即狭义的抽纱），3. 蕾花，4. 刺绣，5. 扎边与卷边，6. 最后修整及出口。图中的地名分布为：Swatow-汕头、Chiehyang-揭阳、Chinghai-靖海、Ch'aoan-潮安、Ch'aoyang-潮阳、P'aot'ai-炮台、T'o river-鮀江。

1　Herman, "Cultural Factors in the Location of the Swatow Lace and Needlework Industry", p.127. 亦见《潮汕抽纱手工业之今昔概述》，第 1—2 页："抽纱制造繁复之过程中，大致可分为两大部分及地域，汕头为收发之枢纽，各县农村为制造之中心，农村妇女以抽纱为副业，汕头市男女工人专司漂洗、烫熨。"陈卓凡也说："抽纱业的经营者，把加工的工种，分门别类就各地区的专长，分别送去加工。其中名贵的抽纱品种，都要包括几个不同的工种，而且还要经过几个不同的地区，进行不同的加工。例如白花绣手巾的加工先送揭阳县抽纱，次送潮安县绣花，后送汕头市郊卷边，然后制成。"参见陈卓凡：《潮汕抽纱业的起源及其概略》，第 333—334 页。

第一步，在汕头：在入口的细洋纱上印上抽纱花样，制作手帕时，一般是一块布上印着四块手帕的图形。

第二步，在揭阳县：有25万抽纱女工。放工员乘火轮或舢板溯鲽江到揭阳县城和它周边的农村，特别是炮台，挑担将布和纱线发放到妇女和女孩手中，她们擅长抽纱（根据花样要求将一块布的部分经纬线抽出）这一工种。做完后，这批布由放工员收回汕头。经检验合格后，将工钱付给放工员。放工员又将布料送到另一个地方继续下一道工序。除了抽纱外，揭阳的妇女还擅长对丝 (picoting sewing)、网眼 (eyelet stitch)、绣花 (embroidery)、卷边 (hemming)、扎边 (binding)、贴布 (appliqué) 等工种。[1]

第三步，在惠来县的靖海：如果需要蕾花（worm stitch）这道工序，放工员便将布料送到靖海进行加工。在那里，甚至连七八岁的女孩也受雇进行加工。完成后，布料再次被送回汕头。

第四步，在潮安县，有30万抽纱女工。布料通过河道、铁路或公路系统被送到潮安县，以装点上最精美的刺绣。

第五步，在汕头和潮阳县：刺绣装点完毕，布料又一次被送回汕头市郊，或到潮阳去，将抽纱部分用针线固定住，并将布料上的四块手帕裁剪出来，进而手工卷边——这些程序各自有专门的工人负责。汕头市郊的村落专门负责卷边的工作，比如鸥汀、东墩、浮垄、金砂、华坞等。这些村子都位于澄海县南部。其北部如盐灶、樟林和东里等村子擅长钩针编织。在澄海县共有5万抽纱女工。潮阳县则有10万，补布是潮阳抽纱女工的专长。[2]

第六步，在汕头，在抽纱承包商和出口商的工厂中，约有5000名全

1　"揭阳县抽纱工作较为全面，如绣花、抽纱、网眼、卷边、扎边、贴布均能做，而以对丝、网眼、龙眼花、三山边、托地花为特长。"参见陈卓凡：《潮汕抽纱业的起源及其概略》，第334页。

2　"潮阳县专工贴布，澄海县的鸥汀乡以绣花及卷边为长，盐灶、樟林、东里等乡以织花边（又名珂罗纱）驰名，汕头市郊之东墩、浮垄、金砂、华坞等乡则专长卷边。"同上，第334页。

职女工完成最后的几道工序：验收、洗、熨、折叠、贴标签和包装。[1]

1939—1941 年，山东与上海的抽纱生产因日军入侵而被迫中断。外商转而到潮汕寻求订单，造成当地抽纱产量飙升。因此，那三年的数据并不代表正常年份的产量。相比之下，1938 年的数据颇能代表潮汕抽纱业鼎盛时期的水准。这一年，潮汕出口的抽纱产品共计 360 万打手帕、105 万套台布、18000 公斤花边和 42000 公斤用纱线编织的手套。[2]出口金额达到 700 万美元。其中 70% 的产品是出口到美国（图 37）。[3]

赫尔曼已经指出，在抽纱工艺引入到潮汕地区之前，中国其他城市——如山东的烟台和青岛、浙江的宁波和江苏的常熟——已有传教士组织抽纱生产。与汕头相比，有更多的洋轮抵达这些城市。[4]然而，汕头为何在"一战"后逐渐成为华南抽纱的生产中心？笔者认为：在潮汕地区，制作抽纱是一种既符合女性身份与能力、收入又颇为丰厚的工作，大批闲散的农村女性劳力于是被调动起来。尽管抽纱也被引进到长江和珠江流域，但那里的妇女更善于织布和缫丝。特别是 19 世纪中后期机械化生产的引进，江南和广府地区的织布厂和缫丝厂中便已雇用女工从事生产。在织布业和缫丝业发达的地方，抽纱业发展的空间相对较小。

1　《潮汕抽纱手工业之今昔概述》提供的数字是 10000 人，《潮汕抽纱发展史和基本情况》说汕头市的抽纱行中的雇工有 6000 人，90% 的是妇女，即 5400 人。该数字与赫尔曼估计的数字很接近。

2　参见《潮汕抽纱发展史和基本情况》，第 7 页；《潮汕抽纱手工业之今昔概述》第 3 页中的数据是：1937—1941 年，300 万打手帕和 175 万套台布出口。然而，赫尔曼给出的数字却很低，每年约有"15 万到 20 万打手帕出口"。

3　赫尔曼说该数字是 90%，参见 Herman, "Cultural Factors in the Location of the Swatow Lace and Needlework Industry", p.127。

4　Ibid., p.124.

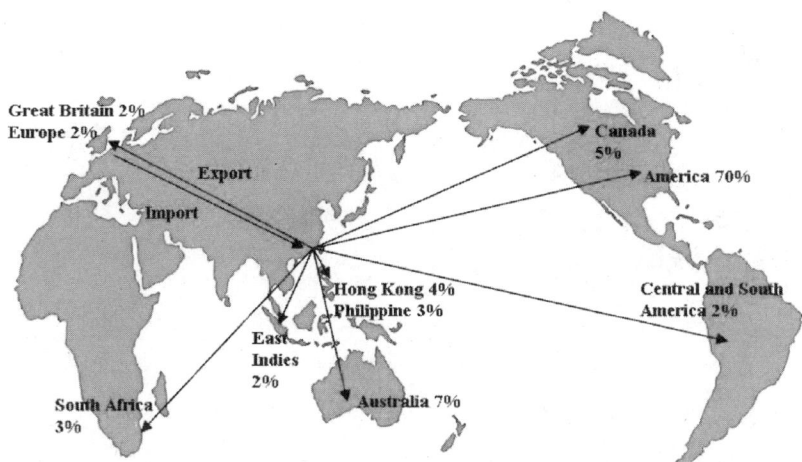

图 37　抽纱原料进口和成品出口路线图（1938 年）[1]

生产抽纱所需的原材料，如亚麻布、细洋纱布、亚根地纱布、绣纱线大多数从英国、瑞士、法国、比利时进口。制成的抽纱成品，据赫尔曼所言，90% 出口到美国。但《潮汕抽纱发展史和基本情况》中的数据稍有不同，在太平洋战争爆发前的 1937—1941 年，70% 的成品出口到美国，而潮汕的抽纱业得以恢复后（1948—1949 年），输入美国的比例上升到 80%。

1　《潮汕抽纱手工业之今昔概述》第 3 页记载，各种原材料的进口国分别是：

原材料	进口国
亚麻布	英国、瑞士、比利时
细洋纱布	瑞士、英国、美国
亚根地纱布	瑞士、英国
绣纱线	英国、法国、瑞士

赫尔曼说 90% 的产品出口到美国，参见 Herman, "Cultural Factors in the Location of the Swatow Lace and Needlework Industry", p.127。然而《潮汕抽纱发展史和基本情况》中的数据稍有不同，且更为具体：

	美国	英国	澳洲	加拿大	南非	南美	其他：菲律宾和南洋群岛等	总计
"二战"前：1937—1941	70%	3%	7%	5%	3%	2%	10%	100%
"二战"后：1948—1949	80%	入口限制	4%	6%	入口限制	2%	8%	100%

三、迁徙与分工

富有进取心的潮汕抽纱商人沿着原有的贸易路线到上海和香港开设
分行。在汕头有总公司，并在上海开设了分公司的商号有一价行（One
Price Lace Co.）、卢伟记（Loo Brothers）、凯记行、光成商行、潮汕抽
纱商行、恒丰行；开设于香港的商号有汕头公司和复荣抽纱商行（Fook
Weng & Co.）。上海和香港两地的潮汕人开办的抽纱商号也有"旅馆"的
功能，为那些外出谋生的潮汕同乡提供了一个暂时的栖身之所。[1] 新的商贸
劳工移民路线逐渐形成，正如俗语"一上、二香、三叻、四暹"所反映的，
上海和香港逐渐超越实叻（新加坡）和暹罗（泰国），成为劳工外出谋生
的首选地点。抽纱商的贸易网络也与这一劳工移民路线重合，一定程度上
也促成了该线路的形成。

潮汕抽纱商也到青岛、北京和其他内地城市寻找机会。汕头的厚生抽
纱公司便在山东烟台开设了子公司"宜生行"。[2] 1927 年，曾任长老会汕头
堂执事的黄浩与他的妻子王佩芝到北京德胜门内簸罗仓胡同开设了宠锡挑
补绣花工厂。[3] 笑姨的舅舅在北京开抽纱店，她的二哥就到店中当学徒帮忙。
夏天的时候，很多在京的西方人都到北戴河避暑，笑姨的二哥就带着抽纱
商品到那里向他们推销，与外国人建立贸易联系。[4]

其他省份的抽纱从业人员也沿着潮汕抽纱的国内贸易网络移居到汕
头。从江南和山东省抽纱产地不断有年轻人来汕头工作，并在此定居。张
运生（Y. S. Chang）便是一个很好的例子。张是浙江宁波人。20 世纪 20

---

1   "谢牧师她家有几个要好的朋友，虽然相隔很远，但合办了一家'志成抽纱公司'，
协助接待家乡的牧师、长老。那时候不是轻易能住上旅社的，所以有乡下的亲人
往来就（在志成公司）歇一晚或一天，就像（住）旅社一样；如果是信主的家庭，
（志成公司）招待也就是请吃一餐。"笑姨口述史，参见杜式敏：《[19] 20 年代的
基督教会女校》，第 81 页。

2   汕档 12—9—351：汕头抽纱业工业同业会会员名册，1948 年。

3   黄浩小传，参见《北京潮人人物志》。

4   笑姨口述史，参见杜式敏：《[19] 20 年代的基督教会女校》，第 77 页。

年代，他受派到德国抽纱洋行美最时的汕头分公司工作。[1]1934年，他在汕头开了自己的抽纱工厂"月明厂"。1945年11月，他也被雇为潮汕抽纱工业品产销合作社的副经理，同时担任汕头抽纱业同业公会的常务理事，任理事长的正是张固纯。[2]当仁德洋行（James McMullan Ltd.）于1925年在汕头开设分公司时，相关的工作人员也受派从烟台到汕头工作。日军侵华也使山东和上海的抽纱从业人员向汕头流动。[3]

作为一名潮籍抽纱商人，翁锦通的奋斗历程展示了抽纱业内的人口迁徙。翁出生于汕头附近的蓬洲。1927年，正当少年的翁锦通在汕头的厚生抽纱商行当学徒，负责挑水清洗已经完成的抽纱产品。三年之后，他的老板在山东烟台开设了宜生行，便派他到那里当伙头（厨师），还兼打杂、送货等。1933年，宜生商行的生意兴隆起来，翁锦通便被提拔，专司花稿的设计和估价工作。一年之后，他开始负责抽纱厂的管理工作。1940年，上海抽纱业界开始采用机器针花稿技术。由于翁锦通懂技术、懂管理，老板便派他到上海学习新技术。随着太平洋战争爆发，大陆的抽纱业衰落，翁锦通也因此失业，只得返乡务农。[4]在干了十六年农活后，翁锦通在1957年得到政府的批准，得以离开汕头到香港谋生。他在香港做了一段时间的苦力活后，巧遇昔日烟台宜生商行的同事张可好。张在香港有一间抽纱公司，便请翁锦通过去帮忙，使他得以施展自己的才华。五年后，翁锦通积累了足够的资本，便开设了自己的抽纱作坊。后来规模不断扩大，遂成立了一家公司，经营逐渐走上正轨。[5]在成功立足香港后，翁锦通便着手拓展欧洲市场。1966年，他考察了西德、意大利、比利时和希腊，发现意大利人非常珍视抽纱产品，嫁女儿时，"往往以大量的抽纱品为嫁妆，

---

1 陈卓凡：《潮汕抽纱业的起源及其概略》，第331页。

2 汕档12—9—351：汕头抽纱业工业同业会会员名册，1948年；汕档：汕头市抽纱特产改善意见书，理事长张固纯、常务理事林承之、常务理事张运生，1947年7月26日。

3 参见网页 http://jamesmcmullan.com/frame_brbiog.htm，浏览日期：2011年1月27日。

4 康维国：《抽纱大王翁锦通》，《企业研究》，1996年第4期，第37页。

5 同上，第38页。

以显示女家的富有和嫁娘的教养"[1]。次年，翁锦通便在罗马开了一家抽纱公司，获利甚丰。1972 年，随着中美关系正常化，翁锦通预见到美国这个昔日抽纱的主要市场将再次向中国打开，便率先到美国开拓市场。1974 年，翁在纽约市开设了森兴抽纱公司。20 世纪 80 年代，该公司在美国各地的分公司达到两百多家。

与男性抽纱企业家充满艰辛和冒险色彩的奋斗之路相比，潮汕抽纱女工的职业生涯似乎缺少太多的波澜。但是，这份手艺仍然给她们的生活带来很大的变化，为农村妇女提供了新的谋生手段。她们自小就学会靠"一支针求生存"，一些小女孩从襁褓中就看着妈妈或姐姐做抽纱，有的长到五六岁，已经能熟练技艺，协助其母亲干活。[2] 抽纱也为妇女们提供了一种新的集体活动方式。卢继定描绘了一幅已经逝去的充满怀旧情调的生活场景："抽纱只需一根长不过十几公分的不锈钢'勾花针'，再加一只放纱线的小竹篮，便可以走到哪里'勾'、'抽'到哪里。……不论在农村还是在市镇，凡是妇女聚集的地方，上至五六十岁村妪，下至八九龄稚童，无不手拈不锈钢花针——只见银光闪闪，不见花针停歇，手工娴熟的还可以边抽勾边闲聊说话。妇女抽纱，成为潮汕城乡一景。"（图 38）[3] 肖姐也向笔者讲述了 20 世纪 70 年代末，在学校课间休息时，女学生们都在做针线活，有的甚至在课上趁老师不注意时偷偷地做。有时候几个学生一起合作，用钩针编织一方大台布，挣到的钱按各自的劳动份额分摊。肖姐每天能挣三元钱，相对当时一个普通工人的平均工资是每月十八元，做抽纱的收入称得上相当高，"只不过不是时时都能在抽纱站领到抽纱的活干罢了"，显然对此不无感慨。肖姐的母亲一点都不会做抽纱，但小她几岁的弟弟却帮着姐姐一起做，姐弟俩都能为自己交学费，20 世纪 70 年代末的学费是每学期两元钱。有一次，肖姐弟弟的老师来家访，发现他虽然是男孩，却很乖巧地跟姐姐一起做抽纱帮补家用，老师当时很感动，于是减免

1　康维国：《抽纱大王翁锦通》，《企业研究》，1996 年第 4 期，第 39 页。

2　杨坚平：《潮绣抽纱》，第 78—79 页。

3　卢继定：《潮汕刺绣与抽纱》，第 69—70 页。

了他七毛钱学费。[1]但大部分的抽纱活计还是由女性做，据曾就读于淑德女校的林氏回忆："在学校读书的时候，家里有时还弄点活让你干，给弟弟缝衣服，打毛衣什么的；学校放假的时候回家乡，回家了就要做抽纱挣钱帮助家庭。所以，好像在学校的生活比在家里还空闲些。"[2]

尽管抽纱女工的形象是女性化的，家庭中妇女在经济上的独立也促使她们进一步寻找她们的社会价值。同时，受到20世纪20年代妇女解放思潮的影响，一些信教妇女开始参与教务决策。以杨锦德为例，她就读于淑德女校，后来嫁给侯乙初，协助她丈夫的传教工作。除了利用在女学中学到的抽纱技艺帮补家用外，她同时也积极参与教会事务。1929年4月30日，她被选派为汕头区会代表参加中华基督教会华南区会议，是汕头长老会代表团中唯一的女性。[3]另一位淑德女校毕业生谢雪璋，其兄是志成抽纱公司的经营者。家庭的经济支持使她能够安心学习神学，追求自己的事业，终于在1982年被按立为潮汕地区的第一位女牧师。[4]

一些妇女也继踵林赛玉和她的女儿徐淑英，成为抽纱公司的经理。王佩芝就凭借她的抽纱技艺，与其夫黄浩在北京开了宠锡挑补绣花工厂。公司的名字"宠锡"虽是黄浩的原名，王佩芝却是实际经营者。她"善于经营，关心女工文化学习，生活疾苦和恋爱婚姻，深得女工的爱戴"[5]。

汕头大大小小的抽纱工场也培养了一批共产党女干部，如苏惠、方朗等人。[6]苏惠出生于海丰县田墘一个富有的浸信会家庭，当澎湃在海丰组织农会时，其父庄耀庭是其中的活跃分子。苏惠后来嫁给方方，他与前清潮州总兵方耀属同一宗族。受到共产主义学说的影响，夫妻都加入中国共产党。方朗于1923年生于惠来县城关镇，仅上过两年小学。十三岁时，她

1　对肖姐的访谈，2011年1月30日。

2　杜式敏：《[19]20年代的基督教会女校》，第89页。

3　"八四：胡若霖举宜派人筹备进行华南区会议要点，并禀报大会。即派林重三、汲多玛、刘泽荣、陈则起、谢德茂、林之纯、邱家修、吴国维、侯乙初太太。区会通过。"参见汕头区会记事册，1929年4月30日。

4　《汕头市基督教志》，第3页。

5　参见《北京潮人人物志》。

6　苏惠的原名是庄起苏，参见《北京潮人人物志》。

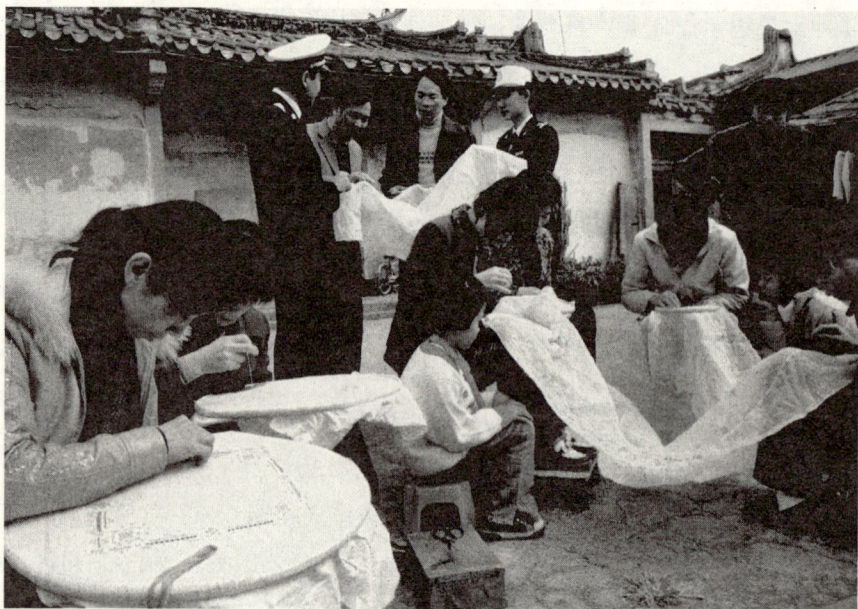

图38 汕头海关调研组考察抽纱、刺绣从业者（2005年）

摘自关山：《一封请示函救活一个行业》。照片中的地点是在潮汕农村老宅院（潮汕方言称为老厝）前的空地。笔者小时候（即20世纪80年代）尚能见到不少妇女在空闲（农闲）时做抽纱。现在抽纱从业者已寥寥，唯有个别地方，如揭阳的炮台镇，还有一些妇女以此为业。

便到汕头的大中华纺纱厂当纺纱工，在那里加入了华南人民抗日义勇军，是共产党的外围组织。她后来受派到美最时、协成以及和泰抽纱公司工作，主要任务是在抽纱女工中间传播共产主义思想。后来，她和苏惠一起到马禄孚洋行动员抽纱女工向资方争取年终双薪。[1]

最初由教会传入的抽纱工艺在潮汕找到了扎根的良性土壤。教会的有效组织、潮汕大批农村闲置女性劳力的存在、传统的潮绣工艺以及国内外的政治局势等因素，共同促成了两次世界大战之间抽纱技艺在潮汕地区

---

1 马禄孚不仅在汕头投资建抽纱厂，他也投资美国的石油和木材生意，同时也是艺术品收藏家。他建了一座收藏艺术品和约翰·汉森纪念品（John Hanson memorabilia）的博物馆，参见网页 http://en.wikipedia.org/wiki/Oxon_Hill_Manor，浏览日期：2011年1月27日。1952年马禄孚接受赫尔曼的采访，谈潮汕地区抽纱业发展情形。

的广泛传播。"一战"结束后，放工制逐渐形成。这可以归结于当地处于前工业时代的社会风俗：妇女更愿意、或者说男性亲属更愿意女性在家中做抽纱，而不是到汕头的抽纱工厂去工作，以此避免她们与陌生男性的接触。1930年，抽纱工种的地区分工逐渐明确，形成一个以汕头为中心，向周边城镇辐射的加工网络。在汕头从开埠时的新兴港口发展成中国通商第四口岸的过程中，抽纱业起到了重要的推动作用。

在抽纱业的发展中，基于性别的劳动分工非常清晰：妇女是抽纱产品的制作者，男性则或为放工员，或是外资洋行中的买办，或者开办自己的抽纱行。充满拼搏精神的潮汕抽纱商人甚至沿着原有的贸易移民路线到上海、香港等地开设分行，其商贸路线甚至促进了"一上、二香、三叻、四暹"这一新的移民路线的形成。不少人从国内其他抽纱产地移居汕头，促成了国内劳动力的跨省流动，围绕抽纱而进行的进出口贸易也将潮汕地区纳入到世界经济体系之中，对20世纪潮汕地区的经济格局与社会生活产生了深远影响。

但是在抽纱工艺传入潮汕的一百多年后，人们已经逐渐忘记其为舶来品的历史源头，而视其为潮汕传统工艺，抽纱更于2009年成功获批为"广东省非物质文化遗产"。由此可见，西来的抽纱工艺已成功脱去了舶来品的外壳，成为潮汕文化的象征之一。中西非物质文化交流中这段不寻常的际遇颇耐后人寻味。

结　语

　　桑兵教授曾就近代中国女性史研究的相关问题总结了四对应当予以区分的女性观：今日的女性观与昨日的女性观、男性的女性观与女性的女性观、上流的女性观与下层的女性观、本土的女性观与外来的女性观，分别以时间、性别、教化程度、空间为标准，涵盖了今昔、男女、尊卑、中外八个观察维度。桑教授指出："两性问题可以说是人类社会基本矛盾的反映，若以消除矛盾为目标，结果可能只会导致冲突的进一步加剧。因为平等与和谐都只有相对的意义。……历史是人类的总体活动，必须同时考虑平衡协调人与自然、人与社会以及人性本身的所有关系。作为学术研究，与其刻意追求某一方面，不如揭示这种复杂性本身。"[1]

　　从某种意义上说，性别研究离不开两性关系，关注面自然也不能脱离人类社会的基本矛盾，因此在研究近代潮汕的信教妇女——福音姿娘的过程中，也不能单纯站在外国传教士与当地信徒、男性与女性、单身女性与已婚妇女等任一角度进行考察，而应该注意并呈现其各方面的复杂性。本书以男性人口流动性强的近代潮汕社会为背景，展示了留守女性在教会影响下的自主选择。在承认传教士提升了女性的知识与技能的前提下，应当看到潮汕女性在接受西式教育后所产生的思想观念或行为模式的变化，这

1　桑兵：《近代中国女性史研究散论》，《近代史研究》，1996 年第 3 期，第 274—275 页。

一转变不可避免地受到了传统上以男子为社会、家庭中心的性别观的制约。令人深思的是，即使改变已悄然发生，但大多数潮汕女性本身仍然认同或屈服于这种具有男性权威色彩的性别观。从某一方面体现了桑教授所说，近代中国"女性的形象、位置与意识，除女性自我意识外，与男性的意向、认识息息相关，以往的男性中心即包含了女性的认同，或者说是在男性中心意识支配下的服从"[1]。而女性的改变唯有在避免挑战男权，或者在男权的认可下，才有可能顺利进行。否则，就只有走向冲突乃至决裂。

潮汕地区的知识阶层深受儒家伦理的影响，以男权为中心的宗族组织长期而强势的存在，加强了女性依附、从属的地位。因此教会在潮汕发展女信徒时，通常先从发展男信徒入手。一般来说，如果男性户主选择皈依基督宗教，其家族中的女性亲属更容易跟随入教，通过皈依男性从而达到皈依其女性亲属是教会发展女信徒的主要策略。反之，如果男性坚持以儒家伦理和其他民间信仰为宗，则也会阻碍家族女性的皈依。潮汕地区不少家庭的男户主长期出洋，这在一定程度上放松了对女性亲属、特别是其妻子的束缚，使她们在信仰的选择上具有了较大的自主权。各个西方传教会正是利用了潮汕社会的这一特点，积极在留守妇女中发展信徒。确实有不少事例表明，在对教会有了一定接触后，一些留守妇女会趁丈夫出洋之机主动加入教会。至于寡妇同样是教会发展信徒的目标人群，因为她们受夫权的羁绊更少，相对来说，比留守妇女拥有更大的自主权。

基督宗教使潮汕姿娘过上了不同以往的生活，这不仅指宗教信仰层面的精神生活，在很多时候信教更意味着一种新的生活方式。即通过接受教会的教育和技能培训，福音姿娘能够凭借一技之长自我谋生，在一定程度上实现经济自立。这一点对于激发其自我意识显然具有重要的作用。在潮汕地区，女传道是教会培养的具有现代意义的职业妇女。这一职业除过具有谋生的作用，更使她们在教团中得到承认和尊重。还有从西方女传教士那里学到的抽纱技艺，不但对从事该业的教内外女性具有经济生活上的独

1　桑兵：《近代中国女性史研究散论》，《近代史研究》，1996 年第 3 期，第 274 页。

立作用，更深刻影响了近代潮汕地区的经贸发展与社会变迁。

女传道和抽纱女工这些新职业并没有对男权构成挑战。尽管女传道能游走到她们不熟悉的环境布道，影响社会基层的少数信徒。但事实上，她们在男性主宰的教团政治中仍处于边缘地位。为了避免触犯年轻妇女在公共场合活动的禁忌，很多抽纱女工宁愿选择在家工作。另一方面也要承认，教团内部的这些职业为潮汕妇女创造了新的就业机会，也为妇女的解放创造了新的可能性，不少女性利用这些就业机会建立起新的身份认同，并小心翼翼地确保不与男权发生冲突。更确切地说，新的职业给她们带来的改变，如经济状况的改善、知识与见识的提升、生活习惯的改变等，也得到了男同胞们的欢迎。因为成为一名合格的福音姿娘意味着比教外女性接受更多的教育与家政训练，经济上更自立，更能为家庭克己奉献。

从传教士的层面说，由于来自不同的国家，出身于不同的教会背景，在潮汕扎根的几个教会在教义的解释和教会的管理上各有自己的性别传统。关于妾制问题的讨论是展示这种差异的极佳例子。瑞士巴色会、英国长老会和巴黎外方传道会都在一定程度上容忍妾在基督化家庭中的存在。但对于是否将妾分离一事上，这三个传教会有各自的评判标准：瑞士巴色会将决定权给予丈夫，英国长老会则让妾自己决定，而法国天主教会则将决定权给予正妻。给予丈夫决定权是巴色会体制内一贯强调男性权威的反映。当然，不同的处理方法也源于天主教与基督教对婚姻的不同态度。虽然基督宗教视婚姻的专一性（单偶制）为神圣缔结的婚姻的核心，但婚礼在天主教中被视为七件圣事之一，在天国中得到确认。因此天主教极为看重婚姻的永久性，离婚不被天主教会所允许，而基督教会只是将离婚视为犯罪。

晚清时期，潮汕各教会率先在教团内部引入婚姻永久性和专一性的新观念。但由于在娶妾、休妻等问题上，教会的婚姻观与《大清律例》中的婚律相背离，使得教团内部出现一定程度的排斥反应，离婚、娶妾等违例婚案时有发生。信徒对新婚姻观的适应和接受需要一个长期的过程，而教会对当地的习俗也并非毫不妥协。以娶妾为例，教会后来接纳了一些信教前便已娶妾的士绅和富商，以换取他们对教会事业的支持。教会的婚姻条规对妇女也起到一定程度的保护作用，在参与处理一些婚姻纠纷时，教会也有效地限制了丈夫对妻子任意处置的权力。尽管如此，新教和天主教会并不想挑战潮汕社会的男性权威。信教妇女在基督化家庭中的克己奉献与儒家伦理对妇女在家庭中的角色要求在很多方面并无冲突，对家庭中的夫权也并不构成挑战。

一些丈夫长年出洋的留守妇女从教会宣扬的婚姻观中看到了追求幸福婚姻的新希望。她们中不乏撇开丈夫，缔结新的婚姻者，这也导致了晚清时期长老会教团内部"一女嫁二男"的重婚案件不断涌现。如果不了解在近代潮汕人口迁徙大潮中，过番男性常年居留海外与养"二头家"现象（即国内一个家，海外一个家）的普遍，大概很难体会大批留守妇女长年隐忍等待的痛苦，从而将女性的重婚案例归结于教会对女性解放的过度，纵容了女性的不忠。当然，造成婚姻危机的原因多种多样，丈夫长年不归或许不能成为女性弃夫另嫁的完全理由。因此，教会也会根据实际情况限制一些留守妇女的轻率行为。

作为宗教团体，教会除了开办教育、医疗、慈善等事业外，也参与到经济生产活动中。潮汕教会与抽纱业的关系非常密切。抽纱技艺在19世纪80年代中期由女传教士传入，20世纪20年代在教会内外的妇女中广泛流行。潮汕的各基督教派、宗派之间相互借鉴成功的经验也反映在抽纱业的经营上。美国浸信会和巴黎外方传道会由教会出面组织生产，而英国长老会则让信徒自主经营。这个例子再次展示了教派差异并不是区分西方教会社会影响力的天然界限。抽纱制品在20世纪20年代发展为潮汕地区最重要的出口商品，并改变了当地20世纪的经济图景。该行业实行的是前工业时代的放工制，清晰地展示了性别间的合作与分工：妇女在家做抽纱，而男性作为放工员到各乡镇分发原材料并收回成品，或任洋行中的买办，或经营自己的抽纱公司。富有冒险精神的潮汕商人甚至沿着劳工移民的路线到上海、香港和其他沿海或内陆口岸设立抽纱工厂。这一商贸网络与20世纪初逐渐形成的人口迁徙路线相重叠，甚至推动了该路线的形成。而潮汕抽纱业的进出口线路与国内抽纱从业人员的流动，也将潮汕地区纳入国内与世界经济的体系之中。

综上所述，在晚清民国这一在政治和社会领域发生着深刻变革的时代，西方教会是激发潮汕妇女重新思考她们在家庭和社会中所处地位的重要因素。就婚姻与职业而言，在家庭中与丈夫享有人格上的平等，在社会上有立身处世的一技之长可以说是近代潮汕福音姿娘向往的两个目标。她们从教会的宣传和实践中看到了达成目标的希望，特别是那些出现感情危机的女性、失去丈夫的寡妇和丈夫长期在外的留守妇女。在精神上，基督宗教倡导的大爱能带给她们精神慰藉；在生活上，她们还能在教会中找到均为天父儿女的兄弟姐妹，在教团活动中排遣寂寥的生活。最重要的是，她们也能从教会的教育和技能培训中学到一技之长，在经济上实现一定程度的自立。

　　由此可见，宗教、婚姻与职业三者在信教妇女的生活中紧密结合在一起：信教使她们对婚姻有了新的理解和期待，也带给她们新的谋生手段；而她们在婚姻和职业上的新体验又反过来确定或坚定了她们的宗教信仰。从这个角度讲，新教与天主教、新教各宗派在教义上的差异对她们来说，也许并不是很重要。关键在于，当她们想与过去的生活决裂、或者改变现状时，基督宗教带来的新的制度、观念以及环境向她们展示了信教即可改变的一种可能性。

参考文献

一、档案、报刊、地方志等资料

1. 中文资料

（1）汕头市档案局

英国长老会中文档案：

潮惠长老大会记事册（1881—1926）

岭东长老大会记事册（1928—1933）

汕头长老大会记事册（1900—1914）

汕头长老中会记事册（1914—1933）

汕头长执会记事册（1881—1935）

长老会汕头堂名录（档案号：12—11—18）

《潮惠长老教会公例》，上海美华书馆排印，1907年。

《中华基督教会岭东大会公例》，汕头圣教书局印，1934年。

《中华基督教会岭东大会会章（暂行试用）》，1948年。

《盐灶堂会百年纪念刊》，中华基督教会盐灶堂会编印，1949年。

《拜真活神的诗》。

《岭东浸信会七十周年纪念大会特刊》，岭东浸会干事局出版，1932年。

《岭东嘉音：岭东浸信会历史特刊》，中华基督教岭东浸信会干事局发行，1936年。

《香港浸信教会妇女部六十周年纪念特刊》，香港浸信教会，1978年。

《汕头礐石堂建堂八十周年暨复堂三十周年纪念册 1930—2010》

《大圣若瑟九日敬礼经文》

《圣诞九日敬礼经文》

《圣女小德肋撒九日敬礼经文》

《圣若望鲍斯高九日经》

《圣母无原罪九日敬礼经文》

《圣教会古新经》，澳门主教罗准，香港副主教戴准。

高司铎（Chanoine Glorieux）著、狄守仁司铎编译：《天主教教义提纲》，1941年4月24日。

《圣教理证》，上海土山湾印书馆印，1936年第十版。

吴立乐：《浸会在华布道百年史略》，中华浸会书局，1936年。

以上二册见王美秀、任延黎主编、中国宗教历史文献集成编纂委员会编纂：《东传福音》，黄山书社，2005年。

抽纱档案：

汕头抽纱公会文件，1929年1月5日。（档案号：12—9—415）

汕头抽纱业工业同业会会员名册，1948年10月30日。（档案号：12—9—351）

汕头市抽纱特产改善意见书，1947年7月26日。

《潮汕抽纱业近况》，《（香港）华侨日报》，1949年1月17—18日。

《我国花边工业概况》，《工商日报》，1949年6月12日。

温洒凡：《潮安的抽纱刺绣业》，《联合日报》，1949年6月26日。

汕头市抽纱工业同业公会：《潮汕抽纱手工业之今昔概述》，1950年。

潮汕抽纱公司档案小组编：《潮汕抽纱发展史和基本情况》，1959年。

马育航：《民国十年变——汕头近况之一斑》，1921年。

（2）汕头市基督教三自爱国会

《基督教香港崇真会 150 周年纪念特刊 1947—1997》，基督教香港崇真会，1997 年。

《基督教香港崇真会 160 周年特刊 1947—2007》，基督教香港崇真会，2009 年。

《汕头市基督教志（征询稿）》，汕头市基督教志编写组（郑少怀、黄鸿烈、罕翀、陈英豪暨其他同工），1988 年。

（3）莱顿大学汉学院

郭士立藏书：

陈孙日记（Gutz 109 Ⅰ）。

李员日记（Gutz 109 Ⅱ）。

陈兑日记（Gutz 109 Ⅲ）。

林克贞：《指迷津论》，群带路藏板，1849 年。（Gutz 98a, b）

为仁者：《真道入门》，群带路藏板，1849 年。

为仁者：《奉劝真假人物论》，群带路藏板，1849 年。

为仁者：《创世传注》，群带路藏板，1850 年。

为仁者之女纂：《以来者言行纪略》，道光二十九年（1849 年）重镌。

陈乙山：《辟邪归正论》，广州：美华浸信会印书局刊，1923 年。

《女徒镜》，巴色会藏板，1916 年。

《巴色圣会规条》，1874 年。

罗马拼音潮州方言《圣经》：

《马可福音》（William Duffus, on the basis of Rudolf Lechler），1877 年。

《创世记》（Romanized dialect, EPM, by William Duffus and John Gibson, 1888, 1896）。

《约拿书》，1888 年。

《雅各书》，1888 年。

《马太福音》，1889 年。

《马可福音》，1890 年。

《约翰福音》，1891 年。

《救主耶稣基督个新约全书上卷（从马太到使徒），1892 年第一版，1924 年第二版，Swatow: English Presbyterian Mission Press, 1924。

《路加福音》，1893 年。

《腓立比书、歌罗西书》，1893 年。

《帖撒罗尼迦前后书》，1893 年。

《提摩太前后书、提多、腓立门》，1894 年。

《诗篇》，1894 年。

《约翰一、二、三书，犹大书》，1894 年。

《彼得前后书》，1895 年。

《哈该书、撒迦利亚、玛拉基》，1895 年。

《加拉太书、以弗所书》，1896 年。

《撒母耳记下》，1898 年。

（4）莱顿，荷兰皇家语言、风土与民俗研究所（Koninklijk Instituut voor Taal–, Land– en Volkenkunde, 简称 KITLV）

汕头周边的地图（14 幅，约 1.5 米 ×1 米），英国长老会的烈伟廉医生（Dr. William Riddel）在同事汲约翰牧师（Rev. John Campbell Gibson）和美国北浸信会的老耶士摩牧师（Rev. William Ashmore Sr.）的协助下绘制，地域涵盖了粤东、赣南、闽西，西至海丰县的平海，1899 年在英国伦敦的 Mc. Corquodale 刊印。

（5）其他文献

吴雨三致女儿吴韵香家书（吴晓峰先生收藏）

《大清律例通考》

《岭东日报·潮嘉新闻》

《潮声》

《女子世界》

《妇女时报》

《妇女鉴》

《妇女杂志》

前述四份妇女杂志见《中国近现代女性期刊汇编》，线装书局，2006 年。

《女铎报》。

饶宗颐：《潮州志》，潮州修志馆，1949 年。

中华续行委办会调查特委会编：《中华归主：1901—1920 年中国基督教调查资料》，中国社会科学出版社，1987 年。

孙寒冰主编：《广东省揭阳县榕城镇志》，榕城镇地方志编纂办公室，1990 年。

澄海县地方志编纂委员会：《澄海县志》，广东人民出版社，1992 年。

揭阳县地方志编纂委员会：《揭阳县志》，广东人民出版社，1993 年。

潮阳市地方志编纂委员会：《潮阳县志》，广东人民出版社，1997 年。

张海鸥编著：《谷饶乡志》，潮汕文化对外交流中心、泰国潮阳谷饶乡张氏亲族会出版，2001 年。

惠来县地方志编纂委员会：《惠来县志》，新华出版社，2002 年。

中国第一历史档案馆编：《清中前期西洋天主教在华活动档案史料》，中华书局，2003 年。

2. 外文资料

（1）莱顿大学总图书馆

China : Verzameling van stukken betreffen de prediking van het evangelie in China en omliggende landen（中国：中国及其周边国家福音传播资料汇编），Nijmegen: C. Ten Hoet, 1852–1860，共 9 卷。

（2）巴黎, 巴黎外方传道会神学院档案室

http://archives.mepasie.org/

Rapport annuel des évêques de Kouang-Tong (1876–1914)

Rapport annuel des évêques de Swatow (1915–1939)

Notice biographique

Notice nécrologique

Les Missions Catholiques: Bulletin Hebdomadaire Illustré de L'Oeuvre de la Propagation de la Foi, Lyon (Bureaux des Missions Catholiques), Paris (Victor Lecoffre, Libraire-Éditeur) and Bruxelles (Société Belge de Librairie).

Bulletin de la Société des Missions-Étrangères de Paris

（3）香港浸会大学图书馆特藏部

英国长老会、美国浸信会英文档案：

History of the Women's Missionary Association, 1899.

Records of the Swatow Women's Missionary Association Council (1904–1915).

Giedt, Emanuel H., "Early Mission History of the Swatow Region through down to the Present for the American Baptist Mission", unpublished manuscript, 1946.

（4）英国伦敦大学亚非学院

Congregational Rolls for Use in the Swatow Mission, Swatow: the English Presbyterian Mission Press, 1885.

Report of the Swatow Girls' School, 1932–1935.

Swatow Women's School Report, 1932–1936.

Report of Biblewomen's Work in the Swatow and Chaochowfu Field, 1932–1933.

Swatow Biblewomen's Work, 1934, 1937.

Report on Women's Evangelistic Work, 1932, 1936.

Swatow Women's Day School. Report for 1937 and 1938.

Women's Training School, Swatow. Report for 1938.

Swatow Mission Council. Memorandun on Closing of the Sok Tek School, Swatow, 15th May, 1937.

Report of W.M.A. Work in the Swabue Field, 1933.

Swabue. Report for 1936, Women's work.

Swabue Girls' School, 1936.

Report on Women's Evangelistic Work in Swabue, 1937.

Report on Swabue Girls' School, 1937.

Swabue Women's Evangelistic Work, 1938.

Jubilee History of the Women's Misisonary Association, 1878–1928, W.M.A. of the Presbyterian Church of England.

William Gauld, John C. Gibson, *The Chinese Highlanders and the Gospel: A Sketch of Mission Work among the Hakka of the Swatow Region*, Edinburgh: Religious Tract & Book Society, Glasgow: D. Bryce & Son, 1882.

Mary V.D. Paton, *Hullo, Hakkaland: Talks and Stories for Boys and Girls*, London: Foreign Missions and Welfare of Youth Committees of the Presbyterian Church of England.

英国长老会的旧照片。

（5）美国浸信会档案馆

Annual report of the Woman's Baptist Missionary Society of the West

（6）美国南加州大学的传教会网上图片库

http://digitallibrary.usc.edu/cdm/landingpage/collection/p15799coll123

二、论著

1. 中文

北京潮人人物志编委会：《北京潮人人物志》，北京：中国物资出版社，1996年。

蔡鸿生：《尼姑谭》，广州：中山大学出版社，1996年。

蔡锦图：《在元始就有道：汕头话圣经的翻译和流传》，载邢福增、李凌瀚主编：《潮汕社会与基督教史论》，汕头：汕头大学出版社，2012年。

蔡香玉：《汲约翰的潮汕方言研究及其历史文化价值》，《潮学研究》第十四辑，广州：花城出版社，2008年。

蔡香玉：《岭东浸会吴雨三的教女经》，《广东社会科学》，2013年第1期。

蔡香玉：《潮汕教会与"八二风灾"救济》待刊。

蔡志祥：《出阁：乾泰隆土地及商业文书所见的清末民初的潮汕妇女》，《潮学研究》第十四辑，广州：花城出版社，2008年。

陈春声：《近代汕头城市发展与韩江流域客家族群的关系》，《潮学研究》新一卷第3期，2011年。

陈逎曾、黎思复、邬庆时：《"自梳女"与"不落家"》，原刊于《广东文史资料》第十二辑，重刊于《广东文史资料精编》，北京：中国文史出版社，2008年。

陈历明：《饶宗颐先生谈潮学研究》，《潮学研究》第五辑（饶宗颐教授八十华诞颂寿专辑），汕头：汕头大学出版社，1996年。

陈历明：《外来文化的渗透》，《潮汕史话》，广州：广东旅游出版社，1992年。

陈佩衡：《清末蕉岭县教案始末》，原载于《广东文史资料》第八辑，重刊于《广东文史资料精编》，北京：中国文史出版社，2008年。

陈启川：《潮汕第一位女校长》，载政协潮州市委员会文史编辑组编：《潮州文史资料》第15辑，1995年。

陈泽泓：《潮汕文化概说》，广州：广东人民出版社，2001年。

陈泽霖：《基督教长老会在潮汕——英国长老会传教入潮汕的情况》，原载于《广东文史资料》第八辑，重刊于《广东文史资料精编》，北京：中国文史出版社，2008年。

陈万序：《澄海天主教》，2006年。

陈卓凡：《潮汕抽纱业的起源及其概略》，原载于《广东文史资料》第二十辑，重刊于《广东文史资料精编》，北京：中国文史出版社，2008年。

陈卓坤：《潮汕文化摭谈》，北京：九州出版社，2009年。

杜式敏：《从潮汕侨批看海外潮人的女性观》，《汕头大学学报（人文社会科学版）》，2005年第3期。

杜式敏：《[19]20年代的基督教会女校——以汕头淑德女校为例》，汕头大学硕士学位论文，2005年。

杜松年：《潮汕大文化》，北京：中国科学技术出版社，1994年。

范若兰：《允许与严禁：闽粤地方对妇女出洋的反应1860—1949年》，《华侨华人历史研究》，2002年第9期。

方豪：《方豪文集》，北平：上智编译馆，1948年。

房建昌：《汕头的天主教区和外来基督教新教述略》，《汕头文史》第十六辑，1998年。

费孝通：《乡土中国》，北京：北京大学出版社，1998年。

关山：《一封请示函救活一个行业》，《中国海关》，2005年第6期。

郭马风、魏影秋：《潮汕美术陶瓷与刺绣抽纱》，广州：花城出版社，1999年。

胡卫清：《近代潮汕地区基督教传播初探》，《潮学研究》第九辑，广州：花城出版社，2001年。

胡卫清、姚倩璞：《圣俗之间：近代潮汕地区的基督徒与教会》，《韩山师范学院学报》，2001年第4期。

胡卫清：《国家与教会——汕头基督教教会的自立与分离》，《第五届潮学国际研讨会论文集》，2005年。

胡卫清：《苦难的模式：近代岭东地区女基督徒的传道与证道》，载陶飞亚编：《性别与历史：近代中国妇女与基督教》，上海：上海人民出版社，2006年。

胡卫清：《基层教会与乡村政治：岭东长老会黄冈堂驱逐教牧事件解读》，载吴义雄主编：《地方社会文化与近代中西文化交流》，上海：上海人民出版社，2010年。

胡卫清：《史料与视角——岭东长老会中文档案之价值解析》，《潮学研究》第十四辑，广州：花城出版社，2008年。

胡卫清：《苦难与信仰：近代潮汕基督徒的宗教经验》，北京：生活·读书·新知三联书店，2013年。

黄达修：《汕头华英学校历次学潮与反英斗争》，《广东文史资料精编》，北京：中国文史出版社，2008年。

黄光域编著：《外国在华工商企业辞典》，成都：四川人民出版社，1995年。

黄一农：《两头蛇》，上海：上海古籍出版社，2006年。

康维国：《抽纱大王翁锦通》，《企业研究》，1996年第4期。

康志杰：《基督的新娘——中国天主教贞女研究》，北京：中国社会科学出版社，2013年。

柯宇丹：《试论对潮汕抽纱工艺的保护与传承》，《惠州学院学报（社会科学版）》，2010年第1期。

柯宇丹：《潮汕抽纱工艺的艺术特征探析》，《艺术探索》，2010年第1期。

李德纲：《建国前后汕头市唯一的女子学校——私立晨星女子中学》，《汕头文史》第九辑，1991年。

李金强：《自立与关怀——香港浸信教会百年史 1901—2001》，香港：商务印书馆，2002年。

李金强：《同乡、同业、同信仰——以"旅港潮人中华基督教会"为个案的研究 1923—1938》，载吴义雄主编：《地方社会文化与近代中西文化交流》，上海：上海人民出版社，2010年。

李金强、陈洁光、杨昱升：《福源潮汕泽香江：基督教潮人生命堂百年史述 1909—2009》，香港：商务印书馆，2009年。

林美玫：《妇女与差传：19 世纪美国圣公会女传教士在华差传研究》，北京：社会科学文献出版社，2011 年。

林朝虹、林伦伦：《全本潮汕方言歌谣评注》，广州：花城出版社，2012 年。

林中泽：《晚明中西性伦理的相遇》，广州：广东教育出版社，2003 年。

刘理之、王杏元主编：《揭阳乡土录》，1984 年。

卢继定：《潮汕刺绣与抽纱》，《中华手工》，2006 年第 5 期。

卢继定：《汕头抽纱史上重要的普通人》，《汕头日报》，2007 年 6 月 21 日。

卢继定：《潮州对潮汕抽纱事业的贡献》，《潮州日报》，2009 年 11 月 25 日。

卢位凡、吴晓峰：《吴雨三、吴泽庵书画集》，揭东文联出版，2003 年。

罗家辉：《基督教早期在华传播模式——郭士立与汉会再研究 1844—1851》，中山大学硕士学位论文，2008 年。

罗香林：《客家源流考》，北京：中国华侨出版公司，1989 年。

马建石、杨育棠主编：《大清律例通考校注》，北京：中国政法大学出版社，1992 年。

欧阳英：《建国前梅州的三大宗教及其活动》，《梅州文史》第三辑，1990 年。

潘光旦：《中国之家庭问题》，载李文海、夏明芳、黄兴涛编：《民国时期社会调查丛编·婚姻家庭卷》，福州：福建教育出版社，2005 年。

齐白石：《白石老人自述》，济南：山东画报出版社，2007 年。

桑兵：《近代中国女性史研究散论》，《近代史研究》，1996 年第 3 期。

《汕头开埠及开埠前后社情资料》（《潮汕历史资料丛编》第 7 辑），潮汕历史文化研究中心、汕头市文化局、汕头市图书馆，2003 年。

石干、刘咏兰：《历史的褒奖——潮人抽纱行业与印花手帕业掠影》，《潮人先辈在上海》，汕头：潮汕历史文化研究中心、汕头大学潮汕文化研究中心，2001 年。

石遇瑞：《旧时的潮州歌册》，载潮州市地方志办公室编：《新韩江闻见录续编》，1999 年。

苏精：《基督教与新加坡华人 1819—1846》，新竹：（台湾）清华大学出版社，2010 年。

汤泳诗：《一个华南客家教会的研究——从巴色会到香港崇真会》，香港：基督教中国宗教文化研究社，2002 年。

田汝康：《17—19 世纪中叶中国帆船在东南亚洲》，上海：上海人民出版社，1957 年。

王新宇：《民国时期婚姻法近代化研究》，北京：中国法制出版社，2006 年。

佚名：《清道光咸丰同治年间揭阳社会动乱情况》，《揭阳文史》，1995 年第 1 辑。

魏秋影、伊琳编著：《潮汕姿娘》，广州：暨南大学出版社，2012 年 7 月。

吴义雄：《开端与进展——华南近代基督教史论集》，台北：宇宙光出版集团，2006 年。

吴至信：《最近十六年之北平离婚案》，载李文海、夏明芳、黄兴涛编：《民国时期社会调查丛编·婚姻家庭卷》，福州：福建教育出版社，2005 年。

萧乾：《梦之谷》，广州：广东人民出版社，1981 年。

杨坚平：《潮绣抽纱》，广州：广东人民出版社，2005 年。

杨立新点校：《大清民律草案·民国民律草案》，长春：吉林人民出版社，2002 年。

余世和：《追求完美的女企业家——记饶平信荣织造有限公司董事长黄惜荣》，《潮商》，2008 年第 1 期。

詹益建：《潮人在沪的抽纱业》，《汕头史志》，1995 年第 4 期。

2. 英文

Ahn, Sung Ho (Daniel), "The historical divergent viewpoints on ancestor worship of the China missionaries in the Shanghai missionary conferences in 1877, 1890 and 1907", Consultation and Cooperation in the History of Missions: A conference co-sponsored by the

University of Edinburgh, Yale Divinity School, and the Overseas Ministries Study centre, New College, Edinburgh, July 1-3, 2010.

Ashmore, Lida Scott, *The South China Mission of the American Baptist Foreign Mission Society: A historical Sketch of its First Cycle of Sixty Years*, Shanghai: printed by Methodist Publishing House, 1920.

Ashmore Sr., William, *Swatow Grammar Book*, Swatow: English Presbyterian Mission Press, 1884.

Band, Edward, *Working His Purpose Out: The History of the English Presbyterian Mission, 1847-1947*, London: Publishing office of the Presbyterian Church of English, 1948. Reprint, Taipei: Ch'eng-wen Publishing Company, 1972.

Bays, Daniel H., "The Growth of Independent Christianity in China, 1900-1937", in Daniel H. Bays ed., *Christianity in China: From the Eighteenth Century to the Present*, Stanford, California: Stanford University Press, 1996.

Boylan, Anne M. "Evangelical Womanhood in the Nineteenth Century: The Role of Women in Sunday School", *Feminist Studies*, 4, 1978.

British Parliamentary Papers, Commercial Reports of Swatow, 1865-1909.

Cai, Ellen Xiang-yu, "The Itinerant Preaching of Three Hoklo Evangelists in Mid-19th-century Hong Kong", *Itinerario: International Journal on the History of European Expansion and Global Interaction*, 2009, 3, pp.113-134.

Choi Chi-Cheung, "Reinforcing Ethnicity: The Jiao Festival in Cheung Chan", David Faure & Helen F. Siu eds., *Down to Earth: The Territorial Bond in South China*. Stanford: Stanford University Press, 1995.

Cohen, Paul A., *China and Christianity: The Missionary Movement and the Growth of Chinese Antiforeignism, 1860–1870*, Cambridge, Massachusetts/London, England: Harvard University Press, 1963.

——, *Discovering History in China: American Historical Writing on the Recent Chinese Past*, New York: Columbia University Press, 1984.

Duara, Prasenjit, "The Regime of Authenticity: Timelessness, Gender, and National History in Modern China", *History and Theory*, Vol.3, Issue 3, October 1998, pp.287–308.

Dunch, Ryan, "Christianizing Confucian Didacticism: Protestant Publications for Women, 1832–1911", *Nan Nü*, 11,2009, pp.65–101.

——, "Mothers to Our Country: Conversion, Education, and Ideology among Chinese Protestant Women, 1870–1930", in Jessie G. Lutz ed., *Pioneer Chinese Christian Women*, Bethlehem: Lehigh University Press, 2010.

Ferguson, Duncan, "Relation of Converted Polygamists to Christianity", *The Chinese Recorder*, Vol. XXXVII, 1906.

Fielde, Adele Marion, *Dictionary of Swatow Dialect*, Swatow: 1875.

——, "The training and work of native female evangelists", *Records of the General Conference of the Protestant Missionaries of China,* 1877.

——, *First Lessons in the Swatow Dialect*, Swatow: Swatow Printing Office, 1878.

——, *Pronouncing and Defining Dictionary of the Swatow Dialect*, Shanghai: American Presbyterian Mission Press, 1883.

——, *Pagoda Shadows:Studies from Life in China*, London: T. Ogilvie Smith, 1887.

——, *Chinese Nights' Entertainment: Forty Stories Told by*

Almond-eyed folk Actors in the Romance of "The Strayed Arrow",
New York: 1893.

——, A Corner of Cathay: Studies from Life among the
Chinese, New York/London: McMillan & Co., 1894.

——, Chinese Fairy Tales, New York/London: The Knickerbocker
Press, 1912. (reissue of Chinese Nights' Entertainment)

Freedman, Maurice, The Study of Chinese Society: Essays,
Selected and Introduced by G. William Skinner, Stanford, California:
Stanford University Press, 1979.

Gammell, William, A History of American Baptist Missions in
Asia, Africa, Europe and North America, Boston: Gould, Kendall
and Lincoln, 1849.

Gernet, Jacques, La Vie Quotidienne en Chine: À La Veille de
L'Invasion Mongole, 1250-1276, Paris: Hachette, 1959.

Giles, Herbert A. Elementary Chinese (San Tzu Ching),
Shanghai: Messrs Kelly & Walsh, Ltd, 1910.

Gordon, Beverly, "Spinning Wheels, Samplers, and the
Modern Priscilla: The Images and Paradoxes of Colonial Revival
Needlework", Winterthur Portfolio 33:2/3.

Graham, Gael, Gender, Culture, and Christianity: American
Protestant Mission Schools in China, 1880-1930, New York: Peter
Lang Publishing, Inc., 1995.

Griffiths, Valerie, "Biblewomen from London to China: the
transnational appropriation of a female mission idea", in Deborah
Gaitskell and Wendy Urban-Mead, Transnational Biblewomen:
Asian and African women in Christian mission, 2008, pp.521-541.

Herman, Theodore, "Cultural Factors in the Location of the
Swatow Lace and Needlework Industry", Annals of the Association of
American Geographers, Vol. 46, No. 1, Mar., 1956.

Hood, George A., *Mission Accomplished? The Presbyterian Mission in Lingtung, South China*, New York: Lang, 1986.

Hunter, Jane, *The Gospel of Gentility: American Women Missionaries in Turn-of-the-Century China*, New Haven/London: Yale University Press, 1984.

Irick, Robert L., *Ch'ing Policy toward the Coolie Trade: 1847–1878*, Chinese Materials Center, 1982.

Johnston, James, *China and Formosa: The Story of the Mission of the Presbyterian Church of England*, London: Hazell, Watson, & Viney, Ld. 1, Creed Lane, Ludgate Hill, 1897.

Kent, Eliza F., *Converting Women: Gender and Protestant Christianity in Colonial South India*, New York: Oxford University Press, 2004.

King, Marjorie, "Exporting Femininity, Not Feminism: Nineteenth-Century U.S. Missionary Women's Efforts to Emancipate Chinese Women", in Leslie A. Flemming ed., *Women's Work for Women: Missionaries and Social Change in Asia*, Boulder/San Francisco/London: Westview Press, 1989.

Klein, Thoralf, *Die Basler Mission in Guangdong (Südchina) 1859—1931*, München: Iudicium, 2002.

Kwok Pui-lan, *Chinese Women and Christianity 1860–1927*, Atlanta / Georgia: Scholars Press, 1992.

Lechler, Rudolf, William Duffus revised, *English-Chinese Vocabulary of the Vernacular of Spoken Language of Swatow*, Swatow: English Presbyterian Mission Press, 1883.

Lee, Joseph Tse-Hei, "The Overseas Chinese Networks and Early Baptist Missionary Movement across the South China Sea", *Historian*, 63, Summer 2001, pp.753–768.

——, *The Bible and the Gun: Christianity in South China*,

1860-1900, New York: Routledge, 2003.

——, "Gospel and Gender: Female Christians in Chaozhou, South China", in Jessie G. Lutz ed., *Pioneer Chinese Christian Women*, Bethlehem: Lehigh University Press, 2010.

——, "Preaching (传 chuan), Worshipping (拜 bai), and Believing (信 xin): Recasting the Conversionary Process in South China", in Richard Fox Young and Jonathan A. Seitz eds., *Asia in the Making of Christianity: Conversion, Agency, and Indigeneity, 1600s to the Present*, Leiden, Boston: Brill, 2013.

Li, Ji, *Becoming Faithful: Christianity, Literacy, and Female Consciousness in Northeast China, 1830-1930*, A dissertation submitted in partial fulfillment of the requirements for the degree of Doctor of Philosophy (History) in The University of Michigan, 2009.

Ling, Oi Ki, "Bible women", in Jessie G. Lutz ed., *Pioneer Chinese Christian Women*, Bethlehem: Lehigh University Press, 2010.

Lutz, Jessie G., and Lutz, Rolland Ray, *Hakka Chinese Confront Protestant Christianity, 1850—1900*, Armonk, New York: M. E. Sharpe, 1998.

——, "The Dutch Foundation of the Gützlaff Mission in China", in W.F. Vande Walle, Noël Golvers eds., *The History of the Relations between the Low Countries and China in the Qing Era (1644-1911)*, Leuven: Leaven University Press, 2003.

Lutz, Jessie G., *Opening China: Karl F. A. Gützlaff and Sino-Western Relations, 1827-1852*, Grand Rapids, Michigan: William B. Eerdmans Publishing Company, 2007.

——, ed., *Pioneer Chinese Christian Women*, Bethlehem: Lehigh University Press, 2010.

——, "Women in Imperial China", in Jessie G. Lutz ed., *Pioneer Chinese Christian Women*, Bethlehem: Lehigh University Press,

2010.

Mahoney, Irene, *Swatow: Ursulines in China*, New York: Graphics/Print Production, 1996.

Mann, Caroline, *Catherine Maria Ricketts of Brighton and China*, Women's Missionary Association of the Presbyterian Church of England, 1924.

Maters, Bruce, *Christians and Jews in the Ottoman Arab World: The Roots of Sectarianism*, Cambridge: Cambridge University Press, 2001.

Murre-van den Berg, Heleen, "Protestant Missions and Middle Eastern Women", in Inger Marie Okkenhaug and Ingvild Flaskerud eds., *Gender, Religion and Change in the Middle East: Two Hundred Years of History*, Oxford/New York: Berg, 2005.

——, "'An Inheritance with Sarah'. Women in the Church of the East (1500–1850)", *Internationale Kirchliche Zeitschrift (Neue Folge der Revue Internationale de Théologie)*, 2010(3).

——, "The Study of Western Missions in the Middle East (1820–1920): An Annotated Bibliography", The Year 1996–2006, in press.

Phen, S.T., *Three character classic (San zi jing)*, Singapore: EPB Publishers, 1989.

Planchet, J.-M., *Les missions de Chine et du Japon*, Pékin: Imprimerie des Lazaristes, 1917.

Porterfield, Amanda, *Mary Lyon and the Mount Holyoke Missionaries*, New York/Oxford: Oxford University Press, 1997.

Poujoulat, Elisabeth, *Le mariage dans les chrétientés catholiques en Chine: 1860–1940*, Directeur de thèse: Madame Marianne Bastid-Bruguière, Thèse soutenue le 20 mai 2008, Ecole des Hautes Etudes en Sciences Sociales.

Railton, Nicholas M., *No North Sea: The Anglo-German*

Evangelical Network in the Middle of the Nineteenth Century, Leiden / Boston / Köln: Brill, 1999.

Records of the General Conference of the Protestant Missionaries of China, held at Shanghai, May 10–24, 1877. Shanghai: Presbyterian Mission Press, 1878.

Records of the General Conference of the Protestant Missionaries of China, held at Shanghai, May 7–20, 1890. Shanghai: Presbyterian Mission Press, 1890.

Ricketts, Catherine M., "Best Methods of Reaching the Women", *Records of the General Conference of the Protestant Missionaries of China*, held at Shanghai, May 7–20, 1890. Shanghai: American Presbyterian Mission Press, 1890.

Robert, Dana L., *American Women in Mission: A Social History of their Thought and Practice*, Mercer University Press, 1997. reprinted by McNaughton & Gunn, Inc., 1998.

——, "The 'Christian Home' as a Cornerstone of Anglo-American Missionary Thought and Practice", in Dana L. Robert ed. *Converting Colonialism: Visions and Realities in Mission History, 1706–1914*, Grand Rapids, Michigan/Cambridge, U. K.: William B. Eerdmans Publishing Company, 2008.

Scott, Anna Kay, *An Autobiography of Anna Kay Scott, M. D.*, Chicago: 1917.

Semple, Rhonda Anna, *Missionary Women: Gender, Professionalism and the Victorian Idea of Christian Mission*, Rochester/New York: The Boydell Press, 2003.

Sill, Ulrike, *Encounters in Quest of Christian Womanhood*, Leiden / Boston: Brill, 2010.

Skinner, G. William, *Chinese Society in Thailand: An Analytical History*, Ithaca / New York: Cornell University Press, 1957.

Speicher, Jacob, *The Conquest of the Cross in China: American Baptist Mission*, Kityang, South China/New York/Chicago/Toronto: Fleming H. Revell Company, London and Edinburgh, 1907.

Spillett, Hubert W., *A Catalogue of Scriptures in the Languages of China and the Republic of China*, British and Foreign Society, London, 1975.

Stevens, Helen Norton, *Memorial Biography of Adele M. Fielde*, New York/Philadelphia/Chicago/Seattle: The Fielde Memorial Committee, 1918.

Tiedemann, R. G., "Controlling the Virgins: female propagators of the faith and the Catholic hierarchy in China", Deborah Gaitskell and Wendy Urban-Mead, *Transnational Biblewomen: Asian and African women in Christian mission*, 2008, pp.501-520.

——, *Reference Guide to Missionary Societies in China: From the Sixteenth to the Twentieth Century*, Armonk/New York: M.E. Sharpe, 2009.

——, "A Necessary Evil: The Contribution of Chinese 'Virgins' to the Growth of the Catholic Church in Late Qing China", in Jessie G. Lutz ed., *Pioneer Chinese Christian Women*, Bethlehem: Lehigh University Press, 2010.

Wang Dong, "Beginnings of Women's Education at Canton Christian College", in Jessie G. Lutz ed., *Pioneer Chinese Christian Women*, Bethlehem: Lehigh University Press, 2010.

Wang, Peter Chen-main, "Models of Female Christians in Early Twentieth-Century China: A Historiographical Study", in Jessie G. Lutz ed., *Pioneer Chinese Christian Women*, Bethlehem: Lehigh University Press, 2010.

Warren, Leonard, *Adele Marion Fielde: Feminist, Social Activist, Scientist*, London: Routledge, 2002.

White, Chris, "Rescuing Chinese Slave Girls in Republican Xiamen", The 5th International Young Scholars' Symposium on "Christianity and Chinese Society and Culture", December 6-8, 2010.

Wiest, Jean-Paul, "From Past Contributions to Present Opportunities: The Catholic Church and Education in Chinese Mainland during the Last 150 years", in Stephen Uhalley, Jr. and Xiaoxin Wu eds., *China and Christianity: Burdened Past, Hopeful Future*, Armonk, New York/London/England: M. E. Sharpe, 2001.

Wong, Timothy Man-kong, "An Interview with Jessie Gregory Lutz: Historian of Chinese Christianity", *International Bulletin of Missionary Research*, Vol. 30, No. 1, 2006.

Wood, Vanessa, "The Part Played by Chinese Women in the Formation of an Indigenous Church in China: insights from the archive of Myfanwy Wood, LMS missionary", in Deborah Gaitskell and Wendy Urban-Mead eds., *Transnational Biblewomen: Asian and African women in Christian mission*, 2008, pp.597-610.

Wylie, Alexander, *Memorials of Protestant missionaries to the Chinese*, Shanghai, 1867.

附录一　美国浸信会所雇的女传道

史料编号	A. Pagoda Shadows 中提到的名字	B. Pagoda Shadows 第五版四幅肖像画中标出的名字	C. 斐姑娘约1882年写的书信("Annual Letter to Helpers in America")	D.《岭东嘉音：岭东浸信会历史特刊》中的浸信会历史	会友名录					
					姓名	籍贯	受浸年份	受浸时年龄	自述年份	在名录中的编号
1	Aunt Luck				杜瑞	普宁南陇 Nam Leng	1871		自述时 64 岁	215
2、3	Speed（在她的自述中 Snow 也一笔带过）	Speed	Khue Speed		陆快，陈雪花	澄海樟林 Chung Lim	1863 1863	16 45	约1876	38 31
4	Gold Getter		Tit Kim Gold Getter		李得金	揭阳锡场 Silver Plains	1876	40	1879	444
5	Keepsake、在单独发行的自述中，斐姑娘使用的是 A Sui 一名，结集出版时才改用此名	Keepsake			林水	澄海樟林 Chung Lim	1866	38	自述时 54 岁	81
6	Orchid	Orchid			陈惠兰	揭阳王塔 White Pagoda, 或 Peh Tah	1877	27	1880	549

续表

史料编号	A. Pagoda Shadows 中提到的名字	B. Pagoda Shadows 第五版四幅肖像画中标出的名字	C. 斐姑娘约1882年写的书信 ("Annual Letter to Helpers in America")	D. 《岭东嘉音：岭东浸信会历史特刊》中的浸信会历史	会友名录					
					姓名	籍贯	受浸年份	受浸时年龄	自述年份	在名录中的编号
7	Love Fragrant Love（在 Silver Flower 的自述中提到，p.189）	Love 在肖像画 "Tolerance's kin" 中也有 Love		纺惜	吴攀惜	揭阳坎下 Kam E	1874	28	1876	343
8	One Night's Work 在此章一开始便提到 "Minute" 一名，她的家乡是 Peh Tah（白塔，也即王塔）	Minute	Mui, Mue Minute		王美	揭阳王塔	1877	44	1878	551
9	Herb	Herb	Sui Lang Herb	顺梅	吴瑞兰	潮阳巡梅 Sun Bue	1874	47	1877	349
10	Tapestry		Kem Pheng Tapestry	墘埠	林锦平	揭阳墘埠	1877	34		501
11	Out of the Depths Innocent ?		Lao Sit Innocence		林老实	揭阳王塔	1879	45		778
12	The Mists of Morning Long		Long Opulence		丁铃	普宁宁头	1868	41		111
13	Light at Eventide Cress, came from Kui Su, son Kim Kek	Cress	Phie Cress		陈萍	潮阳贵屿 Kui Su	1874	53		329

史料编号	A. Pagoda Shadows 中提到的名字	B. Pagoda Shadows 第五版四幅肖像画中标出的名字	C. 裴姑娘约1882年写的书信("Annual Letter to Helpers in America")	D.《岭东嘉音:岭东浸信会历史特刊》中的浸信会历史	会友名录					
					姓名	籍贯	受浸年份	受浸时年龄	自述年份	在名录中的编号
14	Tolerance	Tolerance and her kin (Lotus, Completeness, Cake, Love and Tolerance)	Yong Tolerance	宝容	黄宝容	潮阳桥头 Kie-thau	1877	39	1880	595
15、16	The Pillars of the Church at South Spur Lily and Treasure	Treasure, Treasure and Lily			黄秀莲,吴真宝	揭阳南陇 South Spur	1878 1879	32 38	1882 Treasure	652 736
17	Silver Flower	Silver Flower	Ngun Hue Silver Flower		吴银花	揭阳坎下 Kam E	1869	44		130
18	Siu Kein (凌姿基提到)				林绣金	揭阳尖浦 即王浦	1868	49		116
知道名字但无传记										
19			Gek Gem		袁玉		1875	59		
20			Chia Rectitude	蔡晶	蔡晶		1881	48		958
21			Gueh Eng Moonlight		朱月英/澳娘		1868	39		104

续表

史料编号	A. Pagoda Shadows 中提到的名字	B. Pagoda Shadows 第五版四幅肖像画中标出的名字	C. 斐姑娘约 1882 年写的书信("Annual Letter to Helpers in America")	D.《岭东嘉音：岭东浸信会历史特刊》中的浸信会历史	会友名录				自述年份	在名录中的编号
					姓名	籍贯	受浸年份	受浸时年龄		
22			Sai Kio Grace		林赛娇		1878	53		616
23			Niu Button		黄钮		1874	75		323
24			Chut Guide		徐糯？ 林祝？	揭阳玉塔	1875 1875	61 44		408 383
25	Pearl, 在 Out of the Depths 一章口提到 (Innocent)		Tien Chu Pearl		林洙珍？	揭阳月城 Kue Sia	1875	44		382
26			Sui Khim Lute		黄瑞琴？		1886	12		1374
27		Builder			彭灶？	揭阳潭前，属锡场	1875	45		388
28				李美凤	李美凤		1883	42		1093
29				萱姆	郑萱		1878	81		654
30				潘奶	潘桃		1881	44		950

附录二　女传道的中英文名辨正

　　在附录一所列四种史料中，第三种对于还原这些女传道的中文名最为关键。在这封信中，斐姑娘既记录了每个女传道的英文名，又用字母拼写该名字的潮州话发音，这使笔者能够初步还原她们的中文名字。并进一步爬梳、比对岭东浸信会会友姓名录，将自述中提到的相关人名、地名、年龄与会友姓名录中的受浸者详细信息和家庭成员等信息进行多方面比对，从而还原这些女传道的真实身份。在这一过程中，可以发现斐姑娘为她的学生起英文名的几条原则。

　　将中文名根据字面的意思直接翻译成英文是斐姑娘命名的第一条原则。例如"快"（Khue）翻译成"Speed"，"得金"（Tit Kim）为"Goldgetter"，"瑞兰"（Sui Lang）为"Herb"，"锦平"（Kem Pheng）为"Tapestry"（20世纪上半叶，孙安美称她为"Golden Peace"，"金平"，实际上指同一人），"老实"（Lao Sit）为"Innocence"，"银花"（Ngun Hue）为"Silver Flower"，"月英"（Gueh Eng）为"Moonlight"。最有趣的名字是将"攀惜"（亦写成"纺惜"）翻译为"Fragrant Love"，或简称"Love"。在19世纪的潮州方言中，"惜"才是"Love"所对应的字，而不是"爱"字（听起来比较新潮、西化）；而"攀"或"纺"的潮汕话读音跟"香"或"芳"相同。"攀惜"才是这位女传道名字最原本的发音，但因第一个字有音无形，只能用同音的"攀"或"纺"代替。"Siu Kein"

对应的名字是"绣金"。在揭阳，只有一部分人将"金"读成"Kein"，另一部分人将其读成"Kim"，比如来自揭阳锡场的"李得金"（Tit Kim）。陈景熙告知，生活在澄海县城到揭阳登冈、炮台一带的人则将"金"字读成"Kin"，因为当地的语音系统中没有合口鼻音韵尾"-m"。

第二条原则是只翻译名字中的一个字。比如"萍"（Phie）为"Cress"，"容"（Yong）为"Tolerance"，只提供了名字中的一个单字，需要自述中其他信息，比如出生的村子、某个亲戚的名字（兄弟、姐妹、丈夫或儿子）、受浸年龄等做参证，才能在会友名录中找到对应的人。比如，Phie（Cress）来自 Kui Su（贵屿），名录中只有"陈萍"一名符合条件；Yong（Tolerance）来自 Kie-thau（桥头），只有"黄宝容"一名符合这个条件。她的弟弟 Po Heng（孙宝兴）、母亲 Lotus（庄莲花）和其他家庭成员的名字均能在会友录中找到。[1] Aunt Luck（杜瑞）一名只有根据自述中提到的出生地 Nam Leng（"南陇"的音译）才找到。"Lily"和"Treasure"可能对应"莲"和"宝"，这两位女传道是邻居，都来自 South Spur（"南陇"的意译），根据这条线索，可以找到"黄秀莲"和"吴真宝"二名。"Gem"（Gek，玉），"Grace"（Sai Kio，赛娇）和"Button"（Niu，钮）是当时女子的常用名字，由于这三人没有自述留下，我只能将名录的搜索范围限定在 1873—1882 年斐姑娘训练女传道的这十年间，得到一个初步的人选，尚不能确定下来。

第三条原则是，斐姑娘为女传道起的英文名有时并不是中文名字的

1　《岭东浸信会会友姓名名录》，《岭东嘉音：岭东浸信会历史特刊》附录：

编号	姓　名	性别	年龄	受浸年份	籍贯
566	孙宝兴（Po Heng）	男	32	1877	揭阳京岗
595	黄宝容（Tolerance）	女	39	1877	潮阳桥头
655	黄宝有（Po U）	男	21	1878	潮阳桥头
662	庄莲花（Lotus）	女	60	1878	潮阳桥头
864	蔡周（Completeness）	女	25	1880	潮阳桥头
1014	黄枝筍（Cake）	女	13	1882	潮阳桥头

意译，而是音译，即英文名对应的汉字与中文名发音近似。比如 Long
（Opulence）—"隆"—"铃"（丁铃），以及 Minute（Mui，或 Mue）—
"微"—"美"（王美）。"Long"是"铃"俚俗的读法，见斐姑娘自己编的
潮汕方言字典。[1]丁铃的两个女儿，"Light Follower"（顺光—姚顺观）和
"Jewelled Branch"（姚玉枝）同样也能在名录中找到。[2]"Mui"也是"美"
的潮州话发音，而斐姑娘用"Minute"（微），同样也发音"Mui"作为她
的英文名，很容易引起误解。因为名录中称为"微"的女性很多。但也
有可能"微"是这位女传道本来的名字，受浸的时候，登记人将它写成
"美"。在 Minute 的自述中，她数次提到"Linden Chapel"（很可能是指
霖田堂），也提到她的一位侄子名叫"Gek"，住在距"Linden Chapel"不
远的一个村子。在名录中，一位来自揭阳古塘乡名为"何玉"的人符合这
个条件。斐姑娘在另外一封信中提到 Peh Tah（白塔）是 Mue 的出生地，
她是当时唯一的客家女传道。[3]当时，白塔的村民向斐姑娘提议，如果能够
从汕头派教师来，他们自己将出所有的费用修建一座礼拜堂。因此，斐姑
娘让 Mue 从附近的布道站到白塔来，由她在这个村子"坐阵"（hold the
fort），教导妇女。[4]根据这条信息，我搜寻籍贯为白塔的人，发现了"王美"
的年龄符合自述中的记载。自述中还提到她的儿子十一岁（1878 年），何

1　Adele M. Fielde, *Pronouncing and Defining Dictionary of the Swatow Dialect*, Shanghai:
　　American Presbyterian Mission Press, 1883, p.362.
2　《岭东浸信会会友姓名名录》，《岭东嘉音：岭东浸信会历史特刊》附录：

编号	姓　　名	性别	年龄	受浸年份	籍贯	备注
110	姚宗	男	46	1868	普宁光头	
111	丁铃 (Long)	女	41	1868	普宁光头	
619	姚顺观 (Light Follower)	女	14	1878	潮阳光头	110 号的女儿
1016	姚玉枝 (Jewelled Branch)	女	11	1882	潮阳光头	

3　Stevens, *Memorial Biography of Adele M. Fielde,* pp.138–139.
4　Ibid., p.140.

玉所在的古塘乡有一位男孩名"何毛弟",刚好符合条件。[1]何玉是王美的侄子,则王美的夫家姓何,儿子也姓何,若合符契。王美(Minute)回忆,她儿子催促她入教时是九岁,即是1876年,这一年刚好是何玉受浸的年份。而王美和她的儿子正是从何玉处听到福音。因此"Minute"应是"王美"无疑。

找寻题为"Out of the Depths"这篇自述的叙述者难度颇大。叙述者的名字、年龄和受浸时间自述中均缺载。她只提到跟她的朋友、Pearl的母亲一起到霖田堂。我发现林老实(Innocent)来自霖田附近的白塔;Tien Chu(Pearl,实际上为"林珠珍")来自白塔附近的月城。因此,珠珍的母亲应是跟林老实一起居住在白塔,才能一同到霖田堂礼拜。但是"Out of the Depths"的叙述者是不是林老实?尚需其他材料方能确认。

被斐姑娘称为"Keepsake"的女传道,其中文名的确定也颇为不易。字面上该词意思为"纪念品",胡卫清教授因此称其为"念婶",但《美国浸信会会友名录》中并无此名。她在自述中提到其父以晒盐为生,其夫其子后来都乘洋船去暹罗,笔者由此推断她是澄海盐灶、樟林一带的人,一开始怀疑她是"林救"(在会友名录中编号248,澄海樟林人,受浸年份1871年,时年41岁。)但"林救"的年龄与自述者的年龄对不上,比后者小6岁,而且"Keepsake"跟"救"的联系在哪?一时也想不清楚。但后来见到斐姑娘在1878年8月12日单独发行的"How One Chinese Woman Became A Christian"一文,是一位名为A Sui的女传道的自述,内容与收在《宝塔的阴影》中Keepsake的那篇自述基本一致。可见Keepsake原名为A Sui,而且单行的这篇自述明确点出其出生地为盐灶,

1 《岭东浸信会会友姓名录》,载《岭东嘉音:岭东浸信会历史特刊》附录:

编号	姓　　名	性别	年龄	受浸年份	籍贯
409	何玉 (Gek)	男	40	1876	揭阳古塘
551	王美 (Mui, Minute)	女	44	1877	揭阳玉塔
657	何毛弟	男	12	1878	揭阳古塘

嫁到樟林，这些信息在《宝塔的阴影》中反倒被删掉。因此将寻找的范围锁定在籍贯为澄海樟林，且名字为"Sui"的女性，于是找到了"林水"一名。此人编号81，1866年受浸，时年38岁。虽然在年龄上她比自述者年龄偏大（6岁），但暂定Keepsake即为"林水"，至少跟斐姑娘第三条命名原则，即音译，比较接近。Keepsake的真正身份尚待确认。

当地的信徒通常直呼这些女传道的名字，或在名字后加一"姐"字以示尊重，或加"嫂"、"姨"、"婶"、"姆"在名字后以示年长的、已婚的妇女。但在正式登记入会友名册时，美国浸信会很少在女信徒的名字后面加这些指示年龄、人际关系的后缀。但英国长老会的情况却相反，其名录中的大部分女信徒名字都加有这些后缀（见附录三）。另外英会和美会都用"先生娘"（Sin-se nie）尊称中西牧师的夫人。

附录三　受雇于英国长老会的潮汕女性

说明：该会的会友姓名录 Congregational Rolls for USE in the Swatow Mission（1885）登记的会友姓名全部罗马化，下表中姓名的初步还原（音译），依据的是汲约翰的《潮汕两音字集》（1909 年）。

编号	受洗编号	姓名	受洗		籍贯
			年龄	年份	
1	299	Kueh Kiam-sim 郭娟婶			立簿之先过世， 1875
2	12	Lîm Hāng M 林翰姆			盐灶
3	92	Lîm Khèng-hûa-sím 林庆花婶			同上
4	167	Tân Tshú M 陈厝姆		1869	Lau-e?
5	181	Tân Uāng M 陈旺姆			拳头山
6	220	Siau Thiam-tī-só 萧添弟嫂	44	1870	黄冈
7	250	Lâu Iú -sû -sím 刘友殊婶			孚山

编号	受洗编号	姓名	受洗		籍贯
			年龄	年份	
8	301	Hêng Hiàp-só 王侠嫂			达濠埠
9	374	Lí Hô-sím 李好婶			南门?
10	508	Tân Kiā-só 陈崎嫂		1875	陈厝寨
11	638	Iêⁿ Zû-hêng-sím 杨如恒婶	55		棉湖
12	802	Lîm Jī-só 林二嫂		1880	盐灶
13	808	Tieⁿ Bûn-sím 张文婶			潮州府
14	885	Tsang Sûn-ì-só 曾顺意嫂		1881	同上
15	919	Tân Auⁿ-só 陈欧嫂	15		月潭，在潮安归湖附近
16	985	Hâu Chiā-sím 侯谢婶	56	1882	鸿沟
17	1049	Lí Tsu-lân 李珠兰	16	1883	Toa-hng 大园?
18	1052	Lâu A Māi 刘阿迈	15		孚山
19	1178	Hâu Bûn-iâⁿ-só 侯文营嫂	19	1884	鸿沟

上述名单资料来源：*Congregational Rolls for Use in the Swatow Mission*
下列名单资料来源：Records of WMA Council（汕头女传教士协会会议记录）

编号	姓名	职位	备注	汕头女传教士协会会议记录
20	Li Kim-ki 李金枝		1892 年 17 岁时受洗，来自汕头附近的内新乡	5th Meeting, 24th Apr., 1906, Resident teacher appointed 13th Meeting, 13th & 14th Apr., 1910 21st Meeting, 24th Oct., 1913
21	Chhui-kui Sim 翠闺婶	实习生		1st Meeting, 19th May., 1904

编号	姓名	职位	备注	汕头女传教士协会会议记录
22	Tuan-Sim 端婶	实习生		1st Meeting, 19th May., 1904
23	Chhiau-Ke Sim 俏家婶	女传道		4th meeting, Jun. 30, 1905
24	Iu-Sim 友婶	女校舍监		5th Meeting, 24th Apr., 1906
25	Hah-Sim 合婶	日课老师		同上
26	Tai-gu-Sim 大牛婶	女传道		6th Meeting, 27th Sept., 1906
27	Kim-sia-Sim 金舍婶	实习生		同上
28	Siang-ngak-Sim 祥岳婶	同上		同上
29	Peng-siang Sim 炳祥婶	同上		同上
30	Kha-tsu Che 巧珠姐	同上		同上
31	Gu-Sim 牛婶			7th Meeting, Chaochowfu, 1st Mar., 1907 10th Meeting, Swatow, 23rd Sept. m 1908
32	Bai-Sim 眉婶			10th Meeting, Swatow, 23rd Sept. m 1908
33	Kaih Sim 凯婶			11th Meeting, Swatow, 1st Apr., 1909
34	Mrs. Lim 林婶		去世	12th Meeting, 14th Oct., 1909
35	Kang-Leng-So 江玲嫂			13th Meeting, 13th & 14th Apr., 1910
36	Chheng-Kun Sim 清君婶			同上 14th Meeting, 26th Sept., 1910

编号	姓名	职位	备注	汕头女传教士协会会议记录
37	Bue-Sim 梅婶			14th Meeting, 26th Sept., 1910
38	Kuan Sin-se Nie 关先生娘			同上
39	Lai-chiu Sim 来周婶			同上
40	Khai-kui Sim 凯闺婶			同上
41	Tsu-mui Sim 珠美婶			同上 27th Meeting, Far East House, 30th Sept., 1915
42	Hok-leng Sim 福玲婶	基督教儿童福利基金会 (CCF) 的实习生		21st Meeting, 24th Oct., 1913
43	Hong-lim Sim 鸿林婶	将成为女传道的实习生	$4	24th Meeting, Far East House, 20th Mar. 1914
44	Tshun-Khuang Sim 春权婶	妇女医院中的女传道	$4	同上
45	Tsu-iong Sim 珠荣婶	女传道	$4	
46	Chhie-ta^n M 笑唉姆	女传道	$5	
47	Tai-zu Sim 大珠婶	女传道	$5	
48	Hok-heng Sim 福兴婶		$3.50	27th Meeting, Far East House, 30th Sept., 1915

注：为了方便记忆，李洁姑娘也帮培德妇学中的女传道起英文名，比如 "love"，"joy"，"peace" 等（见 Caroline Mann, *Catherine Maria Ricketts of Brighton and China*, p.58）。但由于没有记下她们名字的潮州话发音，又无相关的中文史料参证，暂时无法还原这些英文名所对应的中文名。

附录四　美国浸信会、法国巴黎外方传道会婚姻观念的史料

（一）为仁者纂：《真道入门》，道光二十九年（1849 年），第 8 页：

夫妇

夫妇者，理关齐治，典重人伦。即神当始造人，所先为之作合，以示偕老者。故真道之教，虽以悔改重生为要，而此造端之道，未有不论之详矣。诚以人于夫妇，苟无合宜，不独无以成室家，试问其何以正心修身？可表为悔改重生人耶？凡尔夫妇，望同嗣永生之福者，宜正倡随之名分，相敬如宾，重婚配之伉俪，莫弃如遗，余又三复此注引圣言，则于夫妇之道，庶几矣乎。

见创世传二章廿四节，马太十九章五节六节，哥林多上七章三节，又十一节，哥林多下六章十四节，以弗所五章廿八节，哥罗西三章十九节，希伯来十三章四节，彼得上三章七节，此数节指为夫者言。谚语（即箴言）十二章四节、又十九章十四节，罗马七章二节三节，彼得上三章一节至六节，此数节指为妇者言。

（二）《拜真活神的诗》：

第九十一《论婚姻诗》见赞主诗章第二百四十九

新婚佳景乐绵绵　　天父造成始祖先

名号亚坍诸姓父　　配妻名乃夏娃焉

女由男出夫妻定　　男籍女生子息延

夫是妻纲宜敬爱　　妻为夫助尽恭虔

一体相关同白首　　情投意合若胶然

已成婚约当钦守　　失却恩情便有愆

交主心孚如妇道　　全灵献主德斯贤

应同智女迎新娶　　警醒持灯待入筵

俟得新郎来归候　　融融喜乐满心田

直从基督生门入　　终享荣华亿万年

（三）陈乙山：《辟邪归正论》，1923年，第72页：

论何故圣教不许娶妾

客曰：上帝十诫，第五条令人孝敬父母，理所当然。若禁娶妾，无乃太过。无子不娶妾，必绝其后。孟子言：不孝有三，无后为大。不娶妾生子，则难逃不孝之罪矣。

答曰：一夫一妇，赖神所定。神造一男一女，配成夫妇，传生人类。未造一男二女，一女二男。人不可任意而改。男女均平，同情合理。若妻无子，娶妾生子，以全孝道。倘夫无子，妻诱一夫生子，以全孝道，可乎不可？故一女不可配二夫，一夫不可娶二女。况有子无子，由神之旨，不可强求。无后为大，孟子之言，别有所指。不过为舜帝推辞之意。好色之人，每借此语以饰其心。不知淫者不孝，孝者不淫。且妻妾之害，不可胜言。每多相妒残害。妾得宠，毒死妻；妻不容，杀死妾，破家荡产，子女终身仇雠。刀剑伏于床下，有何孝乎？孟子言惰四肢，博弈好饮酒，好财货，私妻子，纵耳目，好勇斗狠为不孝。伯夷叔齐二人，皆无后嗣。孔子称之为贤。故挽颓风，拒淫词，正人伦，方足为孝。假娶妾为名，不足取也。

（四）《圣教理证》，1936年，第62页：

客曰：天主教禁人娶妾，凡无子者，不能娶妾，不将绝其后乎？孟子曰：不孝有三，无后为大。其无子者，不娶妾生子，难逃不孝之罪。

答曰：一夫一妇，天主之定命；天主造人之初，独造一男一女，配为夫妇，传生人类。未造一男二女，一女二男；故一夫一妻，为上主之定命，人不得随意更改。若论孝道，男女均同，倘妻无子，夫能另娶一妾生子，以全孝道；则若夫无子，妻亦可另谋别夫生子，以全孝道，可乎哉？夫一女不得配二男，一男亦不得配二女明矣。所称不孝有三，无后为大，孟子言此，不过欲为舜帝推辞，因舜娶尧帝之女，未先告明父母；且孟氏尝曰，世俗所谓不孝者有五：惰其四肢，不顾父母之养，一不孝也；博弈好饮酒，不顾父母之养，二不孝也；好财货，私妻子，不顾父母之养，三不孝也；纵耳目，以为父母之戮，四不孝也；好勇斗狠，以危父母，五不孝也；并未言及无后为不孝也。且有子无子，皆天主之命，非人所得强求；故常见富豪之家，姬妾满庭，终身无子；而贫穷之人，一夫一妻，子孙反多。况娶妾之害，不可胜言：夫妻反目，妻妾相妒，或妾生子女，被妻毒杀者有之；或妻不容妾，杀妾者有之；或妾得宠，毒死妻者有之；或妻妾俱生子女，各自爱护，致子女终身仇恨者有之。哀哉世人！托无后为不孝，饰其好色之心，何不想淫为万恶之首？淫者不孝，孝者不淫；一妇有二夫，必称为娼妓；一夫有二女，你将何以称之？我是以剖心沥血，痛切直告，幸勿见怪。

附录五　潮汕地区长老会教团的违规婚姻案例

（一）重婚

日期（均为农历）	事主姓名	所属堂会	案情简介
1884 年 10 月 15 日	林田嫂顺姑	棉湖	弃夫他嫁
1885 年 5 月 6 日	邱阿忠	河田螺溪	教徒，先革，真心向道，多年后考虑再接
1896 年 9 月 30 日		新亨	慕道，无别阻碍，从宽接纳
1897 年 4 月 21 日	黄郑明	枫口	教徒，有免革理由二
1898 年 10 月 5 日	吴滑	孚山	教徒，依例办理，结果未知
1903 年 4 月 22 日	陈元孝	长美	教徒，想再接二次改嫁的前妻，结果未知
1904 年 3 月 9 日	蔡居弟	陇子	教徒，例：娶有夫之妇，其前夫如有再娶，则可再接纳。结果未明
1905 年 5 月 13 日	魏惜花	揭邑	教徒，虽未可接，亦未可即行禀革。察视其以后品行如何，候近前或再接或禀革，方可裁夺
1905 年 5 月 13 日	陈传贤		妄娶妄嫁，禁隔
1906 年 8 月 23 日	黄完	后宅	教徒，娶被弃之妇，禁隔
1909 年 3 月 9 日	周江成	新寨	教徒，先禁隔，再考虑是否革出
1912 年 10 月 1 日	余悦真之妻刘氏	达坑	弃夫改嫁事情属实，背道显然，请大会主裁
1916 年 4 月 25 日	游敬侯	汕头	娶两妻，详细查明以复后会
1920 年 5 月 7 日	许隅一	汕头	多妻，其事主信心可嘉，林起举议准如所请

（二）离婚

日　期	事主姓名	所属堂会	案情简介
1894 年 6 月 20 日	陈赐、蔡若	棉湖	弃妻他娶，革出
1899 年 5 月 3 日	林瑞喜、刘居弟	柘林	先弃妻，再是两造俱愿了结，离婚过程较顺利
1902 年 5 月 2 日	杨兴盛	登冈	因妻盗窃出妻，教会干预后夫妇和解
1904 年 3 月 9 日	郑青	黄冈	被妻弃，允许分离再娶
1904 年 8 月 26 日	王谦书、洪氏	登冈	革出
1904 年 8 月 26 日	杨鉴澄	汕头	出妻重娶，革出

（三）纳妾

日　期	事主姓名	所属堂会	案情简介
1902 年 1 月 29 日	陈雨亭	汕头	慕道时已有妾，热心信主，余无可阻，允接
1902 年 5 月 2 日	江龙汉	枫口	先接后报
1904 年 3 月 9 日	谢为	揭邑	未定，不明是否诚心信主
1912 年 10 月 1 日	朱菊花	流沙墟	若果诚心信主无阻，则行接纳
1914 年 4 月 28 日	邹亚鸽	洪洲	已是教徒而娶妾，革出
1915 年 5 月 4 日	曾善余	江南罗塘	已是教徒而娶妾，被禁隔，要求释此妇自由，不然则禀革。后释妾为自由无夫之妇
1920 年 10 月 5 日	吴道周	汕头	已是教徒而娶妾，被革（巡视牧师复称良心不能施行）
1920 年 10 月 5 日	林志吾	庵埠	准接
1923 年 10 月 2 日	谢亮之妻	奕湖	让女儿为人妾，禁晚餐
1926 年 9 月 28 日	陈友	田心	
1931 年 4 月 28 日	蔡春福	鸥汀	若其人亲自求进，则可接之（看诚心与否）
1933 年 11 月 7 日	蔡宗光	隆江	

英国长老会处理娶妾问题的"条例七则",参见《潮惠长老教会公例》第 387—393 条:

387:按上帝之诫命,合道之婚姻乃一男一女,各尽其分,终身配偶不可分离。故若有妇之夫他娶,或有夫之妇他适,皆犯上帝之诫。

388:倘有会内之人,其妻尚存,另行他娶,必当革出圣会。

389:若娶妾于未闻福音之先,则按福音之理,亦有谅其前之无知者,故教会欲接之受洗礼与否,应详细考究,认真辨理,俾其明知实犯上帝之诫,教会断无视为轻易。

390:倘其妾尚未生子女,且愿相离,以另嫁于他信徒亦可。惟须先问本堂长老会察核裁夺,免复得罪于该妇。

391:若其妾既生有子女,或该妇不愿他适,则不可相离。

392:既因此故不得相离,则宜使之明知娶妾之事,实系犯罪,为教会所不准。惟其事势固结,不能改易。若察其有诚心信主,余无阻碍,教会则可接之受洗礼,但终不得于会中任职。

393:因此事关系重大,甚属难理,故长老会不可自行主裁,宜先禀问大会。俟大会详细查察宜准后,方可接之受洗礼。

附录六　汕头的外资抽纱洋行（1920—1949 年）

洋行的外文名[1]	洋行的中文名	公司总部	中国买办
美国			
Mallouk Brothers	美乐洋行	美国，纽约 New York city, USA	
Roese Brothers	新昌洋行	美国，俄亥俄州，阿什维尔 Ashville, OH, USA	
George & Co.	乔治洋行		
Shalom & Co.	双隆洋行	美国，纽约 New York, USA	
Jabara & Bros., F. M.	倍利洋行	美国，堪萨斯州，威奇托 Wichita, KS, USA	
Kohlberg, Inc., Alfred	柯宝洋行	美国，纽约州，基斯科山 Mt. Kisco, NY, USA	张廷鉴
	爱双龙洋行		李国璋
Maloof, Fred	马禄孚洋行	美国，俄亥俄州，哥伦布 Columbus, OH, USA	戴伟廉
	适时洋行		吴化龙

1　这些洋行的英文名参考黄光域编著：《外国在华工商企业辞典》，成都：四川人民出版社，1995 年。

洋行的外文名	洋行的中文名	公司总部	中国买办
英国			
James McMullan Ltd.	仁德洋行	山东烟台	杨道成
Bradley & Co. Bradley & Co.,Ltd. [1]	德记洋行	英国诺丁汉 Nottingham, UK	李务官
Johnston	佐士顿洋行		王孚远
德国			
Melchers	美最时洋行	德国不来梅 Bremen, Germany	张运生

1　http://www.bradleylace.co.uk/，浏览日期：2011 年 1 月 27 日。

附录七 汕头的华资抽纱公司及经理 [1]

编号	姓名	年龄	籍贯	读初中的年龄	教育或工作经理	公司名	开办年份	资本形式	工人人数
1	翁财源					翁财源			
2	徐子祥				长老会信徒	振潮公司			
3	蔡汉源				长老会信徒	汕头公司			
4	林兆禧		潮阳		长老会信徒	香港公司 香港：总公司；上海：分公司 Hong Kong & Shanghai Lace Co.			
5	林肇荣	58	澄海	1903	汕头华英大学预科毕业 Anglo-Chinese School	汕头潮州行 Chao chow Co.	1922	独资	70
6	黄树光	55	揭阳	1906	长老会信徒	香港：复荣抽纱商行 Fook Weng & Co.	1919	独资	65
7	吴济民	53	揭阳	1908	汕头聿怀中学	一价行 One price lace Co. 上海：侯吴恒的一价花边行		合资	61

1 只收录本二中提到的抽纱公司。

续表

编号	姓名	年龄	籍贯	读初中的年龄	教育或工作经理	公司名	开办年份	资本形式	工人人数
8	卢任伟	50	潮阳	1911	厦门英华书院	卢伟记 Loo Brothers 上海：卢建伟的伟记行（兄弟行）		独资	
9	张运生 Y. S. Chang	47	浙江宁波	1914	宁波潘裘中学	月明厂	1935年6月1日，1947年1月1日复业	独资	73
10	朱初光	47	潮阳	1914	汕头时中中学	光泰（天主堂一巷）	1947年5月	独资	61
11	刘章铭	47	澄海	1914	英华专科学校	联通行 Union Needlework Company		合资	66
12	林秉之	47	饶平	1914	韦怀中学	兴华行 Swatow Needle Art Co.	1930	合资	65
13	张崇苋	47	汕头	1914	华英中学	启华行 Jack T. Chang & Bros.	1941, 1948复业	兄弟合资	70
14	林绍凯	46	揭阳	1915		凯记行	20世纪30年代在上海成立凯商行	独资	
15	张似源	40	汕头	1921	厦大毕业	张鉴记号		独资	83
16	杨道成	40	揭阳	1921	汕头华英中学肄业	仁德洋行/中华行 The Chinese Embroidery Co.		独资	90
17	杨祥华	40	潮阳	1921	潮工公司账房，上海潮汕商行副经理	潮汕抽纱商行 上海分店由林义芳经营	1948	独资	64
18	朱庭芳	39	惠来	1922	高中毕业	光成商行 上海分店由赵质文经营	1909	合资	69

编号	姓名	年龄	籍贯	读初中的年龄	教育或工作经理	公司名	开办年份	资本形式	工人人数
19	徐淑英		澄海	1894	淑德女校	德昌行	1926	独资	66[1]
20	张其松	35	丰顺	1926	礐光中学	大成商行	1937	独资	63
21	孙贵章	35	揭阳	1926	上海针艺公司经理 光华报社经理等职	怡丰行 上海分店由张达三经营		合资	68
22	陈长荣	33	澄海	1928	英华中学毕业	美艺（洋）行		合资	61
23	张载洽	33	汕头	1928	英华中学	协利潮艺行	1948年6月	合资	65
24	吴瑞生	32	揭阳	1929	事怀中学	苹莎行		合资	
25	苏剑鸣	32	潮阳	1929	事怀中学	伟祥行 Wei Hsiang & Co.	1948年1月	合资	64
26	陈伟光	31	潮阳	1930	事怀中学	伟公行，或伟光抽纱公司	1946	合资	92
27	郑得念	29	大埔	1932	事怀中学	福斯行		合资	
28	李焕杰	22	澄海	1939	事怀中学	焕记行 Fancy Store	1948年4月	独资	72
29	林怍念					厚生抽纱公司 山东烟台分行，1930	翁锦通先后在厚生和宜生办事		
30	林承之				副理事长：张运生	潮汕抽纱工业品产销合作社	1945年11月	有限责任合作社	75

1 该数字包括20名男工、16名女工和30名童工。

附录七　汕头的华资抽纱公司及经理　　313

后　记

　　从 2006 年 10 月初步收集教会史料，准备博士论文选题，到此书最终定稿，不觉之间已是数载流年。毕业后的教书生涯紧张而忙碌，回首可以埋首读书的时光，唯有喟叹与怅惘。在此书付梓之际，谨向一路陪我走来，给我关心与帮助的诸多师友深深致谢。

　　荷兰莱顿大学的包乐史（Leonard Blussé）、柏海伦（Heleen Murre-van den Berg）与中山大学的吴义雄教授悉心指导我撰写、修改博士论文，并在关键时刻给予我最有力的支持。他们丰富的学识、耐心的指导激励我奋力前行，度过了学生时代最为拼搏的一段时光。

　　硕士阶段，我曾修习蔡鸿生、林悟殊教授共同开设的"学理与方法"课程。在他们的建议下，我选取了潮汕教会史这一课题。在海外游学的两年，总希望听取他们对我学业的建议。在赴莱顿前夕，章文钦教授将其收藏的几本中荷关系史著作借给我，让我事先对莱顿大学历史系欧亚关系史的治学路径能有所了解。在莱顿两年的研究能够顺利开展，多拜三位先生所赐。

　　美国佩斯大学的李榭熙教授为本书的写作和修改付出了不少心血。从 2009 年 4 月他帮我润色第一篇英文论文开始，到我归国的那一年半中，他阅读了本书的大部分英文初稿，并提出具体的修改意见。此外，他也为我提供了很多学术信息，鼓励我参加一些国际学术会议。

2007 年秋，我在中山大学一场学术会议的茶歇时间向山东大学的胡卫清教授请教，当时他提示我英国长老会李洁姑娘（Catherine Maria Ricketts）三卷本的日记手稿有研究的价值。虽然最终我没有选取该日记为研究的切入点，但也没有离开教会与女性研究这一课题。此后，每次在国内学术会议上相逢，我都从胡教授那里得到不少启发。

香港浸会大学的李金强教授惠我实多，他的两部香港潮人教会百年史著尤让我受益匪浅。在我赴港查阅资料期间，他热心为我提供学术信息和交流的机会，教我应该读什么书。而最初收集的基督教史料多由陈景熙老师所赠，关于潮汕地方史的疑难又承蒙他点拨。答辩后，又意外地从吴晓峰老师处见到其家族先贤吴雨三在民国年间写给女儿吴韵香的 110 封家信，以及韵香曾阅读过的书籍，使我能够对美国浸信会信徒的婚姻做一个案研究。

求学于中山大学的八年间，我从周湘、江滢河、林英、程美宝、刘文立、桑兵、曹天忠、关晓红、赵立彬、何文平诸位教授那里得到不少启发。在我游学荷兰期间，莱顿大学历史学系欧亚关系史的研究团队皮特·埃默（Piet Emmer）教授、亨克·登海耶（Henk den Heijer）教授、勒内·韦策尔（René Wezel）、辛西娅·维亚勒（Cynthia Viallé）、纳塔莉·埃弗特（Natalie Evert）、玛莱卡·范维森 - 范施塔登（Marijke van Wissen-van Staden）、艾丽西亚·施里克（Alicia Schrikker）不仅给予我热心的关怀，也从不同方面充实了我的知识。

为了收集相关的研究材料，我先后走访了汕头市档案局、荷兰莱顿大学汉学院图书馆、莱顿的荷兰皇家语言、风土与民俗研究所（KITLV）、法国巴黎外方传道会神学院、中山大学历史人类学研究中心、香港浸会大学图书馆特藏部、英国伦敦大学亚非学院档案馆等机构，相关的图书和档案管理人员无私地给予我协助，尤其感谢汕头市档案局的邱少华女士与荷兰莱顿大学汉学院的高柏先生（Koos Kuiper）。

伴我走过硕博阶段的有我在蔡鸿生、吴义雄、包乐史教授门下求学时的学长与学友。他们或惠借书籍、代搜资料，或有所建议，论文能最终完成，也离不开他们的帮助。

　　本书在我的博士论文基础上修改而成。中国国家留学基金管理委员会（CSC）与荷兰皇家科学院（Koninklijke Nederlandse Akademie van Wetenschappen）的科研项目 "Christianity in Southeast China, 1860-1950"（编号：10CDP010）资助我 2008—2010 年在荷兰莱顿大学的研究。本书的出版得到汕头大学基督教研究中心的大力资助，中心主任关瑞文教授、执行主任李凌瀚教授，李嘉诚基金会的罗慧芳小姐，北京三联书店编辑李学军女士一直关心此书的出版，责任编辑徐国强先生和曹明明女士细致、专业的付出更让此书增色不少，在此谨致感念之意。

　　在撰写博士论文的过程中，我脑海中不时会浮现小时候一些记忆的片段，例如奶奶教我念"天地玄黄、宇宙洪荒"；老舅带着暹罗籍的老妗回乡，身着番畔的花衣裳引来乡亲的围观；寄居在外婆家中时，见到从香港回来的亲戚身着泳衣，在乡人众目睽睽之下自得地到附近池塘游泳；在邻居的家中，看到从天窗透入的微光照在黑白的耶稣受难像上；记忆中归侨海老叔永远都是身着整洁的白衬衫和黑皮鞋、头上用发蜡梳着光亮的分头，当他骑着自行车从我家门前路过时，总不忘停下来跟我父亲寒暄；父亲告诉我，奶奶出生在实叻，十一岁时才由她的父亲送回家乡，跟在她的奶奶身边。后因抗战爆发、潮汕与南洋的交通中断，而回不了实叻，最终留在澄海与我的爷爷结婚、生儿育女，忙忙碌碌地度过此生；2010 年 5 月从荷兰给母亲打电话，才得知织毛衣技艺在街坊中间数一数二的她，原来曾任抽纱小组的组长。本书是我将这些记忆串联起来的一个尝试。通过撰写论文，我对发生在故乡的人与事有了更深的认识，对自己往后的生活也有了一定的思考。今春回家，谈话间惊闻外婆去年底去世的噩耗，父母因为怕我在外分心，一直瞒着我。我无忧无虑的童年时光多在外婆家度过，她的操劳与坚韧给我留下了深刻的印象。对于她的去世，我只能在心中默默地哀悼。

　　最后，感谢我的父母，我常年在外，都没办法在膝下尽孝。外子闫强曾通读全部书稿，并提出不少建议。能遇到他，是我之幸。

　　谨将此书献给生我养我的父亲母亲——蔡旭奎与陈璇贞。

甲午仲春于小谷围